THEMEN

An Intermediate Reader for Expanding Skills and Perspectives

AKTUELLE THEMEN

An Intermediate Reader for Expanding Skills and Perspectives

Renate A. Schulz
Richard C. Helt
David J. Woloshin

UNIVERSITY OF ARIZONA

HOLT, RINEHART and WINSTON

New York Chicago San Francisco Philadelphia Montreal
Toronto London Sydney Tokyo
Mexico City Rio de Janeiro Madrid

Publisher Nedah Abbott
Executive Editor Vincent Duggan
Project Editor Isolde C. Sauer McCarthy
Production Manager Lula Als
Design Supervisor Renée Davis
Book Production Ruth Riley
Photo Research Rona Tuccillo

Photographic and other credits appear at the end of the book.

Library of Congress Cataloging-in-Publication Data

Schulz, Renate A.
Aktuelle Themen : an intermediate reader for expanding skills and perspectives.

1. German language—Readers. 2. German language—Text–books for foreign speakers—English. I. Helt, Richard C. II. Woloshin, David J. III. Title.
PF3117.S4672 1987 438,6'421 86–19456

ISBN 0-03-063072-X

Address correspondence to:
383 Madison Ave.
New York, NY 10017

7 8 9 0 1 016 9 8 7 6 5 4 3 2 1

Holt, Rinehart and Winston
The Dryden Press
Saunders College Publishing

Preface

Aktuelle Themen is intended for second- or third-year college German courses. We assume that the students have been introduced to the grammatical structures of German and can comprehend and use (if not yet always correctly) frequently occurring vocabulary and the most common tenses, moods, case forms, and syntactical patterns of the language. The book can be used independently or with a grammar review and other supplementary materials during one or more terms of study.

The ten chapters in this book present more than 75 authentic, highly interesting, and thought-provoking readings that do not shy away from the controversial. The readings include charts, graphs, lists, leaflets, ads, jokes, proverbs, announcements, poems and songs, legal and journalistic texts, biographies, short stories, plays, and excerpts from novels and a filmscript. Except for Chapter 8, "Unser Staat—unser Stolz: Die DDR und ihre Bürger," we have relied predominantly on texts from the Federal Republic of Germany because a large selection of materials was easily available and the topics discussed are within the range of the authors' expertise. Since a major purpose of *Aktuelle Themen* is to help students develop strategies to get information from authentic written texts (that is, from texts that have not been graded or simplified for pedagogical purposes, as is often the case in elementary foreign-language instruction), only a few of the reading selections have been modified or adapted.

Although many of the activities accompanying the readings focus on reading-comprehension skills, *Aktuelle Themen* lends itself equally well to four-skills development (particularly if the language of instruction and classroom communication is exclusively German) and to courses with an emphasis on conversation. The many short, interesting texts, with their accompanying learning activities, offer plenty of material for full-class or small-group work, as well as for comprehension and writing practice in and out of class.

Organization

The chapters of *Aktuelle Themen* are independent and can be read in any order. However, teachers and students may find that the early chapters offer somewhat easier topics and vocabulary.

Each chapter has a selection of independent readings tied to a central topic. Again, teachers and students can choose selections of highest interest and omit those for which interest or time is limited.

Most reading selections are short; thus one or more, with the accompanying exercises, can be completed easily in a class period or as a homework assignment. We recommend that the texts and activities that necessitate multiple readings (such as true/false and cloze comprehension exercises) be read at home because they are time-consuming and are best done as solitary activities. The prereading activities (exercises labeled "Vorschau," "Vorbereitung auf das Lesen," "Schlüsselwörter," "Sprachnotizen") should be completed in class to establish a frame of reference, to encourage content anticipation, and to preview necessary vocabulary.

Each chapter is preceded by a "Vorschau"—a series of questions and other prereading activities intended to activate prior knowledge and content expectations regarding the topics presented in the chapter. Many of the individual texts are also preceded by a "Vorbereitung auf das Lesen" and "Schlüsselwörter," which have similar functions.

Although *Aktuelle Themen* has no overt grammatical exercises, several of the chapters include "Sprachnotizen" that aim to develop comprehension by focusing on a syntactic or morphological pattern of the German language.

The reading texts are followed by a series of comprehension activities consisting of true/false, multiple-choice, question/answer, or list-making exercises, as well as exercises requiring paraphrasing, sentence completion, guessing words in context, or completing word families. The sections "Zur Diskussion" lend themselves to extensive oral interaction or writing practice.

Expressions that do not appear in the first 1,500 words of Wolf Dieter Ortmann, *Hochfrequente deutsche Wortformen* (Goethe-Institut, München, 1979) or are not obvious cognates have been glossed in the margin. The end vocabulary contains all words used in the book except articles, pronouns, possessive adjectives, numbers, proper names, and cognates.

We are grateful to the following reviewers, whose comments and suggestions helped shape this book: Frank Baron, University of Kansas, Lawrence; Peter F. Brueckner, University of Oklahoma, Norman; Ronald Crawford, Kent State University; Frank F. Donahue, University of Texas, Austin; Margret Eifler, Rice University; Dennis Mueller, University of Missouri, Columbia; Johanna W. Roden, California State University, Long Beach; Harold M. Sommer, Indiana University of Pennsylvania; William J. Sullivan, California State University, Sacramento; Wilfried M. Voge, University of California, Irvine.

R.A.S.
R.C.H.
D.J.W.

Introduction to the Student

In your elementary German courses you learned to read German. In this course you will read to learn. Up to now, many of the reading texts you have encountered have been graded or otherwise simplified (they were especially written for language instruction and used predominantly those grammatical structures and vocabulary items you had studied previously). But when you visit a German-speaking country or when you need to use German for work-related tasks, such as reading a business letter or a job application or an abstract in a scholarly journal, the texts will no longer be limited to vocabulary and grammar patterns you have practiced in class. In fact, we predict that in the world outside the German classroom you will seldom encounter a text in which you will know the meaning of *every* word, unless you study German long enough to master the language to a near-native level of proficiency. It is therefore crucial that you develop comprehension skills that are not limited to word-by-word decoding and translation but that permit you to get the main points of information and the overall meaning contained in a text. One major component of that comprehension skill is intelligent guessing. Here are some guidelines for developing the ability to guess:

1. Establish context Every authentic text—whether a chart, an ad, a song, an editorial, a novel—is about something or someone. A title, subtitles, and illustrations (if available) can give important clues to what kind(s) of information you might expect from a particular text. For example, the following passage, even though you know all the words, will probably make no sense:

> The procedure is quite simple. First you arrange things into different groups. Of course, one pile may be sufficient depending on how much there is to do. If you have to go somewhere else due to lack of facilities, that is the next step, otherwise you are pretty well set. It is important not to overdo things. That is, it is better to do a few things at once than too many. In the short run this may not seem important but complications can easily arise. A mistake can be expensive as well. At first the whole procedure will seem complicated. Soon, however, it will become just another facet of life. It is difficult to foresee any end to the necessity for this task in the immediate future, but then one can never tell. After this procedure is completed, one arranges the material into different groups again. Then they can be put into their proper places. Eventually they will be used once more and the whole cycle will have to be repeated. However, that is part of life.

(From: J. D. Bransford and M. K. Johnson, "Contextual Prerequisites for Understanding: Some Investigations of Comprehension and Recall," *Journal of Verbal Learning and Verbal Behavior*, 11, 1972.)

Did you understand what you read? What is the passage about? Now read it again, keeping in mind that the title of the passage is "Washing Clothes."

2. Determine type of text Determining the type of text before a thorough reading (for example, whether you are dealing with a list, an ad, an application, a report, a description, a letter, an interview, a short story, a poem, or a fable) can help you set expectations and make hypotheses regarding the information you will find. In an ad you generally expect a description of some product or service; in a fable you expect the characters to be anthropomorphic animals and the events of the story to lead to a moral.

3. Skim and scan Skimming and scanning are important strategies for predicting the contents of a text, thus establishing expectations that will facilitate comprehension. One skims newspaper articles, for instance, to decide whether they merit a thorough reading; and one scans the want ads if one is looking for a particular job or a schedule to find out the starting time for a particular event. Scanning a text for names of people, places, numbers, and dates, or key words that appear repeatedly, often facilitates comprehension; so does reading the first sentence of each paragraph.

4. Use punctuation marks as clues to meaning On the sentence level, punctuation can give important clues to meaning. Quotation marks, question or exclamation marks, colons or periods—all add information to the words.

5. Guess grammatical categories of unfamiliar words Guessing the grammatical category of a word (determining whether the unfamiliar word is a noun, an adjective, an article, a verb, or other part of speech) often helps you narrow the range of meaning of an unknown word. For instance, in THE TALL GLUX RAN AS CROSILY AS HE COULD BUT MISSED THE TRAIN NEVERTHELESS, what could GLUX mean? (a) him, (b) intelligent, (c) athlete, or (d) waiting. How did you know that GLUX was a noun and not a pronoun or an adjective? What information does CROSILY give you? (a) It tells how the tall glux ran. (b) It refers to a quality GLUXES have. (c) It tells us what action the GLUX performed. (d) It tells us when the action was performed. How did you know that CROSILY was an adverb?

6. Forward reference and backward reference Two other strategies that are very important for gaining meaning from a text are "forward referencing" (looking forward at the text following the unknown word) and "backward referencing" (rereading the words preceding the unknown word). For instance, in the above example, if you stopped reading when you came to the first unknown word (GLUX), the possibilities of what GLUX could mean are almost limitless. A GLUX could be any person, animal, or thing that can be tall (such as a house, a bush, an actress, an elephant). You need to read on (to refer forward) to limit the possibilities of meanings. Already the next word after GLUX restricts those possibilities because generally only persons, animals, or possibly a river or a performance can *run*. The possibilities become yet more restricted if you read the remainder of the sentence because only persons can miss a train. Therefore, a GLUX must be some kind of person (a boy? a traveler? a professor?).

To guess the meaning of CROSILY, both backward referencing and forward referencing will help. Since CROSILY is an adverb, its meaning must fit logically the verb *run* (one can run fast, slowly, silently, beautifully, and so on). If we read to the end of the sentence, the word *nevertheless* pinpoints the exact meaning of CROSILY: only *fast* or *quickly* fits the meaning of the complete sentence. You might need to read an entire paragraph to confirm or reject a guess.

7. Use sentence connectors and function words to help with meaning The so-called function words or sentence connectors give important clues to meaning. What, for instance, do you expect if you encounter the word **sondern**? How about **obwohl, außerdem, zuerst, dann**?

Don't feel inadequate if you have to read each text several times before you can do the exercises. You should read each text at least three times before you can expect full comprehension. We recommend minimal use of the end vocabulary or a dictionary—and only after you have exhausted all the suggestions above.

Reading is essentially a solitary task, and reading in a foreign language is time-consuming. To make the classroom time as profitable as possible, you need to do most of the intensive (word-by-word) reading at home. In this way, classroom time can be devoted to clearing up uncertainties, extensive oral practice, and discussion.

Wir wünschen Ihnen viel Vergnügen und Erfolg!

R.A.S.
R.C.H.
D.J.W.

Contents

1

Im Brennpunkt: Umwelt

VORSCHAU

Was verstehen Sie unter **Umwelt?** Ist Umwelt nur die Natur, oder sind die Menschen und Institutionen von Menschen auch ein Teil der Umwelt?

Der typische Deutsche sieht sich als Teil der Natur. Seine Mitmenschen, seine Städte und Institutionen und die Natur: alles ist Umwelt. Diese Umwelt muß er schützen, damit die Qualität des Lebens nicht schlechter wird. Wenn der Deutsche etwas unternimmt *(undertakes),* was seine Umwelt schützt, nennt er das Umweltschutz. Was die Umwelt schützt, ist umweltfreundlich. Das Gegenteil nennt man umweltfeindlich.

ÜBUNG

Machen Sie zwei Listen! Eine über umweltfreundliche und eine über umweltfeindliche Dinge!

Beispiele: UMWELTFREUNDLICH	UMWELTFEINDLICH
Fahrrad	Auto
Wiederverwertung	Rauch
Wald	Industrie

Sprachnotiz: Wortfamilien

In many languages, new words are formed from familiar roots. For instance, note the relationship in English between *beauty* (noun), *beautify* (verb), *beautiful* (adjective), and *beautifully* (adverb). In German, once you determine the meaning of the root word, the rest of the "family" should fall into place.

ÜBUNG

Find the root word in each of the following word families and classify each word by grammatical category. You should not need to look up more than one word in each item, even if you are not completely certain of the exact meaning of some words. When you encounter these words in context, the meaning will usually be quite clear.

Beispiel: schützen *to protect*
Schutz *protection*
Tierschutz (compound noun) *protection of animals*

1. schützen, Beschützer
2. Gift *(poison),* giftig, Vergiftung, vergiften
3. rein *(clean, pure),* Reinigung, reinigen, unrein, verunreinigen, Verunreinigung
4. sauber *(clean),* säubern, Sauberkeit, säuberlich
5. Schmutz *(dirt),* schmutzig, Verschmutzung, verschmutzen, verschmutzt
6. Gas, Abgas, vergasen (What do you think the compound noun **Giftgas** means?)
7. Kraft *(energy),* kräftig, entkräften
8. sparen *(to save),* sparsam, Sparsamkeit, spärlich
9. schaden *(to damage, harm),* schädlich, beschädigen, Beschädigung, schade
10. brauchen *(to need),* verbrauchen, Verbrauch, brauchbar, gebrauchen

Lesetext A: Der Verkäufer und der Elch

VORBEREITUNG AUF DAS LESEN

1. Was tragen die Tiere auf dem Bild (Seite 5)? Warum?
2. Lesen Sie den Titel, den ersten Satz und die letzten paar Sätze! Was erwarten Sie von einer Geschichte, die mit so einem Sprichwort anfängt?
3. Ein ähnliches Sprichwort gibt es im Englischen. Ergänzen Sie es! Ein tüchtiger Verkäufer kann einem Eskimo einen ________ verkaufen.
4. Wo wohnen Elche?
5. Warum wird es schwer sein, einem Elch eine Gasmaske zu verkaufen?
6. Was muß geschehen, bevor ein Elch eine Gasmaske braucht?

Schlüsselwörter

Die folgenden zwei Wörter sind wichtig für das Verstehen des Lesetextes. Sie sind leicht zu verstehen, denn sie sind englischen Wörtern ähnlich. Wie oft werden sie im Lesetext benutzt?

der **Elch** (Titel)   die **Gasmaske**

Die folgenden Wörter sind weniger leicht zu verstehen:

das **Sprichwort**   z. B.: „Hunger ist der beste Koch."
der **Verkäufer**   verkaufen (Gegenteil von kaufen)
der **Wald**   wo viele Bäume sind
die **Luft**   Denken Sie an Luftwaffe!
brauchen   siehe „Übung", Seite 2.
die **Fabrik**   Denken Sie an Fabrikation!

ÜBUNG

Jetzt lesen Sie den Text einmal schnell durch, um folgendes festzustellen:

1. Was will der Verkäufer? Warum?
2. Warum kauft der Elch das, was der Verkäufer ihm verkaufen will?

Sonne statt Kernkraft

Der Verkäufer und der Elch

[FRANZ HOHLER]

Der Schweizer Franz Hohler ist als Kabarettist nicht nur in der Schweiz bekannt, sondern auch in vielen anderen europäischen Ländern, in Tunesien, Marokko, Israel und in den USA.

Er schreibt zu seinen Texten eigene Musik und in seinem Einmann-Kabarett begleitet (accompanies) er seine Lieder selbst, am liebsten auf dem Cello. Er spielt aber auch viele andere Musikinstrumente.

Franz Hohler schreibt außer seinen Kabarett-Texten Erzählungen, Theaterstücke, Hör- und Fernsehspiele.

Man lernt Franz Hohler besonders gut kennen durch seine ***Wegwerfgeschichten*** *(1974). Vierzig Geschichten sind auf einzelne Blätter gedruckt. Man kann sie nach dem Lesen wegwerfen. Das wird aber kein Leser tun wollen, denn die Geschichten sind zu gut zum Wegwerfen. Am Ende sagt Franz Hohler: „Solche Geschichten kann jeder schreiben.“ Er fügt sechs leere Blätter hinzu. Der Leser soll selbst Autor werden.*

Kennen Sie das Sprichwort „Dem Elch eine Gasmaske verkaufen“? Das sagt man bei uns von jemandem, der sehr tüchtig ist, und ich möchte jetzt erzählen, wie es zu diesem Sprichwort gekommen ist.

Es gab einmal einen Verkäufer, der war dafür berühmt, daß er allen alles verkaufen konnte.

Er hatte schon einem Zahnarzt eine Zahnbürste verkauft, einem Bäcker ein Brot und einem Blinden einen Fernsehapparat.

„Ein wirklich guter Verkäufer bist du aber erst“, sagten seine Freunde zu ihm, „wenn du einem Elch eine Gasmaske verkaufst.“

Da ging der Verkäufer so weit nach Norden, bis er in einen Wald kam, in dem nur Elche wohnten.

„Guten Tag“, sagte er zum ersten Elch, den er traf, „Sie brauchen bestimmt eine Gasmaske.“

„Wozu?“ fragte der Elch. „Die Luft ist gut hier.“

„Alle haben heutzutage° eine Gasmaske“, sagte der Verkäufer. *nowadays*

„Es tut mir leid“, sagte der Elch, „aber ich brauche keine.“

„Warten Sie nur“, sagte der Verkäufer, „Sie brauchen schon noch eine.“

Und wenig später begann er mitten in dem Wald, in dem nur Elche wohnten, eine Fabrik zu bauen.

„Bist du wahnsinnig?“ fragten seine Freunde.

„Nein“, sagte er, „ich will nur dem Elch eine Gasmaske verkaufen.“

Als die Fabrik fertig war, stiegen soviel giftige Abgase aus dem Schornstein°, daß der Elch bald zum Verkäufer kam und zu ihm sagte: „Jetzt brauche ich eine Gasmaske.“ *smokestack*

Film über Computer Industrie
Die 3e Generation ?

„Das habe ich gedacht", sagte der Verkäufer und verkaufte ihm sofort eine. „Qualitätsware!" sagte er lustig.

„Die anderen Elche", sagte der Elch, „brauchen jetzt auch Gasmasken. Hast du noch mehr?" (Elche kennen die Höflichkeitsform mit „Sie" nicht.)

„Da habt ihr Glück", sagte der Verkäufer, „ich habe noch Tausende."

„Übrigens", sagte der Elch, „was machst du in deiner Fabrik?"

„Gasmasken", sagte der Verkäufer.

(Aus: Dieter Stopfgeshoff, Hrsg., *Kontakt mit der Zeit*. Hueber Verlag, München, 1981.)

„Wäre vielleicht doch ganz vernünftig gewesen, wenn anno 1972 alle Staaten an der Umweltschutzkonferenz teilgenommen hätten!"
(Aus: *Der Spiegel*, Nr. 13, 1982)

FRAGEN ZU LESETEXT A

1. Warum war der Verkäufer so berühmt?
2. Wohin ging der Verkäufer? Warum?
3. Wo leben Elche?
4. Was stellte der Verkäufer in seiner Fabrik her?
5. Wo stand die neue Fabrik?
6. Wie war die Luft im Wald, bevor der Verkäufer seine Fabrik baute? Und nachher?
7. Warum meinten seine Freunde, der Verkäufer sei verrückt geworden?
8. Warum sagte der Elch „du" zum Verkäufer?
9. Was brauchten die anderen Elche jetzt?
10. Was wurde in der Fabrik produziert—außer Gasmasken?
11. Dem Sprichwort nach, was kann ein guter Verkäufer tun?

ÜBUNGEN

1. *Ergänzen Sie die folgenden Sprichwörter. Suchen Sie die Ergänzungswörter aus der nebenstehenden Liste aus!*

a. Hunger ist der beste ______ .	Hans
b. Was Hänschen nicht lernt, lernt ______ nimmermehr.	Länder
c. Was ich nicht ______ , macht mich nicht ______ .	weiß
d. Andere ______ , andere Sitten.	Meister
e. Übung macht den ______ .	lacht
f. Wer zuletzt ______ , ______ am besten.	heiß
	Koch

2. *Im Lesetext A lesen Sie: „Er hatte schon einem Zahnarzt eine Zahnbürste verkauft, einem Bäcker ein Brot und einem Blinden einen Fernsehapparat." Können Sie ähnliche „Sprichwörter" erfinden?*

Beispiel: Ein Superverkäufer kann einem Lahmen Ballettschuhe verkaufen.

Was kann ein Superverkäufer einem Metzger, einem Atheisten, einem Taubstummen, einem Bauern, oder einer Kuh verkaufen? Machen Sie weiter!

3. *„Eulen* (owls) *nach Athen tragen", sagen die Deutschen, wenn sie eine nutzlose Tat bezeichnen wollen. Die Engländer bezeichnen das als* „Carrying coals to Newcastle." *Können Sie ähnliche „Sprichwörter" erfinden?*

Beispiele: Er trägt Autos nach ______ ; oder Bier nach ______ ; oder schmutzige Luft nach ______ .

4. *Was bedeutet, „aus einer Mücke* (mosquito) *einen Elefanten machen"? Wie wird das gewöhnlich auf englisch ausgedrückt? Können Sie ähnliche „Sprichwörter" erfinden?*

Beispiele: Aus einem Fahrrad ______ ______ machen. Aus einem ______ eine Bibliothek machen.

5. *Was bedeutet wohl dieses Sprichwort? „Gibt man ihm den kleinen Finger, so nimmt er die ganze Hand." Wie sagt man das auf englisch? Erfinden Sie ähnliche Sprichwörter!*

Beispiele: Gibt man ihm ein ______ , so nimmt er das ganze Haus. Gibt man ihr einen Schluck, so nimmt sie ______ ______ ______ .

WÖRTER IM KONTEXT

1. Ein tüchtiger Verkäufer ist. . .
   a. sehr langsam.
   b. sehr fleißig.
   c. sehr alt.
   d. sehr dumm.

2. Das Wort **berühmt** bedeutet. . .
   a. rund.
   b. bekannt.
   c. wichtig.
   d. richtig.

3. Das Wort **wahnsinnig** bedeutet. . .
   a. sinnvoll.
   b. böse.
   c. verrückt.
   d. glücklich.

FRAGEN

1. Welche Menschen tragen manchmal Gasmasken? Warum?
2. Wie ist die Luft in Ihrer Stadt?
3. Was unternimmt die Regierung, um die Luft besser zu machen?
4. Was passiert, wenn die Luft in Ihrer Stadt plötzlich schlecht wird? Was sollte passieren?
5. Was würden Sie tun, wenn die Luft so schlecht würde, daß man ab und zu eine Gasmaske tragen müßte?

Lesetext B: Käfer a. D.

VORBEREITUNG AUF DAS LESEN

1. Was bedeutet wohl **Käfer?**
2. Ist **Käfer** hier im Singular oder im Plural?
3. Was hat wohl die Post mit VW-Käfern zu tun?
4. Lesen Sie den Titel, den ersten und den letzten Satz! **a. D.** bedeutet **außer Dienst** *(out of service, retired).* Warum sind die Autos auf dem Bild außer Dienst?
5. Ist „Käfer a. D." ein Drama, eine Erzählung oder eine Reklame?

Schlüsselwörter

funkelnagelneu ganz neu, noch nie benutzt
die **Post**
der **Dieselmotor**
testen versuchen, prüfen
der **Käfer** kleines Insekt
der **Kraftstoff** z. B. Benzin, Dieselöl
ins Gewicht fallen schwer wiegen, wichtig sein
das **Fahrzeug** z. B. Auto, Fahrrad

Sprachnotiz: Zusammengesetzte Wörter

German words often tend to look very long. This is due to the propensity of German to form new words by compounding—putting simple words, prefixes, and suffixes together to form more complex words. Often this technique provides a means of creativity that lends humor and lively energy to the language. For instance, **funkelnagelneu** *(new as a shiny nail)* is a well-known and often used compound. However, **funkelnagelgelb,** an invention of the writer, obviously is a play on words. Its meaning is apparent and it injects a humorous touch. Other obvious compounds are **Postdienst** *(postal service)* and **Dieselmotor.** Often the meanings are less obvious, especially in the case of compounds involving prefixes and suffixes. The meaning, however, usually becomes clear when one uses all clues available, such as context, main sense of the root words, and the general meaning of affixes. For instance, the word **Nachfolger** contains the preposition **nach** as a prefix, the root **folg** from the verb **folgen** *(follow),* and the suffix **-er** which functions like the English noun suffix *-er.* The word should thus contain the idea of "after-follower." Context should help you decide on a better word. You learn that the **Käfer** are out of service and that they have been replaced by other vehicles, that is, the *successors* **(Nachfolger)** of the old beetles.

Käfer a.D.

In der guten alten Zeit, als VW-Käfer funkelnagelneu und funkelnagelgelb in den Postdienst eintraten, da war das Benzin bei uns noch ziemlich billig und die Luft noch ziemlich sauber. Weil das inzwischen nicht mehr so ist, sind die Anforderungen° an die Nachfolger der Käfer strenger geworden; sie müssen ihre Arbeit auf energiesparende und umweltschonende Weise tun. Die Umstellung° auf Dieselmotoren bei der Post fällt schon jetzt mit jährlich fast 13 Millionen Litern eingespartem° Kraftstoff ins Gewicht. Und da praktisch alles ins Gewicht fällt, was Europas größter ziviler Fahrzeughalter° mit seinen 90 000 Fahrzeugen tut, tun wir noch mehr Umweltfreundliches: Wir testen den Einsatz° von Elektrofahrzeugen, weil sie abgasfrei und fast geräuschlos sind; wir erproben LKWs°, die leiser sind als herkömmliche°; und wir verwenden in Zukunft einen Autolack°, der bleifrei° und daher ungiftig ist. Das sind einige unserer Beiträge° zu einer besseren neuen Zeit.

Ihre Post.

demands
conversion
conserved
vehicle owner
use
Lastkraftwagen *trucks*
traditional
paint / leadfree
contributions

FRAGEN ZU LESETEXT B

1. Welche Farbe haben die Käfer?
2. Wann waren die VW-Käfer neu?
3. Was bedeutet **funkelnagel-** als Präfix?
4. Welcher Kraftstoff wurde von den alten Käfern verbraucht?
5. Gewöhnlich spart man Geld. Was kann noch gespart werden?
6. Was für Gase sind wohl Abgase?
7. Wie trägt die Post zu einer besseren Welt bei?
8. Was bedeutet Umwelt?
9. Wie viele Fahrzeuge hat die Post?
10. Was testet die Post? 1. ________ 2. ________
11. Wer spart 13 Millionen Liter Kraftstoff? Wie?
12. Welchen Vorteil sollen die neuen LKWs haben?
13. Welche Anforderungen stellt man an die Nachfolger der Käfer?
14. Was für Vorteile sollen Elektrofahrzeuge bieten?
15. Warum will die Post einen neuen Autolack verwenden?

ÜBUNGEN

Ergänzen Sie die folgenden Sätze!

1. Die Post benutzt jetzt ______ als Kraftstoff.
2. Die Käfer benutzten ______ als Kraftstoff.
3. Die ______ von Benzin auf Diesel hat schon sehr viel Kraftstoff ______ .
4. **Energie** ist ein Synonym für ______ .
5. Die Bundespost spart fast 13 Millionen Liter Kraftstoff ______ .
6. Elektrofahrzeuge sind ______ und ______ , und daher sind sie umweltfreundlich.
7. PKW ist eine Abkürzung für Personenkraftwagen. LKW bedeutet ______ .

Machen Sie Listen!

1. Im Lesetext B befinden sich mehr als 25 zusammengesetzte Wörter. Wie viele können Sie finden und verstehen?
2. Welche Fahrzeuge sind umweltfreundlich? Welche sind umweltfeindlich?
3. Wie viele Kraftstoffarten kennen Sie?

ZUR DISKUSSION

1. Wie verhält sich die amerikanische Bundespost der Umwelt gegenüber?
2. Wie kann man Kraftstoff sparen?

Lesetext C: Dieses Gelb mögen wir lieber als das andere.

VORBEREITUNG AUF DAS LESEN

Lesen Sie den Titel, die beiden ersten Sätze und den letzten Satz schnell durch!

1. Von wem ist diese Reklame?
2. Was bezweckt diese Reklame?
3. Was für einen Eindruck versucht die Post zu erwecken?
4. Warum mag die Post dieses Gelb?
5. Wer hat nach einer neuen Lackfarbe gesucht? Warum?

Zur Diskussion:

Eine Befragung von 15- bis 24jährigen Westdeutschen ergab: fast 50 Prozent rechnen damit, daß ein Atomkrieg die Welt vernichten *(annihilate)* wird; 76 Prozent halten die Zerstörung der Umwelt durch Technik und Chemie für sicher oder wahrscheinlich. Was meinen Sie? Wird der Mensch seine Umwelt selbst zerstören?

Dieses Gelb mögen wir lieber als das andere.

Aber nicht aus Schönheitsgründen. Mehrere Jahre lang hat die Industrie für uns nach einer Lackfarbe gesucht, die genauso freundlich ist wie unser altes Gelb, aber außerdem noch umweltfreundlich. Das Resultat ist ein Autolack frei von Blei, und Sie werden es deshalb bald auf allen Fahrzeugen der Post sehen. In unserem Fuhrpark tut sich noch mehr Umweltschonendes: Zusammen mit dem Umweltbundesamt erproben wir speziell entwickelte Lastwagen, die sehr viel leiser sind als herkömmliche LKWs. Wir testen auch den Einsatz von Elektro-Autos, die den gleichen Vorteil haben. Und wir haben mit der Umstellung auf Diesel-Fahrzeuge zum Beispiel 1981 12 Millionen Liter Kraftstoff gespart und entsprechend weniger Abgase erzeugt. Wir denken nämlich, daß es ins Gewicht fällt, wenn Europas größter ziviler Fahrzeughalter sich um bessere Luft bemüht, für ruhigere Nächte sorgt und beim Postgelb auf feine Nuancen achtet.

Ihre Post.

FRAGEN ZU LESETEXT C

1. Welche Farbe haben deutsche Postfahrzeuge?
2. Warum mag die Post das alte Gelb nicht mehr?
3. Nennen Sie zwei wichtige Eigenschaften der neuen Farbe!
4. Welche Farbe haben amerikanische Postwagen?
5. Was wird die Post mit dem neuen Autolack tun?
6. Warum mag die Post die alten LKWs nicht mehr?
7. Wodurch will die Post die herkömmlichen Lastwagen ersetzen?
8. Sind Dieselmotoren oder Benzinmotoren besser für die Luftqualität?

ÜBUNG

Stellen Sie zwei Listen auf! Liste 1 heißt: Was die deutsche Bundespost für die Umwelt tut; Liste 2: Was die amerikanische Bundespost für die Umwelt tut.

Lesetext D:

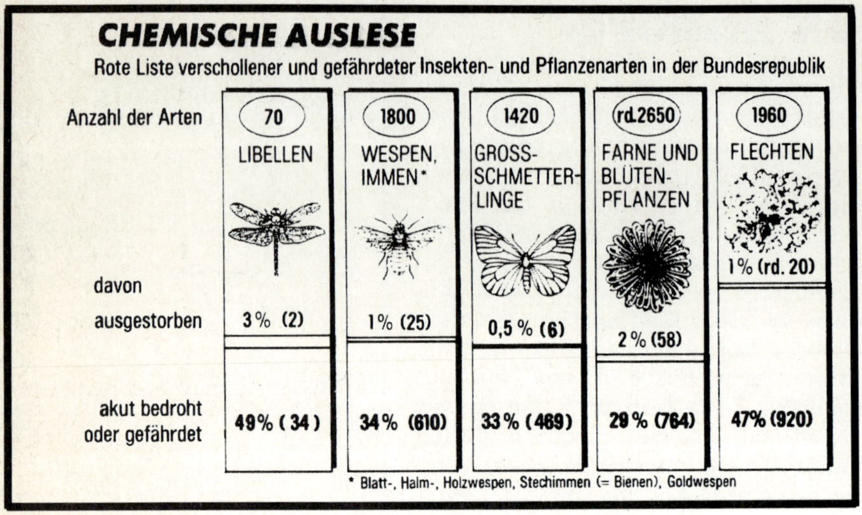

(Aus: *Der Spiegel,* Nr. 13, 1982, S. 75)

FRAGE ZU LESETEXT D

Was bedeutet chemische Auslese?

a. *readings in chemistry*
b. *chemical selections*
c. *extinction of species due to chemicals*
d. *better living through chemistry*

RICHTIG ODER FALSCH?

1. ____ In der BRD sind mehr als 30 Insektenarten ausgestorben.
2. ____ Fast die Hälfte der Flechtenarten sind gefährdet.
3. ____ Mehr als ein Drittel von allen Insektenarten in der BRD sind bedroht *(threatened)* oder gefährdet.

Lesetext E:

FAST JEDE ZWEITE ART STIRBT AUS

Rote Liste der verschollenen und gefährdeten Wirbeltiere in der Bundesrepublik

Anzahl der Arten	Säugetiere	Vögel	Kriechtiere und Lurche	Fische	Wirbeltiere insgesamt
	87	238	31	130	486
davon ausgestorben	8 % (7)	8 % (19)		2 % (2)	6 % (28)
gefährdet	47 % (41)	36 % (86)	61 % (19)	32 % (42)	39 % (188)

Beispiele:

	Säugetiere	Vögel	Kriechtiere und Lurche	Fische
ausgestorben	Elch, Wisent, Auerochse, Wolf, Wildpferd	Rothuhn, Steinwälzer, Gänsegeier, Großtrappe, Fischadler		Stör, Thunfisch
gefährdet	Alpensteinbock, Fledermäuse, Biber, Otter, Luchs, Schweinswal, Birkenmaus, Wildkatze, Seehund, Brandmaus, Feldspitzmaus, Siebenschläfer, Dachs, Haselmaus, kleinäugige Wühlmaus, Iltis, Hausratte	Steinadler, Rohrdommel, Uhu, Storch, Kranich, Seeadler, Wiedehopf, Sperber, Eisvogel, Krickente, Graureiher, Hohltaube, Wachtel, Habicht, Kolkrabe, Saatkrähe, Milan, Alpenstrandläufer	Äskulapnatter, Sumpfschildkröte, Smaragdeidechse, Mauereidechse, Kreuzotter, Schlingnatter, Gelbbauchunke, Laubfrosch, Springfrosch, Kreuzkröte, Wechselkröte, Seefrosch, Rotbauchunke	Zobel, Maifisch, Huchen, Flußneunauge, Lachs, Meerforelle, Steinbeißer, Wandermuräne, Bachneunauge, Meeresneunauge, Flußbarbe, Karpfen, Moderlieschen, Zander, Stint, Elritze, Schlammpeitzger, Perlfisch

DER SPIEGEL

(Aus: *Der Spiegel,* Nr. 13, 1982, S. 73)

FRAGEN ZU LESETEXT E

1. Wie viele Wirbeltierarten *(species of vertebrates)* gibt es in der BRD?
2. Wie viele davon sind ausgestorben? Wie viele sind gefährdet?
3. Gibt es noch Wölfe und Wildpferde in der BRD?
4. Sind Fischadler gefährdet? Warum? Warum nicht?
5. Welche gefährdeten Arten können Sie ohne Wörterbuch erkennen?

PERSÖNLICHE FRAGEN

1. Kennen Sie Tierarten, die in den USA ausgestorben oder gefährdet sind?
2. Wie fühlen Sie sich, wenn Sie solche Tabellen wie diese sehen?
   a. froh
   b. ängstlich
   c. traurig
   d. böse
   e. ________

Lesetext F:

„Sie werden sich in Zukunft mit mir begnügen müssen, der Hase ist nämlich am Aussterben!"

(Aus: *Der Spiegel,* Nr. 12, 1982, S. 87)

FRAGEN ZU LESETEXT F

1. Haben Sie schon vom Osterhasen gehört?
2. Wie nennen Sie das Tier auf dem Bild?
3. Was hat es im Korb? Warum?
4. Ist es möglich, daß dieses Tier auch gefährdet wird?

Lesetext G: Der Kampf gegen die Killer

VORBEREITUNG AUF DAS LESEN

1. Haben Sie schon von Greenpeace gehört oder gelesen?
2. Was ist wohl eine Aktion?
3. Was machen die Menschen im Schlauchboot?
4. Seit wann gibt es Greenpeace Aktionen?
5. Worum handelt es sich bei den verschiedenen Greenpeace Aktionen?

(Aus: *Der Spiegel*, Nr. 36, 1982)

Schlüsselwörter

der **Killer**
der **Wal**
die **Harpune**
das **Boot**
der **Fang**   Walfang (von fangen)
das **Tier**   Wirbeltier, z. B. Hund, Katze, Affe, Fisch
das **Raubtier**   *predatory animal*
protestieren
die **Aktion**
die **Atombombe**
die **See**
die **Robbe**   *seal*
gefährden   in Gefahr bringen
aussterben   Dinosaurier sind ausgestorben. Sie leben nicht mehr.

Sprachnotiz

Participles are often used as adjectives and adverbs. Note **hocherhoben-** and **furchterfüllt-** in the second sentence of „Der Kampf gegen die Killer.“ Both are interesting compounds, composed of a participle and a qualifier. **Hocherhoben-** combines **hoch,** an adjective, and **erhoben,** from the infinitive **erheben** (*lift* or *raise*). Thus the phrase **mit der hocherhobenen Faust** means *with fist raised high*. **Furchterfüllt-** is composed of the noun **Furcht** *(fear),* and **erfüllt,** from the infinitive **erfüllen** *(to fill)*. The phrase **furchterfüllte Seeleute** thus means *fear-filled sailors*. Both these adjectives are based on past participles; however, present participles are also used as adjectives, as for instance **die einst unüberwindlich scheinende Natur.** The present participle **scheinend-** (from **scheinen,** *to seem*) has qualifiers as separate words and not as part of a compound as in **hocherhoben-.** This type of phrase is a shortcut for a relative clause and has the literal sense of *the once invincible-seeming nature,* or better, *nature, which once seemed invincible.*

ÜBUNG

Lesen Sie die ersten vier Absätze einmal schnell durch! Machen Sie eine Liste von allen Partizipien, die Sie finden können, und geben Sie ihre ungefähre Bedeutung an!

Der Kampf gegen die Killer

Captain Ahab jagt einen weißen Pottwal. Eine primitive Harpune in der hocherhobenen Faust, steht er in einem Ruderboot° zwischen furchterfüllten Seeleuten. Das ungeheure° Tier wehrt sich°. Es zerschlägt das lächerlich kleine hölzerne Fangboot mit seiner mächtigen Schwanzflosse°. Es entkommt dem Verfolger immer wieder.

rowboat
huge
defends itself
tail fin

Die Jagd nach dem weißen Wal, die der Amerikaner Herman Melville in seinem Epos *Moby Dick* schildert°, wird zu Ahabs Obsession. Sie wird zum Gleichnis° für den heroischen Kampf des Menschen mit einer ungebändigten° Natur, die am Ende die Stärkere bleibt.

Das war Mitte des vorigen Jahrhunderts. Heute steht der Harpunier mit der Zigarette im Mundwinkel° an seiner Kanone am Bug° stählerner Fangboote. Ohne Mühe und Gefahr kann er jeden Wal aufspüren°, einholen° und durchbohren.

Heute hängt die einst unüberwindlich scheinende Natur selbst blutend im Schlepp° des übermächtig gewordenen Raubtiers Mensch. Die größten Tiere des Ozeans sind aussterbende und gefährdete Gattungen°. Pottwale und Finnwale suchen über riesige Entfernungen nach einem Wesen° ihrer Art, mit dem sie sich paaren können. Wenn Melvilles Captain Ahab heute lebte, würde er, meint Pete Wilkinson (der führende englische Greenpeacer), genau das tun, was Greenpeacer erstmals 1975 unternahmen: hinausfahren und sich den schwimmenden Wal-Verarbeitungsfabriken und ihren bulligen Fangbooten entgegenstellen.

David McTaggart, Mittelpunkt einer wachsenden Gruppe kanadischer Greenpeacer, leitete die Expedition „Greenpeace V", die von Vancouver aus den sowjetischen Walverarbeiter „Dalny Wostok" beim Harpunieren und Schlachten° in rot sich färbender See antraf. Die Greenpeacer brachten ein kleines Gummiboot mit Außenbordmotor zu Wasser, als die Sowjets sich um die Aufforderung nicht kümmerten, den Fang zu stoppen. Zwei Freiwillige° manövrierten sich mit dem Gummiboot zwischen die überlebenden Pottwale und das Fangschiff. Der russische Harpunier konnte seine Waffe nicht abfeuern, ohne die beiden jungen Männer in dem Boot zu gefährden. Er feuerte trotzdem. Knapp° fegte die schwere Sprengharpune über° die schutzlosen Männer und wühlte sich° in den Nacken eines 15-Meter-Pottwals, explodierte dumpf° im Leib° des Tieres und tötete es auf der Stelle. Doch es war zumindest° für eine Weile das letzte Opfer° der „Dalny Wostok". Von „Greenpeace V" wachsam verfolgt, verließen die Sowjets das Fanggebiet und gingen auf Heimatkurs.

Männer in einem aufblasbaren° Gummiboot, die Harpunen und Stahlkolossen trotzen°: dieses Bild umrundete den Erdball und wurde zum Symbol des Widerstandes° gegen den Ausrottungsbetrieb° der modernen Zivilisation.

„Begreifen° wir doch endlich, daß wir keine Killer mehr sein müssen und sein dürfen, um Tapferkeit zu beweisen", erklärte der amerikanische Schriftsteller William Styron. „Eine neue Ethik ringt° in unseren Breiten um ihre Gestalt. Ihre Helden töten nicht. Sie kämpfen darum, das Leben auf unserem Planeten zu bewahren°."

describes
parable
untamed
corner of the mouth
bow
track down / catch up with
in tow
species
creature
slaughtering
volunteers
narrowly
explosive / whizzed past
buried itself / muffled
body
at least / victim
inflatable
oppose, stand up to
resistance
extermination business
understand
struggles
preserve

Greenpeace geht es um den Zusammenhang zwischen dem Frieden des Menschen mit der Natur und dem Frieden der Menschen untereinander°. McTaggart: „Wir glauben nicht, daß wir mit einer isolierten Kampagne gegen Atomwaffen-Versuche wirklich Erfolg haben können, wenn wir nicht zugleich gegen die Killermentalität Front machen°, mit der Robben totgeprügelt° und Wale ausgerottet° werden. Es ist dieselbe Killermentalität, die sich in der Atomkriegsplanung gegen die eigenen Mitmenschen richtet."

among one another
fight against / beaten to death
exterminated

(Übernommen aus: *Der Spiegel*, Nr. 36, 1982, S. 121–22)

FRAGEN ZU LESETEXT G

1. Welche Walgattungen sind gefährdet?
2. Welche andere Tierarten in der Bundesrepublik sind gefährdet? (Siehe Lesetexte E und F!) Welche in den Vereinigten Staaten?
3. Was für ein Schiff ist die „Dalny Wostok"?
4. Welches Bild wurde zum Symbol für die Greenpeacer?
5. Beschreiben Sie die neue Ethik und ihre Helden!
6. Was hat Atomkrieg mit Robben- und Walaktionen zu tun?
7. Welche Kampagne ist für die Greenpeacer am wichtigsten?

ÜBUNGEN

Schreiben Sie die folgenden Relativsätze als Partizipialkonstruktionen um!

Beispiel: die Seeleute, die mit Furcht erfüllt waren
Die furchterfüllten Seeleute, . . .

1. das Raubtier, das übermächtig geworden ist
2. die Natur, die ungebändigt war
3. die See, die sich rot färbt
4. die Fabriken, die in den Weltmeeren schwimmen
5. eine Greenpeace Gruppe, die am schnellsten wächst

Ergänzen Sie die folgenden Sätze:

1. Der moderne Walfang geschieht ohne ________ für den Harpunier.
2. Wale sind heute aussterbende und ________ Gattungen.
3. Der Captain Ahab von heute würde den weißen Wal nicht ________ .
4. Er würde alles tun, um ihn zu ________ .
5. Die Greenpeacer brachten ein kleines ________ zu Wasser.
6. Der Russe konnte seine Waffe nicht abfeuern, ohne die Greenpeacer im Boot zu ________ .
7. Wir müssen keine ________ mehr sein, um Tapferkeit zu beweisen.
8. Die Helden der neuen Ethik ________ nicht.

RICHTIG ODER FALSCH?

1. ____ Die meisten Greenpeace Aktionen werden mit Gewalt durchgeführt.
2. ____ Die Greenpeace Bewegung protestiert gegen den Atomkrieg und die Ausrottung von gefährdeten Tiergattungen.
3. ____ In der Bundesrepublik stirbt jede zweite Tierart aus. (Siehe Lesetext E!)
4. ____ Captain Ahab ist ein russischer Waljäger.
5. ____ Greenpeacer meinen, daß die Killermentalität heutzutage sehr nötig ist.
6. ____ Gewöhnlich werden Wale an Land gebracht, bevor sie geschlachtet und verarbeitet werden.

ZUR DISKUSSION

1. Welche Tierarten sind in Ihrer Gegend ausgestorben? Warum?
2. Welche Tiere sind gefährdet? Warum?
3. Was sollte man tun, um gefährdete Tierarten zu schützen?
4. Haben Sie schon an einer Protestaktion teilgenommen? An welcher? Warum?
5. Meinen Sie, daß der Kampf gegen das nukleare Wettrüsten wichtiger ist, als der Kampf um gefährdete Tiere? Warum? Warum nicht?
6. Ist ein Atomkrieg zu überleben? Was meinen Sie?

2

„Andere Frauen sind stolz, wenn ihre Männer ein Hobby haben."

(Aus: *Das goldene Blatt,* Nr. 48, 21. Nov., 1979, S. 63)

Computer-Partner-Test

Wie Sie jetzt Ihren Partner finden können!

(Aus: *Lesen, Lachen, Lernen,* 2. Aufl., Holt, Rinehart and Winston, S. 103)

Mal Himmel, mal Hölle – Die Liebe

VORSCHAU

1. Lesen Sie die Titel aller Texte in diesem Kapitel! Was sind typische Themen?
2. Woran denken Sie, wenn Sie das Wort **Liebe** hören? Machen Sie eine Liste von Wörtern, Begriffen und Ausdrücken, die Ihnen einfallen!
3. Was ist die Kehrseite *(flip side)* der Liebe, d. h., was passiert, wenn eine Liebesbeziehung oder eine Partnerschaft nicht mehr funktioniert? Machen Sie eine Liste von Wörtern und Begriffen, die mit Trennung *(separation)* und Scheidung *(divorce)* zu tun haben!
4. Waren Sie schon einmal richtig verliebt? Beschreiben Sie, wie Sie sich dabei gefühlt haben!
5. Glauben Sie an die „Liebe auf den ersten Blick"? Glauben Sie an die „große" Liebe?
6. Haben Sie die große Liebe Ihres Lebens schon gefunden? Erzählen Sie, wie das gekommen ist, wo Sie einander kennengelernt haben usw.!

Lesetext A: Die Verliebten

Dominik erwiderte° nichts. Sanft streichelte° er ihr Haar, berührte mit seinen Lippen ihren Mund. „Mildred", flüsterte er, „ich liebe dich."

replied / stroked

(Aus: *Das goldene Blatt,* Nr. 31, 23. Juli, 1980, S. 20)

FRAGEN ZU LESETEXT A

1. Was sehen Sie auf dem Bild?
2. Woher stammt diese Zeichnung Ihrer Meinung nach?
3. Inwiefern kann man diese Szene als „romantisch" bezeichnen?
4. Warum kann man sagen, daß der Mann die dominierende Rolle in dieser Beziehung spielt?
5. Wie reagieren Sie auf diese Szene? Scheint Ihnen die Szene übertrieben? Warum? Warum nicht?
6. Stellen Sie sich vor, Sie wären Mildred. Was würden Sie erwidern?

Lesetext B: Der Fall Graf gegen Graf

VORBEREITUNG AUF DAS LESEN

1. Was ist das Thema dieses Textes?
2. Was ist die *Bunte*?
3. Warum hat der Text zwei Teile?
4. Woran denken Sie, wenn Sie den Titel „Der Fall Graf gegen Graf“ lesen?

Schlüsselwörter

Die folgenden Wörter und Ausdrücke sind im Kontext relativ leicht zu verstehen, weil sie entweder mit englischen Wörtern verwandt oder englischen Ausdrücken ähnlich sind. Was bedeuten diese Wörter?

Maschinenbauingenieur (Zeile 3)
interviewt (Zeile 7)
preußisch (Zeile 10)
ordentlich (Zeile 17)
Mädchenträume (Zeile 51)
junges Ding (Zeile 53)
vorprogrammiert (Zeile 53)
da wird aus jedem Frosch ein Königssohn (Z. 56/57)
versklavt (Zeile 64) (Denken Sie an „der Sklave“!)
Liebesleben (Zeile 81)

Der Fall Graf gegen Graf

Ein Reihenhaus° in einem Hamburger Vorort. Im Vorgarten eine Sandkiste, hinter dem Haus zwei Kinderschaukeln°. Fritz Graf, 32, Maschinenbauingenieur°, führt die Reporterin durchs Haus. Es ist still im Haus. Die Kinderzimmer sind leer.

row house
swings
mechanical engineer

Herr Graf wohnt seit drei Monaten allein in dem Haus. Seine Frau ist mit den fünf Jahre alten Zwillingen ausgezogen. Sie lebt bei ihren Eltern. *Bunte* hat beide Ehepartner interviewt. Zuerst den Ehemann, dann seine Frau.

„Herr Graf, warum hat Ihre Frau Sie verlassen?“

Fritz Graf ist das, was man früher unter preußischem Beamten verstand: Anzug, Krawatte, selbst jetzt, wo er Feierabend° hat.

evening leisure time

„Ich arbeite seit Studienende bei derselben Firma. Ich bin Abteilungsleiter° im Bereich der Konstruktion. Sofie und ich haben vor sieben Jahren geheiratet. Es war eine Heirat aus Liebe. Ich muß betonen, es war eine Heirat aus Gefühl und Verstand.

department head

„Im Laufe der Zeit ändert sich aber alles. Wissen Sie, ich bin von Grund auf ein äußerst° ordentlicher Mensch. Ich mag, wenn alles

extremely

immer auf der richtigen Stelle ist. Ich mag Ordnung. Ohne Ordnung geht die Welt zugrunde°.

„Interessant ist, daß meine Frau anfangs genau so wie ich in dieser Richtung war. Aber im Laufe der Zeit . . . Ich hab' so ein Gefühl, daß meine Frau gezielt meine Ordnung störte.

„Die ersten Jahre war sie ganz anders. Aber seit einiger Zeit läuft es nicht mehr. Ich kann meine Frau nicht berechnen, das ist es. Ich nenne nur ein Beispiel: Wir hatten ein sehr schönes Meißner Porzellan. Plötzlich fiel meiner Frau ständig ein Stück davon aus der Hand. Dabei hing sie genau so wie ich an° den Tellern und Tassen. Jetzt achte ich natürlich darauf, daß meine Frau dieses Geschirr nicht mehr in die Hand nimmt.

„Sie ist nicht mehr berechenbar°. Wissen Sie, was einmal passiert ist? Vor drei Jahren sollte meine Frau meinen Lottoschein° abgeben. Sie hat es vergessen. Aber sie hat sich eine Woche lang Zeit gelassen°, bevor sie das zugegeben hat. Da hatte ich mich schon überall lächerlich gemacht, weil wir gerade auf diesem Schein 2 829 Mark gewonnen hätten!

„Vor drei Monaten kam ich nach Hause. Da war sie weg, mit den Kindern, nur dieser Brief lag da."

Er liest vor:

> „Lieber Fritz, dies ist eine Trennung
> auf Probe. Ich bitte Dich, es zu akzeptieren.
> Ich will Dich drei Monate nicht sehen.
> Nach den drei Monaten werde ich wissen, ob
> ich mich scheiden lasse oder nicht. Bitte
> ruf auch nicht an. Den Kindern geht's
> gut. Sie freuen sich sehr auf Omi und Opa . . ."

Mit Frau Graf hat sich die Reporterin in einem Café getroffen. Frau Graf wirkt wie ein Mädchen, nicht wie eine 30jährige Frau. Sie ist blond, ihr Haar trägt sie schulterlang. Sie hat schöne blaue Augen. Sie sagt, daß sie unglücklich sei und ihr Mann sie krank mache.

„Wenn ich Ihnen von meinen Mädchenträumen erzähle—und was daraus geworden ist . . . es ist furchtbar . . .

„Wissen Sie, man ist ja so als junges Ding richtig vorprogrammiert auf die große Liebe. Die Schlager, die man hört, die Bücher, die man liest . . . man glaubt doch alles . . . Und wenn man verliebt ist°", sie lächelt resigniert—„da wird aus jedem Frosch ein Königssohn."

Frau Graf macht eine Pause, sie hört ihrem Satz nach.

„Dabei hätte ich doch nur die Augen aufmachen müssen", sie schüttelt den Kopf. „Die Ehe meiner Eltern, zum Beispiel . . . mein Gott, die hält jetzt schon 35 Jahre, weil meine Mutter mei-

zugrunde gehen *to perish*

an etwas hängen *to be attached to something*

predictable

lottery ticket

sich Zeit lassen *to take (one's) time*

verliebt sein *to be in love*

nem Vater in allem nachgegeben° hat. Sie hat nie ein Wort gegen ihn gesagt, niemals aufgemuckt°. Mein Vater hat meine Mutter richtig versklavt."

Frau Graf sieht die Reporterin an. „Vor meiner Ehe war ich Chefsekretärin. Ich hab' die mittlere Reife°, wollte das Abitur° machen. Aber da hab' ich meinen Mann kennengelernt. 'Was willst du studieren', hat er gesagt. Ich wollte Ärztin werden. Er meinte damals: 'Sei doch nicht dumm, ich habe einen ordentlichen Beruf, ich kann für dich sorgen, außerdem sollen unsere Kinder mal junge Eltern haben'. So bin ich Sekretärin geworden. Das war mein erster Fehler. Heute wäre ich unabhängiger mit einem richtigen Beruf.

„Stellen Sie sich vor, mein Mann schreibt Zettelchen, damit ich dies oder das nicht vergesse. Also ich bin doch nicht blöd°, daß ich nicht weiß, was ich zu tun habe. So was Erniedrigendes."

Die Reporterin fragt, ob sie ihren Mann liebt.

„Ich habe ihn geliebt, so wie er damals war, als wir uns kennenlernten. Im jetzigen Zustand aber von Liebe zu sprechen, nein, das ist mir alles zuwider°. Ich erkenn' meinen Mann nicht mehr. Zum Beispiel was unser Liebesleben angeht. Ich bin da für ihn wie eine Maschine, man wirft ein Zehnpfennigstück rein, und dann kommt was raus. Nein, ich lieb' meinen Mann nicht mehr."

nachgeben *to give in*
complained
first public-school exam / final exam in Gymnasium
stupid
repugnant

Der Name des Ehepaares wurde von der Redaktion geändert.
(Aus: *Bunte*, 30. Sept., 1982, S. 107)

FRAGEN ZU LESETEXT B

1. Wieso kann man schon im Garten sehen, daß die Familie Graf Kinder hat?
2. Wie viele Kinder haben Grafs? Wie alt sind sie?
3. Wie sieht Herr Graf aus?
4. Was ist er von Beruf?
5. Was störte seine Frau nach Herrn Grafs Darstellung?
6. Was machte Herr Graf, als seiner Frau die Porzellantassen und -teller aus der Hand fielen?
7. Warum ärgert sich Herr Graf so sehr über den vergessenen Lottoschein?
8. Was schlägt Frau Graf im Brief vor?
9. Was erzählt sie von der Ehe ihrer Eltern?
10. Wie sieht Frau Graf aus?
11. Was machte sie vor der Ehe mit Fritz Graf?
12. Was hält sie von den Zetteln, die ihr Mann schreibt?
13. Warum liebt sie ihren Mann nicht mehr?

WÖRTER IM KONTEXT

1. Welches der folgenden englischen Wörter entspricht **ausgezogen?** (Zeile 6)?
   a. *stretched out*
   b. *undressed*
   c. *moved out*
   d. *traveled by train*
2. **aus Liebe** (Zeile 14) bedeutet . . .
   a. weil wir uns lieben.
   b. diese Liebe war zu Ende.
   c. diese Liebe war nicht normal.
3. Das Wort **gezielt** (Zeile 22) ist . . .
   a. ein Adjektiv.
   b. ein Nomen.
   c. ein Adverb.
4. **auf Probe** (Zeile 40) entspricht . . .
   a. *on a trial basis.*
   b. *on probation.*
   c. *without proof.*
   d. *by jury.*
5. **Schlager** (Zeile 54) sind . . .
   a. brutale Menschen.
   b. Küchengeräte.
   c. Pop-Lieder.
6. **hält** (Zeile 61) ist synonym mit . . .
   a. dauert.
   b. greift.
   c. existiert nicht mehr.
   d. hört auf.
7. Was ist das Subjekt der Verbkonstruktion **nachgegeben hat?** (Zeile 62)
   a. allem
   b. Mutter
   c. Vater
8. Das Wort **unabhängiger** (Zeile 72) ist . . .
   a. ein Verb.
   b. eine Präposition.
   c. ein Adjektiv.
9. **So was Erniedrigendes** (Zeile 76) bedeutet . . .
   a. *so what.*
   b. *such cuteness.*
   c. *such neatness.*
   d. *such a demeaning act.*

WORTFAMILIEN

Geben Sie das entsprechende Verb zu den folgenden Nomina!

die Scheidung
die Rechnung
die Beziehung
die Ordnung
die Trennung

Sprachnotiz

Der Ausdruck **etwas in die Hand nehmen** ist ein gutes Beispiel der Vorliebe des Deutschen für die unpersönliche Ausdrucksweise; vergleichen Sie das Englische: *to put one's hands on something.* Die deutsche Sprache hat eine Anzahl solcher Ausdrücke, besonders mit **Hand,** zum Beispiel:

jemand(en) an die Hand nehmen
jemand(em) etwas aus der Hand nehmen
etwas in der Hand tragen
etwas mit der Hand machen
etwas zur Hand nehmen

Es gibt auch viele bildliche Ausdrücke im Deutschen mit **Hand:**

jemand(em) freie Hand lassen
etwas liegt klar auf der Hand
etwas hat Hand und Fuß

ÜBUNG

Bilden Sie Sätze mit den Ausdrücken in der Sprachnotiz!

ZUR DISKUSSION

1. Ist diese Ehe noch zu retten?
2. Wer ist schuld daran, daß die Ehe kaputtgeht?
3. Möchten Sie mit einem Mann (einer Frau) wie Herrn (Frau) Graf verheiratet sein?
4. Kennen Sie so ein Ehepaar wie die Grafs?

Lesetext C: Schütten Sie Ihr Herz aus

VORBEREITUNG AUF DAS LESEN

1. Der Titel bedeutet wohl . . .
   a. *scatter your heart around.*
   b. *sift through your heart.*
   c. *pour out your heart.*
2. Die amerikanische Beate Falk heißt . . .
   a. Anne Landers.
   b. William F. Buckley.
   c. Andy Rooney.
3. In diesem Text beklagt sich . . .
   a. ein Mädchen über die Eltern.
   b. eine Frau über ihren Mann.
   c. eine Frau über Frauengruppen.

Schlüsselwörter

Anregung (Zeile 8) Veranlassung, Impuls

„Emanzen" (Zeile 13) Kurzform für „emanzipierte Frauen"

Maß (Zeile 21) Maßstab, Standard

argwöhnen (Zeile 29) *to suspect (something negative)*

entkräften (Zeile 32) widerlegen; das Gegenteil davon beweisen

pochen . . . auf (Zeile 36) bestehen auf, verlangen

Beate Falk

Schütten Sie Ihr Herz aus

Sie ist immer für Sie da, wenn Sie Sorgen haben. Alle Zuschriften werden vertraulich behandelt. Bitte schreiben Sie mit Altersangabe an:

DAS GOLDENE BLATT
Beate Falk, Postf. 200 160,
5060 Bergisch Gladbach 2

„Wenn zwei das gleiche tun . . ."

Sonja S., 29 Jahre, Hausfrau

Vor einiger Zeit habe ich mich einer Frauengruppe angeschlossen. Wir treffen uns einmal im Monat und diskutieren über Kindererziehung, Schul-, Haushalt- und Familienprobleme. Man bekommt eine Menge Anregungen und Kontakte dadurch, und ich fühle mich dort sehr wohl. Leider ist mein Mann verärgert° darüber, daß ich in diesen „Emanzen-Club" gehe, wie er es nennt. Am liebsten würde er es mir verbieten, weil er meint, dort würde nur gegen die Männer gehetzt. Er selbst geht seit Jahren alle vierzehn Tage zum Kegeln°. Warum messen die Männer nur immer mit zweierlei Maß?

Das Recht auf ein Eigenleben sollte sich jeder in der Ehe bewahren und auch dem Partner einräumen°. Ihr Erfahrungsaustausch mit anderen Frauen kann Ihrem Eheklima nur nützlich sein. Ihr Mann scheint zu argwöhnen°, daß Sie dort eine Art Frauenfront gegen die Männer bilden wollen. Entkräften Sie dieses Argument, erzählen Sie ihm recht viel von ihren anregenden Gesprächen. Seien Sie nicht kämpferisch und pochen° Sie nicht auf Ihr Recht, sondern appellieren Sie an sein Verständnis.

Kegeln: ninepins (bowling term in Britain and Germany)
einräumen: grant
argwöhnen: suspect
pochen: insist
verärgert: annoyed

(Aus: *Das goldene Blatt*, Nr. 31, 23. Juli, 1980, S. 26)

RICHTIG ODER FALSCH?

1. ____ Sonja S. geht gern zum Treffen der Frauengruppe.
2. ____ Herr S. meint, die Anregungen, die seine Frau im Frauenklub bekommt, sind gut für die Ehe.
3. ____ Herr S. verbietet seiner Frau, in den Klub zu gehen.
4. ____ Frau Falk scheint zu meinen, daß Sonja S. im Grunde recht hat.
5. ____ Frau Falk rät Sonja S., ihren Mann zu verlassen.

Lesetext D: Fragen Sie Frau Irene

VORBEREITUNG AUF DAS LESEN

1. Worum handelt es sich in diesem Text? Wo findet man solche Texte?
2. Woran denken Sie, wenn Sie das Foto sehen? Hat der Titel des Textes („Ich habe Angst, . . .“) etwas mit dem Foto zu tun?
3. Erwarten Sie in diesem Text eine „glückliche“ Geschichte?
4. Warum hat der Text zwei Teile?

FRAGEN SIE **FRAU IRENE**

Ich habe Angst, für immer allein bleiben zu müssen!

Seit sechs Jahren bin ich geschieden, und als Frau von 34 Jahren und Mutter eines neunjährigen Kindes habe ich kaum Aussicht,° noch einmal einen akzeptablen Partner zu finden. Ein Freund, dem ich den Abschied gab, war verheiratet, als ich reumütig° zu ihm zurückkehren wollte. Mich quält° eine furchtbare Angst, für immer allein bleiben zu müssen. Da ich zu meinem geschiedenen Mann ein gutes Verhältnis habe, rät mir meine Mutter, zu ihm zurückzukehren. Dann hätte ich den ersehnten° Partner und das Kind seinen Vater. Sie weiß ja nicht, daß ich mich scheiden ließ, weil die sexuellen Beziehungen in unserer Ehe unzumutbar° waren. Wenn ich meinen geschiedenen Mann wieder heiraten würde, hätte ich nach außen hin einen Mann — aber ich müßte für immer auf ein Leben als Frau verzichten.° Soll ich ihn trotzdem heiraten, damit ich nicht ganz allein dastehe?

- *prospect*
- *remorseful*
- *tortures*
- *desired*
- *unreasonable*
- *do without, give up*

(Aus: *Hör zu,* Nr. 21, 1979, S. 114–115)

IRENE: *Es ist für eine Frau Ihres Alters gewiß schwer, ohne Partner zu leben. Aber die Angst, für immer allein bleiben zu müssen, hat bei Ihnen zu einer verkrampften° Haltung geführt. Überlegen Sie einmal: Heiraten um jeden Preis — was wäre eine solche Ehe wert? Die Wahrscheinlichkeit, daß auch eine solche Ehe scheitern° würde, ist groß — und dann wären Sie unglücklicher als zuvor. Lassen Sie Ihr Denken und Tun nicht einzig um das Wunschziel Ehe kreisen. Setzen Sie Ihre Kraft ein, um — auch ohne Mann — etwas aus Ihrem Leben zu machen. Damit steigern Sie Ihr Selbstbewußtsein° und Ihre Unabhängigkeit. Besinnen° Sie sich auf Ihre Interessen. Ihren geschiedenen Mann aus lauter Torschlußpanik wieder zu heiraten, würde Sie beide erneut unglücklich — und das Kind in einer solchen Verbindung bestimmt nicht glücklich machen.*

Ich rate Ihnen, suchen Sie zuerst den Weg zu sich selbst, das erspart es Ihnen, sich aus Angst vor unerfülltem Alleinsein an eine Partnerschaft zu klammern,° die Sie womöglich noch unglücklicher machen würde, als Sie es jetzt sind.

tensed up, paralyzed

fail

self-confidence

sich auf etwas besinnen *to remember*

sich an etwas klammern *to cling to something*

FRAGEN ZU LESETEXT D

1. Was erfahren wir über das Leben der Briefschreiberin in den vergangenen zehn Jahren?
2. Warum war mit dem Freund, zu dem sie „reumütig" zurückkehren wollte, keine Beziehung mehr möglich?
3. Warum ist es für sie schwer, an eine Rückkehr zu ihrem ehemaligen Mann zu denken?
4. Welche Rolle spielt hier die Mutter der Briefschreiberin?
5. Was sieht Frau Irene als Hauptresultat der Angst dieser Frau?
6. Was meint Frau Irene zu dem Gedanken einer zweiten Ehe mit dem ehemaligen Mann?
7. Was für praktische Vorschläge bietet Frau Irene?
8. Was könnte nach Frau Irenes Meinung geschehen, wenn die Briefschreiberin aus Torschlußpanik den ehemaligen Mann wieder heiratete?
9. Warum hat die Briefschreiberin so große Angst?

WORTFAMILIEN

Versuchen Sie, mindestens eine verwandte Form der folgenden Wörter zu finden!

VERB	NOMEN	ADVERB/ADJEKTIV
________	die Aussicht	________
________	________	reumütig
quälen	________	________
________	der Mut	unzumutbar
verzichten auf (Akk.)	________	verzichtend
________	________	verkrampft
kreisen um (Akk.)	________	kreisförmig
________	die Unabhängigkeit	________
sich besinnen auf (Akk.)	________	________

WÖRTER IM KONTEXT

1. Woher stammt das Wort **geschieden** (Zeile 2)? Wie wird das Wort in diesem Kontext benutzt?

2. Welches der folgenden Wörter entspricht dem Ausdruck **den Abschied geben** (Zeile 7)?
- *a.* abfahren
- *b.* schenken
- *c.* sich trennen von
- *d.* bezahlen

3. Welches Stammverb erkennen Sie in dem Adjektiv **ersehnt** (Zeile 16)?

4. Welches englische Nomen entspricht dem Wort **Haltung** (Zeile 34)?
- *a.* *situation*
- *b.* *attitude*
- *c.* *holding*
- *d.* *stoppage*

5. Der Ausdruck **um jeden Preis** (Zeile 36) ist synonym mit welchem der folgenden Wörter?
- *a.* billig
- *b.* unbedingt
- *c.* köstlich
- *d.* Auszeichnung

6. Das Wort **Torschlußpanik** (Zeile 51) bedeutet in diesem Kontext, daß die Frau ________ hat, keinen Mann mehr zu finden.
- *a.* Glück
- *b.* Grund
- *c.* Angst
- *d.* Pech

Lesetext E:

Das Glück läßt sich steuern

Je ähnlicher die Einstellung zu Leben und Liebe, Interessen oder alltägliche Gewohnheiten sind, um so weniger Reibungspunkte° gibt es für gewöhnlich in einer Partnerschaft, um so „pflgeleichter"° wird eine Beziehung.

Komplizierter wird das Zusammensein, wenn zwei unterschiedliche Charaktere aufeinandertreffen: mit unterschiedlichen Interessen, unterschiedlichen° Erwartungen an die Beziehung. Den anderen zu verstehen, wenn er anders denkt, anders reagiert, das fällt natürlich viel schwerer, als wenn der andere einem selbst ähnlich ist.

Unerträglich° wird es nur, wenn man in fast ständigem° Streit lebt. Streit, der die Partner immer mehr voneinander° trennt, statt sie stärker zu verbinden.

Streiten kann für eine Partnerschaft nämlich auch etwas sehr Positives bewirken: Streiten kann auch mehr Nähe schaffen, kann helfen, einen gemeinsamen Weg zu finden.

Paare, die sich überhaupt miteinander streiten, haben die erste Voraussetzung für eine harmonische Beziehung eigentlich schon erfüllt. Denn Streiten zeigt, daß sie Interesse an ihrer Beziehung haben. Daß ihnen nicht nur das „Hier und Jetzt" wichtig ist, sondern daß sie den Wunsch nach einer dauerhaften° Bindung haben. Daß sie nicht denken „Wenn's mir nicht paßt,° dann geh' ich", sondern „Wenn's mir nicht paßt, dann versuche ich, etwas zu verändern."

(Aus: Freundin, Nr. 17, 1982, S. 121–24)

unbearable
points of friction
constant
easier to ''maintain''
from each other
permanent
suits
different

VERSTÄNDNISPROBE

Finden Sie im Text Sätze, die ähnliche Informationen wie folgende Sätze enthalten!

1. Menschen, deren Alltagsgewohnheiten sehr unterschiedlich sind, haben oft keine leichte Beziehung zueinander.
2. Streiten ist eigentlich eine Art von Kommunikation zwischen den Partnern.
3. Streiten wird erst dann für die Beziehung gefährlich, wenn die Partner sich zu oft zanken.
4. Wenn dem einen Partner an der Beziehung etwas nicht gefällt, soll er nicht gleich weglaufen.

Lesetext F:

Partnerschaft: Die Hälfte davon bin ich selbst

Es ist verständlich°, daß so viele Menschen sich wünschen, ihre Ehe, ihre Partnerschaft wäre „eine Insel der Glückseligkeit°". Verständlich, weil es wunderbar wäre, wenn es so wäre. Nur: Es ist nicht so. Realität ist, daß auch unsere Partnerschaft nicht Fluchtpunkt° sein kann—weg aus der bösen Welt, weg von mir selber, die ich traurig bin oder verärgert oder enttäuscht oder ratlos. Meine Partnerschaft—das ist ja nichts von mir Abgelöstes°, das bin zur Hälfte ich selber. Und wenn ich voller Zorn° bin, weil eben jene böse Welt mir so übel mitgespielt hat,° dann ist in diesem Augenblick mein Beitrag° in diese Partnerschaft mein Zorn. Und sonst gar nichts. Wie könnte diese Partnerschaft zur gleichen Zeit eine freundliche Insel für mich sein? Aber das verlangt ja auch kein Mensch. Nein? Dann ist es ja gut . . .

understandable
bliss
refuge
separated
rage
has treated me so badly
contribution

VERSTÄNDNISPROBE

Finden Sie, wie in der vorhergehenden Verständnisprobe, auch in diesem Text entsprechende Sätze!

1. Ich bin immer selbst die eine Hälfte der Beziehung zum Partner.
2. Wenn ich mich über Alltagsschwierigkeiten ärgere, habe ich in der Partnerschaft kaum Positives beizutragen.
3. Die Beziehung zum Partner kann kein Refugium sein.

Vgl. mit „Game"-Shows
Unterschiede – Gemeinsamkeiten

Lesetext G: Finden Sie jetzt den Partner Ihrer Liebe

(siehe VORBEREITUNG AUF DAS LESEN auf Seite 34)

Finden Sie jetzt den Partner Ihrer Liebe

Liebe und Zuneigung° sind nur selten eine Frage des Zufalls. Viele Menschen sind allein, obwohl sie gern jemanden hätten, mit dem sie ihre Freizeit und ihr Leben gemeinsam verbringen möchten.
Doch wie soll man diesen Partner finden? Wie ihm begegnen? Wie ihn erkennen? Die Partnerin oder den Partner Ihrer Liebe können Sie JETZT finden. Machen Sie einfach den kostenlosen VIP-Partner-Test. Sie erfahren so, welche Chancen Sie haben. Aus vielen tausend Alleinstehenden° suchen wir den zu Ihnen am besten passenden Partner. Dieser wird Ihnen in Form eines Partnervorschlags vorgestellt, so daß Sie sich ein genaues Bild machen können. Die Teilnahme am VIP-Partner-Test ist für jeden Alleinstehenden (Mindestalter 18 Jahre) kostenlos und völlig unverbindlich. Deshalb einfach mitmachen: Das kann auch für Sie der Start ins Glück sein!

affection / singles

JWP

VIP-Partner-Testbogen

Einladung
zum VIP-Partner-Test

Füllen Sie einfach diesen Testbogen aus. Nach Einsendung und erfolgreicher Chancen-Prüfung erhalten Sie persönlich, telefonisch oder schriftlich kostenlos und unverbindlich:

1. **Ihren Partner-Vorschlag**
Die ausführliche Beschreibung der Eigenschaften (Ihr Partnervorschlag). Ihre im Testbogen genannten Wünsche und Angaben werden hierbei natürlich berücksichtigt.

2. **Farbige VIP-Broschüre**
Hier können Sie alles in Ruhe nachlesen: Wichtiges bei der Partnersuche, über die VIP-Singles und vieles mehr...

3. **Information**
Die neueste Ausgabe der VIP-Zeitung mit aktuellen Tips für Sie.

VIP
für Partnerschaft und Freizeit

Partner-Wunsch
Wie soll Ihr Partner sein?

Alter: von ______ bis ______ Jahre
Größe: von ______ bis ______ cm
Haar: ☐ schwarz ☐ blond ☐ braun ☐ grau ☐ rötlich
Staatsangehörigkeit: ☐ nur deutsch ☐ auch andere

Eigenschaften des Partners: (4 ankreuzen)
☐ Häuslich ☐ Humorvoll
☐ Natürlich ☐ Ehrgeizig
☐ Zurückhaltend ☐ Anpassungsfähig
☐ Modebewußt ☐ Kinderlieb
☐ Temperamentvoll ☐ Naturliebend

FD 231

Angaben zur Person
☐ Herr ☐ Frau ☐ Fräulein
Name: ______
Vorname: ______
Str./Nr.: ______
PLZ/Ort: ______
Telefon: ______
Geburtstag: ______
Fam.-Stand: ☐ ledig ☐ verw./gesch.° ☐ getrennt lebend
Jetziger Beruf: ______
Körpergröße: ______ cm
Haarfarbe: ______
Staatsangehörigkeit: ______
Ich erkläre, daß ich einen Partner suche und an Ihrem kostenlosen Test teilnehmen möchte.

______
Unterschrift

widowed / divorced

– Den ausgefüllten VIP-Partner-Testbogen abtrennen und in einem unfrankierten Kuvert einsenden an: VIP · Winterhuder Weg 62 · 2000 Hamburg 76 –

VORBEREITUNG AUF DAS LESEN

1. Was für ein Text ist das?
- *a.* ein Gedicht
- *b.* eine Kurzgeschichte
- *c.* eine Reklame
- *d.* eine Umfrage

2. Was ist ein Testbogen?
- *a.* *a questionnaire*
- *b.* *a final examination*
- *c.* *testing headquarters*
- *d.* *a job application*

3. Wer soll den Testbogen ausfüllen?
- *a.* Eheleute
- *b.* geschiedene Menschen
- *c.* verwitwete Männer und Frauen
- *d.* Schulkinder

4. Wieviel kostet es, am Test teilzunehmen?

5. Wie alt muß man sein, um am Test teilzunehmen?

Schlüsselwörter

Zuneigung Sympathie, freundschaftliches Empfinden
gemeinsam zusammen
Alleinstehende allein/stehend-; man „steht", d. h. lebt allein
Mindestalter mindestens ________Jahre alt
unverbindlich ohne Zwang, hier: ohne Kaufzwang
verwitwet Ehefrau oder Ehemann ist tot
ehrgeizig man möchte im Beruf oder im Leben vorwärtskommen; ambitiös
anpassungsfähig Person, die sich in jeder Situation zurechtfindet; flexibel

FRAGEN ZU LESETEXT G

1. Warum sind so viele Menschen diesem Werbetext zufolge allein?
2. Was sind zwei Vorteile des VIP-Partner-Tests?
3. Was bekommt man, wenn man den ausgefüllten Testbogen einschickt?
4. Dürfen Verheiratete den Bogen einschicken? Warum? Warum nicht?

ZUM SPASS

Machen Sie eine Fotokopie vom Testbogen und füllen Sie ihn aus! Vergleichen Sie Ihre Antworten mit denen Ihrer Klassenkameraden! Vielleicht finden Sie den „Partner Ihrer Liebe"! Viel Glück!

Lesetext H: Abrechnung

VORBEREITUNG AUF DAS LESEN

1. Was bedeutet der Titel des Romans *Abrechnung?*
   a. *security*
   b. *false direction*
   c. *final reckoning*
   d. *write-off*
2. Lesen Sie den ersten und die zwei letzten Absätze des Textes! Was für ein Roman ist *Abrechnung* Ihrer Meinung nach?
   a. ein Liebesroman
   b. ein Abenteuerroman
   c. ein Krimi (Detektivroman)
3. Inwiefern kann man behaupten, daß der Roman vielleicht zum Teil autobiographisch ist?
4. Wird diese Geschichte von einem Mann oder einer Frau erzählt?

Abrechnung

[HERRAD SCHENK]

Herrad Schenk wurde 1948 in Detmold geboren. Sie studierte Sozialwissenschaften und war eine Zeitlang wissenschaftliche Assistentin für Sozialpsychologie an der Universität Köln. Sie hat Aufsätze (essays), Erzählungen und Romane (novels) veröffentlicht und arbeitet seit mehreren Jahren in der Frauenbewegung. Ihr erster Roman, ***Abrechnung (The Reckoning)****, erschien 1979. Ihr zweiter Roman,* ***Unmöglich, ein Haus in der Gegenwart zu bauen,*** *ist 1981 erschienen.*
Der folgende Auszug (excerpt) bildet den Anfang des Romans ***Abrechnung.***

Ich gehe immer sehr schnell die Treppe rauf° [*climb*], zwei Stufen auf einmal, und wenn ich dann in meinem Zimmer bin, drehe ich den Schlüssel rum und mache den Brief auf. Das ist immer das beste am Tag, wenn ich auf dem Bettrand° [*edge of the bed*] sitze, den ganzen Inhalt des Briefes noch vor mir. Das heißt, seit einigen Wochen schreibt er nur noch jeden zweiten Tag, aber wir telefonieren ja auch täglich. Es macht mich unruhig genug, keinen Morgen mit dem Lernen beginnen zu können, bevor ich den Postboten habe ins Haus gehen sehen.

Er hat diese fürchterliche° [*horrible*] Schrift, so daß ich die Seiten immer erst einmal überfliege, halb ratend, um solche Sätze wie: „Leider geht es diese Woche nicht", oder: „sei bitte nicht böse, aber", ganz schnell herauszufinden. Dann lege ich mich lang und mache einen zweiten und dritten Entzifferungsdurchgang°.

deciphering reading

Wortspiele, Geistreicheleien°. Ein Witz, den ihm gestern jemand erzählt hat. Er schreibt weder, daß er kommt, noch, daß er nicht kommt. Ich strecke mich und mache die Augen zu. Also wird das erst ein Telefongespräch klären, telefonieren tun wir meist mittags. Übermorgen ist die erste mündliche Prüfung: Finanzwissenschaft. Ich sollte jetzt endlich anfangen.

witticisms

Seine Briefe haben immer dieselben Überschriften, Liebes, kleine Schwester, Schätzchen, mein Spatz. Und er hat ein wirklich komisches Bild von sich auf einem Aktenstapel° gezeichnet. Aber irgend etwas klingt anders. Ich kann nicht sagen was, aber irgendwas Unterkühltes, Schwärzliches kriecht aus seinem Geschreibsel°. „Am Wochenende fahren wir zu meinem Bruder", steht am Ende. Was interessiert mich sein Bruder? Vielleicht bilde ich es mir auch nur ein°, vielleicht ist es nur so, daß ich spinne°.

pile of files

scrawl

sich etwas einbilden *to imagine* / spinnen *to be crazy*

Daß es im Mai schon so heiß ist, mein Zimmer wie ein kleiner Brutkasten°, direkt unter dem Dach. Letztes Mal, als er hier war, ist es auch so heiß gewesen, da haben wir uns gar nicht erst wieder angezogen, sondern sind den ganzen Nachmittag im Zimmer eingeschlossen geblieben, mit Bob Dylan und Gin Bitter Lemon.

incubator

Ich höre jetzt die BeeGees, das ist so weich und sommerlich. Ich zieh mich auch aus und wälze mich neben dem Lehrbuch auf dem Bett. Es ist schon lange her, daß er zum letztenmal die ganze Nacht geblieben ist. Manchmal ist es kaum auszuhalten°.

bearable

Vom Zimmer des Koreaners wird jetzt gegen die Wand geklopft: die BeeGees sind ihm zu laut, dabei hat der selber bis in die Nacht sein Radio an. Ich kann ihn jetzt noch nicht anrufen, weil sie in seinem Büro dienstags um diese Zeit immer Besprechung° haben. Ich könnte einkaufen gehen. Oder in den Park. Vormittags gibt es nur am Bahnhof Kino, und in der Gegend sind bei so einem Wetter einfach zu viele Pofühler° unterwegs.

meeting

"butt pinchers"

Ich könnte auch arbeiten. Ab Viertel nach zwölf kann ich ihn anrufen. Finanzwissenschaft, das Kapitel über die Cost-Benefit-Analyse. Man könnte ja wenigstens mal die Hand nach dem Leitzordner° auf dem Schreibtisch ausstrecken.

folder

Neuerdings führe ich oft Gespräche mit ihm, wenn ich allein bin, wie eine alte Frau mit ihrem Wellensittich°, ich merke mir schöne Formulierungen, um sie ihm am Telefon weiterzusagen. Aber diese fürchterlichen Gedichte, die ich in letzter Zeit manchmal schreibe, schäme ich mich°, ihm zu zeigen: „der Geruch deiner Ziegenfelljacke durch den Zeitnebel" und so weiter, und was von Eisblumen am Fenster, wo es so heiß ist, obwohl die Gedichte, die er gemacht hat, auch nicht viel besser waren.

parrot

sich schämen *to be ashamed*

Vielleicht ist es die Hitze. Wie soll das erst im Hochsommer werden? Ich werde mir einen Kaffee machen und endlich anfangen, damit ich, wenn ich ihn in einer knappen Stunde° anrufe, wenigstens etwas geschafft habe. Die richtige Arbeitsruhe kann doch erst kommen, nachdem das Telefongespräch vorbei ist. Wenn man nicht verliebt ist, kann man sich wohl wesentlich leichter aufs Examen vorbereiten. Jetzt übt einer in der zweiten Etage Cello.

within the hour

Wenn man jeden Tag telefoniert, gibt es so viel gar nicht zu sagen. Aber der Inhalt ist ja eigentlich nicht wichtig, er hört meine Stimme und ich seine, das ist die Hauptsache. Zwischen zwölf und eins ist die Zeit, in der die Telefonzentrale im Studentenheim unbesetzt ist, da hocke° ich mich in den kleinen Sessel in der Ecke und mache die Augen zu, wenn wir zusammen reden.

perch

Er sagt, wie geht es dir, Schatz, und ich sage gut, und er soll erst sagen, wie es ihm geht. Er sagt gut, außer, daß er mich vermißt, und ich gestehe, ich habe noch nichts lernen können, weil es mich so krank macht, daß wir uns seit Tagen nicht gesehen haben. Er sagt, daß er hofft, er kommt nächsten Montag weg, und daß ihn diese Warterei auch ziemlich fertigmacht°. Ich sage noch einmal, daß ich heute noch nichts getan hab, und er macht einen Pflichtversuch, mich zu motivieren, denk an deinen guten schriftlichen Abschluß° und so weiter. Ich frage ihn, was er gerade macht, und er sagt, immer dasselbe, nämlich Post erledigen, ein paar Akten, und ich erzähl, daß ich gestern abend im Kino gewesen bin und bin sauer, als er fragt: allein?, denn mit wem sollte ich schon gehen. Ich dagegen frag meistens nicht, was er am Abend gemacht hat, denn wenn er sagt, er hat mit seiner Frau Musik gehört oder irgendwas geredet, dann weiß ich, ich kann auch nach dem Telefongespräch nicht lernen. Am liebsten habe ich es deshalb, wenn er von sich aus erzählt, daß er den ganzen Abend am Schreibtisch gesessen hat. So reden wir eigentlich immer dasselbe. Manchmal erzähl ich ihm irgendwas von den Leuten, mit denen zusammen ich Examen mache, mit denen ich jeden zweiten Tag lerne, aber sie sind nicht besonders, und er kennt sie auch nicht, also muß er es langweilig finden. Ich finde sie auch langweilig. Aber ich möchte immerzu seine Stimme hören. Er hat Angst, es könnte rauskommen, wenn wir zu oft telefonieren, denn er gibt es ja als Dienstgespräch° aus, und es ist ein Ferngespräch. Wenn er also sagt, wir müssen aufhören, rolle ich mich direkt um den Telefonhörer rum, um all die Dinge, die er noch sagt, mit der ganzen Hautoberfläche° aufnehmen zu können.

bothers, wears down

final (written) exam

business call

surface of the skin

Als ich in mein Zimmer zurückkomme, heule° ich erst mal wieder. Warum eigentlich? Weil er so nette Sachen gesagt hat und weil ich erst morgen wieder mit ihm telefonieren kann und weil er erst am nächsten Montag kommt, das sind noch fünf Tage, und

cry

weil ich den halben Tag wieder verklüngelt° habe. Wenn er überhaupt nächsten Montag kann, das ist ja noch gar nicht sicher, und wann er mal wieder eine Reise machen muß, bei der eine ganze Nacht für mich rausspringt°, das ist überhaupt nicht abzusehen°. Am Anfang haben wir uns viel öfter gesehen, da gab es eine Dienstreise° nach der anderen. Es hängt mit der Jahreszeit zusammen: im Frühjahr° müssen sie nicht so viel reisen.

Vielleicht kann ich ihn noch mal in der Mittagspause treffen. Aber er mag nicht, wenn ich das häufiger als einmal in der Woche tue, er hat Angst, wir könnten gesehen werden. Und dann ist das auch nur eine Stunde, und ich bin dafür drei Stunden unterwegs, und außerdem kostet die Tagesrückfahrkarte neun Mark.

Ich heule wegen all dieser Dinge, vielleicht auch noch, weil der mit dem Cello mir auf den Wecker geht°.

wasted
results / foreseen
business trip
spring
auf den Wecker gehen *to get on one's nerves*

(Aus: *Abrechnung*, Rowohlt Taschenbuch Verlag, Hamburg, 1979, S. 8–12)

FRAGEN ZU LESETEXT H

1. Wie oft hat die Erzählerin Kontakt mit dem Freund? Was für Kontakt?
2. Im Text steht, daß sie immer erst einmal die Briefe überfliegt. Warum liest sie die Briefe immer erst schnell durch, bevor sie sie gründlich liest?
3. Was für einen Beruf hat die Erzählerin? Wie wissen Sie das?
4. Im vierten Absatz, wer sind **wir?**
5. Warum erinnert sie das heutige Wetter an seinen letzten Besuch?
6. Worauf sollte sich die Erzählerin eigentlich konzentrieren?
7. Was meinen Sie, wo die Erzählerin wohnt?
8. Warum hat sie wenig Lust, ins Kino am Bahnhof zu gehen?
9. Warum kann sie heute noch nicht konzentriert arbeiten?
10. Warum ist ihr das Telefongespräch so wichtig?
11. Wovon reden die beiden am Telefon?
12. Wovor hat der Freund Angst, wenn er vom Büro aus mit ihr telefoniert?
13. Ist die Erzählerin nach dem Gespräch erleichtert und froh? Warum? Warum nicht?
14. Warum kann der Freund sie zu dieser Jahreszeit nicht sehr oft besuchen?
15. Eine Fahrkarte der Deutschen Bundesbahn kostet ca. 17 Pfennig pro Kilometer. Ungefähr wie weit von ihr entfernt arbeitet der Freund?

ZUR DISKUSSION

1. Kann eine Beziehung wie die zwischen der Erzählerin und ihrem Freund jemals eine glückliche Beziehung sein?
2. Ihrer Meinung nach, warum lassen sich manche Menschen überhaupt auf solche Beziehungen ein?

Lesetexte I:

Vgl.
- Filme, Lit
- eigenes Leben

Gedichte, Sprichwörter und Zitate zum Thema „Liebe"

Je mehr man liebt, um so tätiger wird man sein, glaube ich: denn eine Liebe, die nichts weiter ist als ein Gefühl, würde ich nicht einmal Liebe nennen.

Vincent van Gogh

Die Lieb ist wie ein Wiegenlied°;
Es lullt dich lieblich ein; Doch
schläfst du kaum, so schweigt das
Lied, und du erwachst°
allein.

Theodor Storm

Wiegenlied: lullaby
erwachen: wake up

Ein Jüngling liebt ein Mädchen.
Die hat einen andern erwählt;
Der andre liebt eine andre.
Und hat sich mit dieser
vermählt.°
Das Mädchen heiratet aus Ärger°
Den ersten besten Mann,
Der ihr in den Weg gelaufen;
Der Jüngling ist übel dran.°
Es ist eine alte Geschichte,
Doch bleibt sie immer neu;
Und wem sie just passieret,
Dem bricht das Herz entzwei.

Heinrich Heine

sich vermählen *to wed*
Ärger: *anger*
übel dran sein *to be in a bad way*

(Aus: *Freundin*, 17, 1982, S. 121 ff.)

Auf Liebe folgt Leid°. (Sprichwort) — *suffering*
Liebe ist stark wie der Tod. (Bibel)
O daß sie ewig grünen bliebe, die schöne Zeit der jungen Liebe! (Schiller)
Krone° des Lebens, Glück ohne Ruh', Liebe bist du! (Goethe) — *crown*
Liebe macht blind. (Plato)
„Die Liebe ist ein seltsames° Spiel" (Titel eines von Conny Francis auf deutsch gesungenen Schlagers, ca. 1960) — *strange*

ZUR DISKUSSION

1. Welche von diesen Gedichten beziehungsweise Zitaten halten Sie für wahr? Warum?
2. Haben Sie selbst ein persönliches Sprichwort zum Thema „Liebe"?

3

Volksweisheit: „Vater werden ist nicht schwer, Vater sein dagegen sehr."

Wird Kinderkriegen unmodern?

VORSCHAU

Die BRD ist eines der wenigen Länder, die in den letzten Jahren eine Bevölkerungsabnahme statt einer Zunahme zu verzeichnen haben. Die deutsche Familie wird immer kleiner. Sterben die Deutschen bald aus?

1. Lesen Sie die Titel der Texte in diesem Kapitel! Worum handelt es sich?

2. Woran denken Sie, wenn Sie an Kinderkriegen denken? Machen Sie eine Liste von Wörtern, die Ihnen einfallen!

Beispiele:		
	Familienplanung	weinen
	Elternpflichten	lachen
	Kinderwagen	Spielzeug
	Schule	Windeln (z. B. Pampers)

3. Ergänzen Sie folgende Sätze mit wenigstens zehn Wörtern pro Satz!
   a. Kinder sind ____
   b. Kinder brauchen ____

4. In den folgenden Texten finden Sie viele Komposita mit Kind.

Beispiel: Kinderkriegen

Machen Sie eine Liste!

5. Beantworten Sie diese Fragen!
   a. Warum sind Kinder wichtig für den Staat? (Was passiert, wenn nicht genug Kinder geboren werden?)
   b. Möchten Sie einmal Kinder haben? Wenn ja, wie viele? Warum?
   c. Warum sollte eine Familie Kinder haben? Warum keine?

6. Nehmen Sie an, Sie sind jetzt jung verheiratet und erwarten Ihr erstes Baby. Wie wird sich Ihr Leben ändern, nachdem das Baby geboren ist?

Beispiel: Wir können nicht mehr ausgehen, wann wir wollen.

Lesetext A:

Das wohlüberlegte Kind

Kinderstatistik im Jahrhundert des Kindes

Kinder machen—oder kriegen—will wohlüberlegt sein. Früher machte man, heute überlegt man. Wie ein Blick zurück zeigt:

1900– Das neue, zwanzigste Jahrhundert wurde mutig° angegangen°—auf tausend Einwohner des damaligen Kaiserreichs° kamen 35,6 Geburten.
Aber dann fing die Misere eigentlich schon an.

courageously
begun / empire

1910– waren es nur noch 29,8 pro Tausend. Passives Verhalten vor dem drohenden° Ersten Weltkrieg?
Kaum, denn

threatening

1920– waren es nur noch 25,9 Säuglinge°, die Inflation, Schwarzen Freitag und Massenarbeitslosigkeit° als erste Eindrücke empfingen.

infants
massive unemployment

1930– ging es weiter bergab. Nur 17,6 Nachkömmlinge° wurden auf tausend Einwohner gezählt.
Aber dann verschwanden die Arbeitslosen—wie versprochen—von den Straßen und bauten Autobahnen für von ihnen nicht vorgesehene° Militärtransporte und schmiedeten° Waffen° für einen von ihnen nicht gewollten Krieg. Mut hatten sie, denn

descendants
intended
forged / weapons

1940– betrug die Geburtenrate bereits 20! Es ging scheinbar° wieder aufwärts. Scheinbar, Sie wissen es. Und Mütter und Väter wußten es offenbar° auch—die Zahl der Geburten sank

1950– auf 16,2. Aber es war die Zeit des Aufbaus° und so gab es

1960– einen kleinen Auftrieb°—auch in der Geburtenrate—auf 17,4.
Und damit hatte es sich°. Jedem ging es wirtschaftlich weiter voran, die D-Mark wurde stärker und stärker. Der Wille zum Kind aber wurde gleichzeitig schwächer und schwächer. Man überlegte wohl und setzte

1970– nur noch 13,4
1972– 11,3
1974– 10,1
1976– 9,8 und
1978– 9,4 Kinder pro Tausend in die Welt.

Und wenn es so weitergeht, sagt eines Tages der Letzte zur Letzten: „Na, meinst Du nicht, daß wir lange genug überlegt haben?“

apparently
obviously
reconstruction
increase
And that was that.

FRAGEN ZU LESETEXT A

1. Wie viele Kinder wurden 1900 pro tausend Deutsche geboren? Und 1950? Und 1978?
2. Warum erhöhte sich wohl die Geburtenziffer *(birthrate)* um 1940?
3. Warum haben Ihrer Meinung nach die Bundesdeutschen heute weniger Kinder als früher?
4. Gibt es in den USA einen ähnlichen Trend zu weniger Kindern?

Unsere Meinung

Um die Jahrhundertwende° vermehrten sich die armen Leute. Familien mit zehn Kindern waren keine Seltenheit. Deutschland quoll über°—die Not war groß. Der 1. Weltkrieg fraß vier Millionen Menschen. Viele Kinder—das blieb auch in der Nachkriegszeit Ausweis der Armut°. Bis dann 1933 Hitler kam. Kinderkriegen und Kinderhaben wurden zum völkischen Programm. Mit Orden° für kinderreiche Mütter. Bis dann der zweite Krieg kam. Er fraß zehn Millionen Deutsche. Und das Großdeutsche Reich mit seinem Führer. Kinder wurden wieder zur Privatangelegenheit. Wohlstand°, Fortschritt, Freizeit und irgendwann vielleicht auch ein Kind—der Zeitgeist ist nicht gerade kinderfreundlich. Der Staat hat sich da rauszuhalten. Er darf und soll den Familien helfen. Aber Kinderkriegen als staatsbürgerliche Ehrensache°, als Staats-

turn of the century
overflowed
poverty
medals
prosperity
matter of civil honor

angelegenheit°—das hatten wir schon. Die Entscheidung für oder gegen das Kind kann den Eltern niemand abnehmen. Genau so wenig wie die Verantwortung dafür.

matter of state

(Aus: *PZ*, Nr. 21, Jan. 1980)

ÜBUNG

Lesen Sie den Text „Unsere Meinung"! Hier ist die Information noch einmal—aber dieses Mal etwas anders. Setzen Sie die fehlenden Satzzeichen in den Text (z. B. Punkt, Komma, Fragezeichen, Ausrufezeichen, Doppelpunkt, Strichpunkt)!

Zu Beginn des 20. Jahrhunderts hatten die armen Leute viele Kinder oft konnte man Familien mit 10 Kindern finden Deutschland war voll mit Menschen es gab viel Armut zwischen 1914 und 1918 starben vier Millionen Menschen besonders Kinder auch nach dem 1. Weltkrieg starben viele Kinder da die Armut groß war von 1933 an machte Hitler das Kinderkriegen zur nationalen Pflicht Mütter mit vielen Kindern bekamen sogar Orden ein Staat der einen Krieg plant braucht viele Kinder der 2. Weltkrieg kostete zehn Millionen Deutschen das Leben (von den anderen gar nicht zu sprechen) nach dem Krieg dachten die Menschen zuerst an Geld an materielle Dinge und an den Urlaub bevor sie ans Kinderkriegen dachten der Staat hat nichts mehr zu sagen er darf zwar den Familien helfen aber Kinderkriegen und Kindererziehen sind Privatsache finden Sie das nicht auch

Lesetext B:

Familienplanung

Eine Familie mit einem Kind ist modern, umweltfreundlich und zukunftsbewußt.°

Eine Familie mit zwei Kindern ist vernünftig, vorausschauend und tragbar°.

Eine Familie mit drei Kindern hat Pech° gehabt, war unvorsichtig oder glaubt noch an den Klapperstorch°.

Eine Familie mit vier Kindern ist verdächtig°, unsozial und kaum noch tragbar.

Eine Familie mit fünf Kindern gehört wahrscheinlich der untersten Sozialschicht° an. Oder der obersten.

Eine Familie mit sechs Kindern ist mehr als verdächtig, da sie mit Vorsatz° zu handeln scheint.

Eine Familie mit sieben Kindern entzieht sich jeder Beurteilung, da mit der Hervorbringung weiterer Kinder zu rechnen ist.

Merke: Auch sechste, siebte, achte und neunte Kinder sind Genies geworden.

Bedenke: Nicht jedes sechste, siebte, achte oder neunte Kind wird ein Genie.

(Aus: *PZ*, Nr. 21, Jan. 1980)

conscious of the future

acceptable

Pech haben *to have bad luck* / *stork*

suspicious

social stratum

intention

FRAGEN ZU LESETEXT B

1. Hier haben Sie Urteile aus dem Volksmund über die Familiengröße. Diesen Meinungen nach, wie viele Kinder hat die ideale Familie?
2. Machen Sie eine Liste von Adjektiven, die in den Meinungen benutzt werden. Was bedeuten diese Adjektive? Welche Adjektive sind positiv und welche negativ?
3. Für welche Familiengröße(n) werden positive und für welche werden negativ bewertende Adjektive benutzt?
4. Ihrer Meinung nach, wie viele Kinder sollte die ideale Familie haben? Warum?

Lesetext C:

Zwischen Pille und Abtreibung°

abortion

Es ist fast abenteuerlich, in der Bundesrepublik überhaupt noch auf die Welt zu kommen!

Der Storch hat ausgedient°. Schluß mit der Romantik. Kinder kommen aus der Familienplanung. Oder gar nicht. Oder aber sie entstehen durch „Betriebspannen". Es gelingt ihnen, zwischen Pille und Abtreibungsparagraph doch noch auf die Welt zu kommen. Aber hier fängt das Abenteuer schon an. Fast garantiert kommt so ein armes werdendes Menschlein auf diesem Weg an die ganz falsche Elternadresse. Denn so „außer der Reihe" bekommen eben nur jene Kinder, die sie nicht „gebrauchen" können. Die Statistiken quellen über° vor „Belegen"°. Fast alle brutalen Formen von Kindesmißhandlungen fangen so an. Und fast alle späteren kriminellen Karrieren. Sie beginnen im Mutterleib°—und mit den falschen Eltern.

served its time
overflow
documentation
womb

Der Psychologe Prof. Gareis hat „Neuzugänge" in der größten bayerischen Jugendstrafanstalt untersucht: 1972 waren 21 Prozent davon „frühkindlich geschädigt"°. Sie litten an „Mutterentbehrung" und „gefühlsmäßiger Ablehnung° durch die Mutter". Der Anteil° „frühkindlich Geschädigter" ist in den letzten Jahren stark angestiegen. Er betrug 1977 bereits 34 Prozent. Diesen Prozentsatz nennt Prof. Gareis „alarmierend".

damaged
emotional rejection
proportion

Noch alarmierender sind die Zusatzinformationen° durch die dazugehörenden Mütter:

1. Jede Dritte (33 Prozent) gab an°, ihr Kind schon während der Schwangerschaft° abgelehnt zu haben.

2. 24 Prozent der Mütter gaben offen zu°, daß die Geburt „absolut unerwünscht" war—„Betriebsunfälle" und „weil die Abtreibung mißglückte"°.

3. 51 Prozent der Mütter gaben an, daß sie im ersten Lebensjahr ihres Kindes unter starken seelischen Belastungen° gestanden hätten (Untreue°, Trunkenheit des Mannes, Eheprobleme).

64 Prozent der später straffälligen Jugendlichen zeigten schon im ersten bis vierten Lebensjahr deutliche Merkmale° einer frühkindlichen Vernachlässigung°.

Bei frühkindlich geschädigten jugendlichen Straftätern° ist die Zahl derer, die wegen Erziehungsschwierigkeiten in Heimen untergebracht° werden mußten, doppelt so hoch wie bei Straftätern aus „normalen Verhältnissen". Sie wechseln dreimal so häufig die Arbeitsplätze. Die Zahl der Straf-Rückfälligen° und der Vorbestraften° liegt sogar um 100 Prozent höher.

(Aus: *PZ*, Nr. 18, März 1979)

additional information
declared
pregnancy
zugeben *to admit*
failed
emotional burden
infidelity
signs
neglect
criminal offenders
sheltered
second offenders / previously convicted

FRAGEN ZU LESETEXT C

1. Warum gerät ein Kind, das „zwischen Pille und Abtreibung" doch auf die Welt kommt, oft „an die ganz falsche Elternadresse"?
2. Welche Kinder werden als Erwachsene oft kriminell?
3. Warum gibt es heute mehr „frühkindlich Geschädigte" *(individuals damaged in early childhood)* als früher?
4. Wessen Mütter sind von Prof. Gareis befragt worden?
5. Warum waren die Angaben der Mütter in Gareis' Untersuchungen besonders alarmierend?
6. Welchen Schluß kann man aus den gegebenen Statistiken ziehen—d. h. was haben wahrscheinlich viele Mütter von kriminellen Kindern gemeinsam?

ZUR DISKUSSION

1. Spricht dieser Artikel für oder gegen Geburtenverhütung *(birth control)*? Warum?
2. Inwiefern könnte man die Statistiken im Lesetext C als Argumente für die Abtreibung benutzen?

Lesetext D:

Kinderreiche Familien sind ein Störfaktor

„Wir halten es für untragbar, daß Kinderreichtum ein neues Kennzeichen der Armut geworden ist."
Heiner Geißler

Nach der deutschen Wohnungsbaunorm° für deutsche Kinderzimmer ist eine Spiel- und Bewegungsfläche von 2,16 Quadratmetern vorgesehen°. Ein deutscher Schäferhund darf sechs Quadratmeter beanspruchen°. Und des Deutschen liebstes Stück, das Auto, braucht mindestens 11,5 Quadratmeter. So wachsen Kinder in Kinderzimmern auf, die oft nicht mehr sind als Wandschränke. Sie dürfen im Haus nicht toben° und lärmen, weil die Familie dann Gefahr läuft, gekündigt° zu werden. Das Spielen im Hausflur, im Keller, im Vorgarten und im Hinterhof ist verboten. Der gepflegte Rasen ist wichtiger als die freie Entfaltung° der Kinder.

„Ich halte es für schlimm, wenn ein Ehepaar mit Hund leichter eine Wohnung findet als ein Ehepaar mit Kindern."
Helmut Schmidt

Das gesamte Wohnfeld der Kinder muß verbessert werden. Es muß kindgemäß° und kinderfreundlich werden. Das geht alle an. Den Gesamtstaat ebenso wie die Städte und Gemeinden°, die Architekten und die Bauherren°, die Vermieter ebenso wie die Mieter.

Geradezu ein Skandal ist es, wenn es in der Bundesrepublik so bleibt, daß die einen bauen und sich wegen der hohen Kosten keine Kinder leisten können, und Familien mit Kindern nicht bauen können, weil sie sich die Belastung° nicht leisten können. Freilich°: Eine kindgerechte Wohnung finden sie auch nicht, weil viele Vermieter keine Familien mit Kindern wollen, dann lieber schon einen Hund akzeptieren. Weil kinderreiche Familien als quasi asozial gelten, mindestens aber als Störfaktor, den man am besten in Vorstadtasyle abdrängt°. Es ist bei uns mittlerweile° schon so weit gekommen, daß Wohnungssuchende sich der Kinderlosigkeit wegen anpreisen. Es soll sogar Vermieter gegeben haben, die die Einnahme der Pille zur Bedingung für den Mietvertrag machten. Aus eigenem Erleben kann ich berichten, daß unsere Vermieterin die Ankunft eines Kindes als „unfair" bezeichnete°, weil nicht bei Abschluß des Mietvertrages angekündigt°.

„Wir haben die niedrigste Geburtenrate, fahren aber die meisten Kinder tot."
Dieter Schulte, MdB

Volker Benke

(Aus: *PZ*, Nr. 21, Jan. 1980)

building standards
planned
claim / financial burden
to be sure
romp around
evicted
pushes aside
in the meantime
development
suitable for children
called
counties
builders / announced

Protest gegen Lärm der Kinder

X

. . . Im Weinstadt-Ortsteil Endersbach werden Kinder von einigen Bewohnern als störend empfunden: Sie protestieren gegen die ihrer Meinung nach zu langen Öffnungszeiten eines Spielplatzes . . . Sie sind der Ansicht, daß für die lieben Kleinen „lediglich ein Sandkasten, eine Wippe° sowie eine kleinere Schaukel" in Frage kämen. Nicht aber ein Abenteuerspielplatz, wie er nun entstanden ist . . .

seesaw

(Aus: *Stuttgarter Nachrichten*, 8.6.1979)

WORTÜBUNG

Was ist wohl das Gegenteil von diesen Wörtern?

kinderlieb
kinderfreundlich
kinderreich
kindgerecht
Kinderlosigkeit

RICHTIG ODER FALSCH?

1. ____ Nach der deutschen Wohnungsbaunorm brauchen Kinder mehr als doppelt soviel Platz wie Schäferhunde.
2. ____ Kinder brauchen mehr Spielplätze.
3. ____ In vielen Mietshäusern ist das Spielen außerhalb der Wohnung — z. B. im Flur oder im Vorgarten — verboten.
4. ____ Manche Deutsche müssen zwischen einem Kind und einem Haus wählen, da sie für beides nicht genug Geld haben.
5. ____ Leute mit Kindern haben es immer leichter, eine Wohnung zu finden, als Leute mit Haustieren.
6. ____ Kinderreiche Familien haben in der Bundesrepublik überhaupt kein Problem, passende *(suitable)* Wohnungen zu finden.
7. ____ Dem Artikel nach zu urteilen, sind die Bundesdeutschen sehr kinderlieb.

Lesetext E: Ein Staat braucht Kinder

Schlüsselwörter

in Kraft treten *to become effective*
der **Mutterschaftsurlaub** *maternity leave*
das **Mutterschutzgesetz** *maternity-protection law*
das **Mutterschaftsgeld** *maternity pay*
die **Schutzfrist** *here: recuperation period [before and after delivery]*
die **Entbindung** *delivery, childbirth*
die **Frühgeburt** *premature birth*
die **Mehrlingsgeburt** *multiple births*
der (die) **Arbeitnehmer(in)** *employee*
berufstätig *employed, working*
(der [die] **Berufstätige** *working person*)
kündigen *to give notice (of termination of employment)*
beitragsfrei *premium-free*
(die **Beitragspflicht** *obligation to contribute premiums*)
die **Rentenversicherung** *pension plan, retirement insurance*
(die **Rente** *pension*)
(der [die] **Rentner(in)** *retiree, pensioner*)
die **Krankenversicherung** *health insurance*
krankenversichert *health-insured*
die **Arbeitslosenversicherung** *unemployment insurance*
der (die) **Versicherte** *insured person*
das **Krankengeld** *sick pay*
das **Kindergeld** *child-support subsidy (from the state)*
Anspruch haben (auf) *to be entitled (to)*
die **Vorsorgeuntersuchung** *preventive (health) examination*

Ein Staat braucht Kinder

Was tut der bundesdeutsche Staat, um Familien mit Kindern zu unterstützen? Hier einige Beispiele.

Mehr Urlaub für Mutter und Baby

Das Gesetz zur Einführung° eines Mutterschaftsurlaubs ist am 1. Juli 1979 in Kraft getreten. Das neue Recht baut das geltende Mutterschutzgesetz aus°. Eine Arbeitnehmerin war bis dahin sechs Wochen vor der Entbindung und acht Wochen, bei Früh- und Mehrlingsgeburten zwölf Wochen, danach von der Arbeit freigestellt. Neu ist, daß eine Mutter auf Wunsch jetzt für insgesamt ein halbes Jahr nach der Entbindung von der Arbeit freigestellt wird.

introduction

ausbauen *to extend*

Während des Mutterschaftsurlaubs und für weitere zwei Monate darf ihr nicht gekündigt werden. Das Mutterschaftsgeld wird ihr während des Mutterschaftsurlaubs biz zu 25 DM täglich zu Lasten des Bundes° weitergezahlt; sie bleibt in dieser Zeit beitragsfrei in der Renten-, Kranken- und Arbeitslosenversicherung versichert.

at the expense of the federal government

(Aus: *Bonner Almanach 1980/81*, Bonn: Presse- und Informationsamt der Bundesregierung, S. 216)

Kindergeld

Nach der seit dem 1. Jan. 1975 geltenden Kindergeldregelung° wird Kindergeld—unabhängig vom Einkommen der Eltern—vom ersten Kind an gezahlt. Es beträgt zur Zeit für das erste Kind 50 DM, für das zweite Kind 120 DM, für das dritte und jedes weitere Kind 240 DM. Berücksichtigt werden Kinder bis zur Vollendung° des 18. Lebensjahres. Für Kinder, die sich z. B. noch in Schul- oder Berufsausbildung befinden, wird Kindergeld bis zur Vollendung des 27. Lebensjahres gezahlt.

regulation

completion

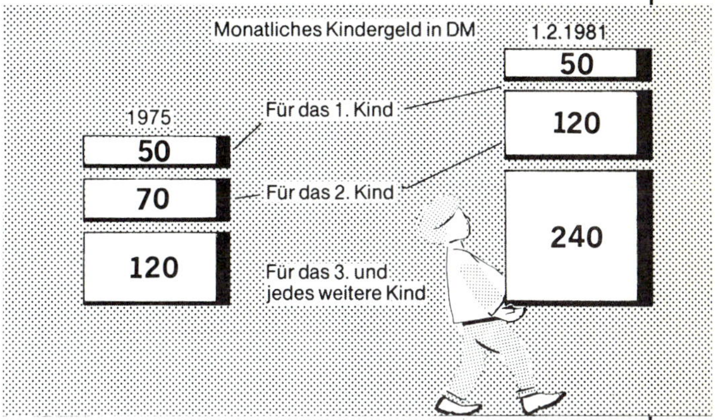

ÜBUNGEN

Ergänzen Sie den Text mit den fehlenden Informationen!

Mehr Urlaub für Mutter und Baby

Eine berufstätige Frau, die ein Kind bekommt, kann sich nach der Entbindung (und der sechswöchigen Schutzfrist vor der Entbindung) ________ Monate Mutterschaftsurlaub nehmen. Während dieser Zeit wird sie weiterbezahlt, obwohl sie nicht arbeitet, und erhält vom Staat bis zu ________ Mark im Monat Mutterschaftsgeld. Für das Mutterschaftsgeld muß sie ________ Steuern bezahlen. Sie muß auch ________ Rentenversicherung, ________ Arbeitslosenversicherung und ________Krankenversicherung bezahlen.

Kindergeld

Wenn man nur ein Kind hat, bekommt man vom Staat ________ Mark im Monat.
Wenn man zwei Kinder hat, bekommt man ________ Mark im Monat.
Wenn man drei Kinder hat, bekommt man ________ Mark im Monat.
Wenn man fünf Kinder hat, bekommt man ________ Mark im Monat.
Der Staat zahlt meistens nur für Kinder unter ________ Jahren Kindergeld, außer die Kinder befinden sich noch in Schul- oder Berufsausbildung.

Bezahlter Urlaub, wenn das Kind krank ist

Berufstätige Versicherte, deren Kinder (unter acht Jahren) krank sind, haben fünf Tage im Jahr Anspruch auf Krankengeld und Freistellung° von der Arbeit. *leave*

Wichtig: Vater und Mutter haben Anspruch darauf, wenn beide krankenversichert sind. Für Eltern, die beide berufstätig und versichert sind, bedeutet das: Freistellung für zweimal fünf Tage je Kind und Jahr.

Seit 1971 gibt es die kostenlosen Vorsorgeuntersuchungen° für Kinder, insgesamt acht Untersuchungen. *preventive (medical) exams*

(Aus: „*Familie heute*," Bonn: Presse und Informationsdienst der Bundesregierung, 1979)

Bezahlter Urlaub, wenn das Kind krank ist

Wenn ein Kind unter ________ Jahren krank ist, kann eine berufstätige Mutter oder der Vater ________ Tage lang bezahlten Urlaub nehmen, um das Kind zu pflegen. Wenn eine Familie vier kleine Kinder hat, stehen den Eltern insgesamt ________ Tage im Jahr zur Verfügung, mit kranken Kindern zu Hause zu bleiben.

Lesetext F:

Familien der Zukunft

Die Familie:

Wir haben sie totgesagt. Ihr eine große Zukunft prophezeit. Ihre Auflösung° für sicher gehalten. Auf ihr Überleben° gehofft. Sie als Grundlage der Gesellschaft angesehen. Oder sie als Beginn aller Unterdrückung°, als Anfang allen Übels° verdammt.
Sicher ist nur eins: tot ist sie nicht. Aber sie funktioniert auch nicht immer. Nicht so, wie das vielleicht sein könnte. Und vielleicht wird übermorgen Familie ganz anders verstanden werden. Modelle gibt es schon.

disintegration / *survival* / *oppression / evil*

Modell „Profifamilie°"

Sie haben ein Kind? Wollen eins haben? Und haben keine Lust, sich mit den Schwierigkeiten der Aufzucht° des Nachwuchses° aufzuhalten? In ein paar Jahrzehnten ist das vielleicht ganz einfach. Ein Blick in

professional family / *upbringing* / *offspring*

den Anzeigenteil° der Zeitung genügt:

„Warum plagen° Sie sich noch mit Elternpflichten? Übergeben Sie Ihr Kind uns. Wir machen einen verantwortungsbewußten° und erfolgreichen Erwachsenen aus ihm. Profi-Familie der Gruppe A bietet: Vater, 39 Jahre; Mutter, 36 Jahre; Großmutter, 67 Jahre; Onkel und Tante in den Dreißigern haben Halbtagsbeschäftigungen° am Ort. Vier-Kinder-System bietet Sechs- bis Achtjährigem Platz. Ernährung° übertrifft behördliche Vorschriften°. Sämtliche° Erwachsene in Erziehung und Betreuung° von Kindern staatlich geprüft. Häufige Besuche und Anrufe der Bio-Eltern gestattet. Das Kind kann auch die Sommerferien mit den Bio-Eltern verbringen. Spezielle Arrangements für musische Bildung° und religiöse Unterweisung°. Fünfjahresvertrag Minimum. Weitere Einzelheiten auf Anfrage.“

classified ads
bother
responsible
part-time jobs
nutrition
official standards / all
supervision
poetic, musical, and artistic education
instruction

Modell „Familien-Firma“

Vorgeschlagen von Robert Rimmer in seinem Buch „Proposition 31“. Seine Idee: Drei bis sechs Erwachsene schließen sich zusammen. Nehmen den gleichen Namen an. Wohnen gemeinsam. Ziehen gemeinsam die Kinder auf°. Bilden eine „Juristische Person°,“ wie man das nennt. Eine Firma eben. Und gewinnen dadurch nicht zuletzt auch eine Menge wirtschaftlicher und steuerlicher Vorteile. Und wenn ein Firmenmitglied aussteigt—die anderen haben immer noch Halt° aneinander.

aufziehen *to raise*
corporate person
support

Modell „Ruhestands°-familie“

Mann und Frau sind berufstätig, arbeiten vielleicht in verwandten Berufen. Und machen erst einmal ihre Karriere. Ohne den „Familienballast“. Leisten sich Kinder erst nach der Pensionierung. Die sie dann nicht selbst zeugen°, sondern als Embryos kaufen. Das klingt heute noch unvorstellbar°. Aber so unmöglich ist das nicht. Schon heute ist jede siebte Frau, die in einer amerikanischen Großstadt ein Kind zur Welt bringt, älter als 35. Bei uns sieht es ähnlich aus: 1961 war nur jede elfte Frau, die Mutter wurde, älter als 35. 1976 hatte schon jede neunte dieses Alter erreicht. Hauptgrund: Allzu früher Kindersegen schränkt die Berufschancen ein°.

retirement
beget, create
inconceivable
einschränken *to limit*

Modell „Multikind“

Das ist doch langweilig—nur zwei Eltern. Da kriegt das Kind nur mit, was die beiden haben. Dazu ein bißchen Großvater und Großmutter. Nur eine Neuauflage° der Alten ist der oder die Kleine. Dabei sollte er/sie doch auch musikalisch sein. Künstler werden. Weil die Mama das liebt. Und ein brillanter Kopf sollte er auch sein. Weil Papa für Intelligenz schwärmt°. Und selbst nicht genug hat, um einen Nobelpreisträger in die Welt zu setzen. Und blond soll er/sie sein. Wo die Eltern doch schwarz° sind.

Bei Mäusen ist das kein Problem. Da gibt's die Multimaus. Linke Kopfseite weiß mit weißen Schnauzhaaren. Das übrige Fell° abwechselnd° weiß und schwarz.

new edition
is enthusiastic
here: dark-haired
fur / alternately

Das Rezept: Zwei schwangeren° Mäusen entnimmt man die Embryos. Legt sie in eine Schale° mit Nährflüssigkeit°. Wartet, bis daraus eine einzige Lebensmasse geworden ist. Die setzt man in die Gebärmutter° einer dritten Maus ein. Das Ergebnis: eben die Multimaus mit zwei Elternpaaren. In amerikanischen Laboratorien gibt es sie schon. Der Multimensch kann dann nicht mehr weit sein. □

pregnant
tray / nutritive liquid
uterus

(Aus: *PZ*, Nr. 18, März 1979)

ZUR DISKUSSION

1. Welche Vorteile hat die „Profifamilie" (Profi = professionelle) zu bieten, die bei einer traditionellen Familie nicht so leicht zu finden sind?
2. Was wären die Vor- oder Nachteile der „Familien-Firma"?
3. Was halten Sie von dem Modell der „Ruhestandsfamilie"?
4. Möchten Sie gern ein „Multikind"? Warum? Warum nicht?
5. Wenn Sie zwischen den drei Modellen „Profifamilie" „Familien-Firma" und „Ruhestandsfamilie" wählen müßten, welches Modell würden Sie wählen? Warum?
6. Können Sie selbst oder mit Hilfe Ihrer Klassenkameraden andere Alternativen für die Familie der Zukunft erfinden?
7. Welche Zukunft hat die traditionelle Familie? Wird sie überleben *(survive),* ohne sich zu ändern? Wird sie sterben? Wird sie sich ändern? Wie? Begründen Sie Ihre Meinung!

ÜBUNG

Wie wär's mit einem „Multikind"? Sagen wir, es ist jetzt 3085 und Multikinder gibt's jetzt überall. „Konstruieren" Sie Ihr eigenes Multikind!

1. Es soll Augen haben wie ________ .
2. Es soll so intelligent sein wie ________ .
3. Es soll so gut singen (tanzen, Tennis spielen, schwimmen usw.) können wie ________ .
   Machen Sie weiter! Nennen Sie wenigstens zehn Eigenschaften!

Lesetext G: Was wäre, wenn . . .

VORBEREITUNG AUF DAS LESEN

1. Lesen Sie den ersten Absatz! Was ist wohl ein **Elternführerschein?**
   a. *a license for parents to transport children in their cars*
   b. *a license to procreate*
   c. *a license to raise foster children in one's home*

2. Sie kennen wahrscheinlich schon das Wort **Führerschein.** Wozu braucht man in der BRD im allgemeinen einen Führerschein?
   a. zum Fahrradfahren
   b. zum Autofahren
   c. um Waffen mit sich zu führen
   d. um Haustiere zu halten
3. Ein **Familiengründungs-Berechtigungsschein** ist . . .
   a. eine offizielle Erlaubnis *(permit),* Kinder zu kriegen.
   b. eine offizielle Erlaubnis zu heiraten.
   c. eine Erlaubnis, eine Kommune zu gründen.
4. Machen Sie eine Liste von allen zusammengesetzten Wörtern in diesem Text und finden Sie passende Übersetzungen!

Beispiele: der Elternführerschein — *parenting license or parental reproduction license*
das Elternwerden — *becoming parents, procreation*

Was wäre wenn . . .

. . . der Elternführerschein kommt. Elternwerden wird schwieriger! Der Gesetzgeber in Bonn hat die Einführung° eines „Familiengründungs-Berechtigungsscheines" beschlossen. Vom 1.1.1990 an wird die Erlaubnis zur Gründung° einer Familie von einer Prüfung vor einem Familiengericht° abhängig gemacht. Die Erlaubnis wird gegeben, wenn familienwillige Kandidaten in Theorie und Praxis nachweisen können, daß sie sich auf die schwierige Aufgabe, Vater und Mutter zu sein, entsprechend vorbereitet haben. Sogenannte „wilde Familien" (Familien ohne staatlichen Berechtigungsschein) verlieren alle staatlichen Unterstützungsmaßnahmen° (Steuervergünstigungen°, Kindergeld usw.).

Für Jungeltern ist die Prüfung obligatorisch. Die Einführung des sogenannten „Elternführerscheins" muß als konsequente Kinderschutzmaßnahme° verstanden werden. Entsprechend sind auch die Prüfungsanforderungen°. In Sonderlehrgängen° an Familiengerichten kann das theoretische Wissen erworben° werden. Der praktische Unterricht (mindestens 20 Doppelstunden) wird von erfahrenen Pädagogen, Ärzten, Sozialarbeitern und Kinderpsychologen vermittelt. Dabei geht es nicht nur wie beim früheren Schwangerschaftsunterricht° um die Grundkenntnisse im Umgang mit° Babies (Windeln°, Stillen° usw.). In Rollenspielen trainieren die Kandidaten, was später im Familienalltag zur täglichen Aufgabe wird: Die Kunst des Miteinanders, Erziehung ohne Gewalt°, miteinander spielen, miteinander leben, Demokratie beginnt in den Windeln. Im theoretischen Prüfungsteil werden wie bei der Führerscheinprüfung Testfragen vorgelegt und entsprechend bewertet°. Der Schwerpunkt liegt hier auf pädagogischen Grundkenntnissen. Mit dieser neuen Regelung wird endlich gewährleistet°, daß der Zugang° zu einem der wichtigsten Berufe nicht mehr Dilettanten überlassen bleibt.

introduction
founding
family court
measures of support
tax breaks
protective measure for children
examination requirements / special training courses / acquired
pregnancy classes / dealing with / diapers / breast feeding
violence
graded accordingly
guaranteed / access

(Aus: *PZ,* Nr. 21, Jan. 1980)

FRAGEN ZU LESETEXT G

1. Wozu braucht man in der Zukunft einen Elternführerschein?
2. Was muß man tun, um einen Elternführerschein zu bekommen?
3. Was stößt den Familien zu, die ohne Elternführerschein Kinder bekommen?
4. Wozu soll die Einführung des Elternführerscheins dienen?
5. Wer leitet den Unterricht für den Elternführerschein?
6. Was lernt man in diesem Unterricht?
7. Was halten Sie von so einem Elternführerschein? Sind Sie dafür oder dagegen? Warum?

ÜBUNGEN

1. Für welche Berufe oder Tätigkeiten braucht man eine offizielle Genehmigung *(permit)* oder Lizenz? Machen Sie eine Liste!

   Beispiele: Man braucht eine offizielle Genehmigung, um Auto zu fahren, um Hunde zu halten, um als Arzt zu arbeiten.

2. Warum braucht man für alle diese Berufe oder Tätigkeiten eine offizielle Erlaubnis?
3. Sollte man eine offizielle Genehmigung für Politiker verlangen?
4. Wenn man einen Elternführerschein einführen wollte, für welche anderen Tätigkeiten sollte man in Zukunft auch eine offizielle Genehmigung verlangen? Warum?

Lesetext H: Zwischen gestern und übermorgen

Vor dem Lesen zu lesen

„Meine Kinder sollen es einmal besser haben", sagte der Durchschnittsbürger° und kam sich dabei recht edel vor°. Heute argwöhnen° wir: Schlimmeres ist selten gegen Kinder gesagt worden. Wir wissen nicht mehr, was das Bessere ist. Früher arbeitete Vater, damit seine Kinder einmal weniger arbeiten sollten. Und mehr haben sollten. Diese Rechnung ging fast immer auf°. Die Kinder bekamen ihr Wohnzimmer, ihr Auto. Aber auch bessere Ausbildung. Damit wieder höhere Ansprüche° und Hoffnungen. Auch sie wollen, daß es ihren Kindern einmal besser geht. Besser mit was? Besser gegen was? Noch dickere Autos? Noch größere Wohnungen? Noch dickeres Geld? Wollen das auch die Kinder? Haben sie nichts Besseres gelernt?

average citizen / *felt noble* / sich vorkommen *to feel* / *suspect*

aufgehen *to work out right*

expectations

ZWISCHEN GESTERN . . .

„Das ist mein Sohn, Felix, kurz vor seinem achten Geburtstag. Sieht gut aus, nicht? Ich bin auch richtig stolz auf ihn. Wissen Sie, wer sich heutzutage Kinder anschafft°, der sollte sich das gründlich überlegen. So wie meine Frau und ich. Ich finde, Kinder gehören irgendwie dazu, wenigstens eins. Zwei können wir uns einfach nicht leisten, Kinder sind ja so teuer heutzutage, aber eins in jedem Fall. Der Felix hätte schon ganz gern Geschwister, sagt er, oder wenigstens einen Hund, aber der bringt zu viel Dreck° in die Wohnung, sagt meine Frau. Das würde sie nicht schaffen, sie geht nämlich arbeiten, seit der Felix in der Schule ist. Aber dem Jungen fehlt es trotzdem an nichts, im Gegenteil°. Seit meine Frau arbeiten geht—halbtags natürlich nur—steckt sie fast alles Geld, das sie verdient, in den Jungen. Schauen Sie ihn sich nur an: zum Beispiel die Jeans, natürlich nur eine bestimmte Marke, sonst lachen sie ihn aus in der Schule—das wär ja noch schöner! Oder die Schuhe, natürlich nur Markenschuhe—sauteuer° unter uns gesagt!—aber was sein muß, muß sein. Von den Socken bis zum Parka, alles beste Qualität, immer nur eine bestimmte Marke, meine Frau kennt sich da aus, die Zeit nimmt sie sich, sich da genauestens zu informieren. 'N bißchen blaß finden Sie? Na ja, das stimmt—deswegen kriegt er auch jeden Morgen so einen Saft, der fördert° die Durchblutung°, und so ein Kakaopulver in die Milch, das ist gut für die Konzentration, sein Lieblingsgetränk nimmt er mit in die Schule, wegen der Vitamine, und 50 Pfennig kriegt er auch noch, da soll er sich was Gutes zu essen kaufen (ich glaub ja, er gibt's für Heftchen° aus, aber das darf meine Frau nicht wissen!). Zum Mittagessen geht er zur Oma, da ist meine Frau noch nicht zu Hause, aber die Schulaufgaben, die kontrolliert natürlich meine Frau! Sport treibt er leider wenig, da war ich anders. Zur Einschulung° hab ich ihm ein Fahrrad geschenkt, Zehn-Gang-Schaltung°, mit allen Schikanen°, nach acht Tagen war's kaputt! Damals hab ich mir geschworen: von nun ab nur allerbeste Qualität, und das hab ich auch durchgehalten bis heute! Schließlich soll der Junge ja auch ein Qualitätsbewußtsein° entwickeln, das gehört ja wohl zu jeder Erziehung—aber das geht ins Geld, kann ich Ihnen sagen! Zum Beispiel sein Zimmer: Haben wir ihm vor drei Jahren eingerichtet°, alles in nordischer Kiefer°, bildschön, 'ne ganze Anbauwand°, dann Vorhänge und Bettwäsche° passend dazu, hellblau, 'n bißchen empfindlich°, aber er kann sich ja in acht nehmen, so was muß er auch lernen. Und er hält es auch prima in Ordnung, fast nie liegt was rum, na ja, meist sieht er sowieso fern, vor allem, seit

promotes
circulation
sich anschaffen *to acquire*
comic books
dirt
first day of school
10-speed
with all the frills
on the contrary
awareness of quality
(coll.) very expensive / furnished
pine
wall unit
linens
delicate

er seinen eigenen Apparat hat. Wissen Sie, bei uns gab's immer Krach° am Wochenende, weil er nicht das sehen wollte, was ich sehen wollte—also, hab ich gesagt, 'ne gute Familienatmosphäre ist das wichtigste für ein Kind, er kriegt einen eigenen Apparat, natürlich auch Farbe, es soll ihm nicht schlechter gehn als mir, und seitdem ist Ruhe. Er sieht in seinem Zimmer, ich im Wohnzimmer, bestens. Na, und letztes Weihnachten haben wir ihm' ne Anlage° geschenkt, ja, richtig komplett, mit Plattenspieler, Lautsprecherboxen, alles in Stereo und Kopfhörer natürlich, aber nicht so was billiges, japanisches—sollen ja ganz gut sein, hab ich gehört, aber ich war eben mehr für was deutsches, solides, auch wenn's ne ganze Stange mehr Geld° kostet, aber das ist eben mein Prinzip: für meinen Sohn nur das Beste, und meine Frau denkt genauso. Mit den Kopfhörern, das ist sehr praktisch, da kann er so lange und so laut hören, wie er will, wir merken nichts davon. Und umgekehrt: ob wir da sind oder nicht, das spielt gar keine Rolle mehr, früher waren wir da ziemlich angebunden, aber seit er die Anlage hat—nehmen Sie jetzt, zum Beispiel—hören Sie irgendwas von ihm? Sehen Sie! Und dabei ist er die ganze Zeit—Moment, das Telefon klingelt—Ja, ja richtig. Was? Mein Sohn? Aber der ist doch—ja, schon so lange? Ja, ja, ich komme.—Um Gottes willen, das war die Polizei—sie haben ihn aufgegriffen°, als er im Kaufhaus Schokolade gestohlen hat—und ich dachte—nein, das kann ich nicht begreifen°—wo ich doch wirklich alles für ihn getan habe! Luxusverwahrlosung haben sie gesagt?—wissen Sie, was das ist?''

fight

stereo

picked up

understand

eine Stange Geld *a pretty penny (coll.)*

. . . . UND ÜBERMORGEN

Es war am Abend des 21. November im Jahre 3664 nach der altmodischen Zeitrechnung. Auf dem Planeten SEGA IX strahlten die sieben Monde ihr mildes, weiches Licht aus°. Tag und Nacht. Die Seganer, vor nun schon über eintausendfünfhundert Jahren vom Planeten Erde eingewandert, hatten sich längst daran gewöhnt, daß hier nicht Tag und Nacht nach Helligkeit unterschieden wurde. Am „Abend" tönte° einfach eine sanfte°, wohlklingende° Melodie über den Planeten und dann wußten alle, und vor allem die Kinder, daß der Tag nun zu Ende war.

Trix, fünf Jahre alt, in der Wohneinheit T/S/3, hatte seine abendliche Sauerstoff°- und Hygienemassage genommen und war in seine Schlafhöhle gekrochen°. Er drückte den Knopf an seinem Luftkissencomputer und stellte die Sprechverbindung mit seiner Mutter her.

soft / harmonious

ausstrahlen *to emit*

oxygen

crept

sounded

„He, Mom, kommst Du?“ Zwei SEGA-Sekunden später war seine Mutter bei ihm, verstellte° ein paar Regler-Einheiten°, um die Luftkissen, die Trix einhüllten°, auch richtig auf seine Körpertemperatur, seinen Hautwiderstand° und seine fünf Jahre alte Muskulatur einzustellen und damit seine optimale Behaglichkeit° zu garantieren. Dann kuschelte° sie sich an ihn, so wie sie es unzählige Male im EMO-Kurs geübt hatte. „Erzähl mir was“, forderte Trix. „Schließlich steht mir das zu°, bis ich acht Jahre alt bin!“—„Du hast ja gut aufgepaßt, in Deinem Intelligenztrainingskurs“, lachte die Mutter, „wenn Du im Kuschel-Training auch so gut bist!“—„Naja, im Deuten° der Körpersprache bin ich schon ganz gut“, meinte Trix selbstbewußt°, „aber ganz ohne äußere Zeichen die Gefühle der anderen zu erraten° und mich darauf einzustellen°, das fällt mir noch ein bißchen schwer!“—

„Das lernst Du schon noch“, tröstete° ihn die Mutter, „schließlich haben wir das alle gelernt, aber was soll ich Dir erzählen?“ „Geschichten von der Erde sind immer so schön grausig°, da krieg ich nachher noch eine Kuscheleinheit extra!“—„Du Zärtlichkeitsvielfraß°,“ lächelte die Mutter, „also, das war vor, na vor vielleicht vierhundert Jahren, als auf dem Planeten Erde der große Neutronen-Krieg stattfand. Weißt Du das schon?“—„Also, was Krieg ist, das kann ich mir nur ungefähr vorstellen, und Bomben—aber irgendwie sind danach alle Menschen tot.“—

„Richtig, die Menschen hatten sich fast ausgerottet°, aber alle Maschinen, alle Computer waren noch perfekt. Und nun mußten sie so schnell wie möglich wieder viele Menschen für die Maschinen kriegen, und da kamen sie auf die Idee, künstliche° Menschen zu machen!“ Trix lachte, er wußte schon ungefähr, was jetzt kam.—„Die waren aber dumm“, meinte er überlegen, „weil, das weiß ja

extinguished
shifted
regulator units
covered
skin resistance
artificial
comfort
snuggled
steht mir zu *I am entitled to*
interpretation
self-assuredly
guess
adjust
consoled
gruesome
glutton for tenderness

sogar ich schon, das geht zwar technisch."—

„Richtig", lobte ihn die Mutter, „Aber weißt Du, die dachten, das einzig wichtige am Menschen wäre das Gehirn. Deswegen übten sie auch ewig lange lesen und schreiben!"—„Ja, aber dafür hat man doch Computer?"—„Natürlich, die hatten sie auch, aber sie hatten einfach noch nicht gemerkt, daß Intelligenztraining bestenfalls ein winziger Teil von dem ist, was ein Mensch eigentlich lernen muß. Die übten ja auch noch laufen und rennen."—„Ja, aber dafür gibt's doch . . .''

—„Stimmt ja, Du kleiner, lieber Schlauer, ich sag ja, die waren damals halt noch ziemlich dumm, die dachten, wenn sie nur die richtigen Chromosomen zusammentun, dann werden da schon richtige Menschen draus. Wie wichtig für die Menschen die Gefühle° sind, die Zärtlichkeit°, das Lachen, die Zuwendung, der Hautkontakt sie hätten es von ihren ganz kleinen Kindern schon lernen können!"

Und damit knuddelte° sie Trix ganz in ihre Arme. „Das Experiment ging natürlich schief°. Die künstlichen Menschen waren zwar alle sehr schön, sehr kräftig und sehr intelligent, aber innerlich waren sie tot."

—„Da hätte man ihnen doch ein paar Fühle-Stunden° geben können, so ein bißchen Emotions-Training wie wir hier!"—„Du Dummerchen", lachte die Mutter, „die haben das doch zuerst gar nicht gemerkt, die waren ja fast wie alle anderen Menschen! Außerdem kannten die so was gar nicht!" „Keine Schmusestunden° kennen die?'' fragte Trix fassungslos, „keine Zärtlichkeitsübungen°? Kein Streicheln° und kein Hautkontakt-Training? Was lernen denn die überhaupt? Das ist ja schrecklich! Auf der Erde möcht ich aber nicht Kind sein!"—„Naja, ab und zu gab's das schon, aber ganz privat."—

„Und heute wie ist das denn heute? Haben die Menschen auf der Erde das denn endlich kapiert°?"—„Ich weiß es nicht so genau—ich fürchte—schließlich hört man immer wieder mal von Krieg . . ."

—„Wie schrecklich", flüsterte Trix mit Tränen in den Augen, „dann will ich nie, nie, nie auf die Erde!" Die Mutter nahm ihn ganz fest in ihre Arme. „Sicher haben es schon viele gelernt", tröstete sie ihn, „aber nun schlaf, mein geliebtes Schätzchen°, ich geh noch ein bißchen zu LIEB (Liga zur Intensivierung Emotionaler Bedürfnisse°), ich schalte aber den Sensor ein, wenn Du meine Nähe brauchst, ja?" Sie drückte Trix an sich, streichelte ihn, bis ihm fast die Augen zufielen. Er seufzte° nochmal tief auf. „Bin ich froh, daß ich nicht auf der Erde Kind sein muß." Dann war er eingeschlafen. Die Mutter stand leise auf, schaltete° die Raumtemperatur auf 'Schlaf', stellte die Nachtmusik auf 'leise' und verließ die Schlafhöhle. Die sieben Monde von SEGA IX leuchteten milde.

(Aus: *PZ*, Nr. 21, Jan. 1980)

cuddle lessons

tenderness exercises / fondling

(coll.) verstanden

feelings

tenderness / little darling

needs

(coll.) took

schiefgehen *to fail / sighed*

turned

feeling lessons

FRAGEN ZU LESETEXT H

Zwischen gestern . . .

1. Warum hat das Ehepaar nur ein Kind?
2. Warum darf Felix keinen Hund haben?
3. Warum kaufen Felix' Eltern nur Markenware *(brand-name articles)* bester Qualität für ihren Sohn?
4. Wie beweisen Felix' Eltern, daß sie ihren Sohn lieben?
5. Was hat Felix alles von seinen Eltern bekommen? Machen Sie eine Liste!
6. Können Sie sich Felix' Zimmer vorstellen? Beschreiben Sie es!
7. Warum hat Felix seinen eigenen Fernseher bekommen?
8. Warum spielt es keine Rolle mehr, ob Felix' Eltern zu Hause sind oder nicht?
9. Wer ruft am Ende des Gesprächs Felix' Vater an? Warum?
10. Was ist wohl **Luxusverwahrlosung**?
11. Kennen Sie Kinder, die an Luxusverwahrlosung leiden?
12. Wie hätten Felix' Eltern es vermeiden können, daß ihr Sohn an Luxusverwahrlosung leidet?
13. Viele Eltern möchten, daß es ihren Kindern besser geht als ihnen selbst, oder daß die Kinder es im Leben einmal leichter haben. Wenn Sie für Ihre eigenen Kinder drei Wünsche äußern dürften, was würden Sie wünschen?

und übermorgen

1. Wann kamen die ersten Bewohner auf den Planeten SEGA IX?
2. Woher kamen die Seganer ursprünglich?
3. Wie unterscheiden sich Tag und Nacht auf SEGA IX?
4. Was tun Seganerkinder abends vor dem Schlafengehen?
5. Was lernt man in einem EMO-Kurs? Wofür ist EMO die Abkürzung?
6. Wie lange haben Seganerkinder ein Recht auf Geschichten?
7. Was lernen Seganerkinder im Intelligenztrainingskurs? Was lernen sie im Kuschel-Training?
8. Warum gibt es auf der Erde nur noch ganz wenige Menschen?
9. Warum war das Experiment auf der Erde, künstliche Menschen zu schaffen, nicht erfolgreich?
10. Warum möchte Trix nicht auf der Erde leben?
11. Ist Trix ein Mädchen oder ein Junge?
12. Glauben Sie, Trix hat eine bessere Kindheit als Felix? Warum? Warum nicht?
13. Glauben Sie, man sollte auch bei uns EMO-Training, Schmusestunden, Zärtlichkeitsübungen und Hautkontakt-Training einführen? Warum? Warum nicht?
14. Möchten Sie auf dem vollautomatisierten Planeten SEGA leben? Warum? Warum nicht?

Kindheit ist nicht kinderleicht

Kinder an die Macht

RICHTIG ODER FALSCH?

1. ____ Felix' Mutter arbeitet den ganzen Tag, während Felix allein zu Hause ist.
2. ____ Felix' Mutter muß arbeiten gehen, damit die Familie genug zu essen hat.
3. ____ Felix' Großeltern leben in der gleichen Stadt wie der Enkel.
4. ____ Felix ist sehr sportlich.
5. ____ Felix ist ein sehr ordentlicher Junge.
6. ____ Deutsche Stereoanlagen sind im allgemeinen billiger als japanische Produkte.
7. ____ Felix' Vater glaubt, daß sein Sohn während des Gesprächs zu Hause in seinem Zimmer ist.
8. ____ Felix' Eltern haben ihrem Sohn alles gegeben, was ein Kind nur haben möchte.

ÜBUNG

Aus einem Seganer Geschichtsbuch: Die Geschichte der Erde.
Die Sätze im folgenden Text sind in Unordnung geraten. Nur der erste und der achte Satz des Textes sind intakt. Finden Sie die richtige Reihenfolge der Sätze!

1. Im Jahre 3264 fand auf dem Planeten Erde der große Neutronen-Krieg statt.
2. Die künstlichen Menschen, die man erschaffen hatte, waren zwar alle sehr schön, kräftig und intelligent, aber sie hatten keine Gefühle.
3. Da es nicht genug Menschen gab, alle Maschinen zu bedienen, kamen die paar Überlebenden *(survivors)* auf die Idee, künstliche Menschen zu machen.
4. Nur wenige Menschen überlebten diesen Krieg, aber alle Maschinen, alle Computer waren noch perfekt.
5. Das Experiment hatte leider sehr negative Folgen.
6. Leider vergaßen sie, wie wichtig für die Menschen die Gefühle sind.
7. Sie glaubten, man könne Menschen schaffen, indem man die richtigen Chromosomen zusammenmischt.
8. Deshalb kam es immer wieder zu neuen Kriegen auf der Erde.

4

Frieden schaffen ohne Waffen: Die Rüstungsfrage

arms

VORSCHAU

1. Lesen Sie die Titel der Lesetexte in diesem Kapitel! Machen Sie eine Liste von allen Wörtern, die mehrfach erscheinen!
2. Machen Sie eine Liste von deutschen Wörtern, die Ihnen bekannt sind, und die mit dem Thema dieses Kapitels zu tun haben!

Beispiele: der Krieg, der Frieden

3. Was empfinden *(feel)* Sie, wenn Sie die obenerwähnten Listen durchlesen?
   a. Angst
   b. Freude
   c. Begeisterung *(enthusiasm)*
   d. Lust
   e. Erregung *(excitement)*
   f. Vergnügen
   g. Traurigkeit
4. Suchen Sie in der amerikanischen Presse Artikel, die mit der Rüstungsfrage zu tun haben! Sind solche Artikel schwer zu finden? Warum? Warum nicht?

Schlüsselwörter

rüsten Kriegsvorbereitungen treffen
die **Waffe** *weapon* (Was bedeutet „Frieden schaffen ohne Waffen"?)
die **Abwehr** Eine Abwehrwaffe ist eine Defensivwaffe.
die **Verhandlungen** Gespräche, die eine Vereinbarung erzielen sollen
vernichten zerstören; ausradieren (lit. *to erase*); ausrotten (meistens für Lebewesen)
siegen gewinnen
angreifen attackieren
der **Gegner** *enemy, opponent*
der **Frieden** *peace*
die **Gefahr** *danger*

Sprachnotiz

[INSEPARABLE PREFIXES]

Among the most frequently encountered affix morphemes (see Chapter 7), are the inseparable prefixes **be-, ent- (emp)-; er-, ge-, ver-, zer-.** These are bound morphemes. They never stand alone and are never stressed in speaking. They are usually verb affixes, but as verb stems frequently are used to form adjectives, nouns, and other derivatives, these affixes will also be found as bound morphemes in other parts of speech.

Frequently these affixes carry the sense of finishing an action or carrying it out to completion.

schießen	*to shoot*	**erschießen**	*to shoot to death*
reißen	*to tear*	**zerreißen**	*to tear up*
jagen	*to chase*	**verjagen**	*to chase off*

Some inseparable prefixes contribute a consistent meaning to the free morphemes to which they are attached.

1. be- This prefix turns an intransitive verb, a noun, or an adjective into a transitive verb:

antworten	*to answer*	**beantworten**	*to answer*
die **Grenze**	*border, limit*	**begrenzen**	*to limit*
eng	*narrow, tight*	**beengen**	*to restrict*

Übung

Bilden Sie Sätze mit den folgenden Verben!

bedrohen, bewahren, beenden, beweinen, bekämpfen, besprechen, bezweifeln

2. ent- This prefix functions somewhat like English *dis-*, but carries three main ideas:

separation	**enthaupten**	*to behead*
initial action	**entzünden**	*to catch fire*
reversal	**entehren**	*to dishonor*

Übung

Was bedeuten die folgenden Verben?

entführen, entlaufen, entnehmen, entarten, entdecken, entfärben, entwaffnen, entrüsten, entschlummern, entstehen

3. er- This prefix shows the goal, completion, or intent of an action:

reichen	*to hand*	**erreichen**	*to attain, to reach*
füllen	*to fill*	**erfüllen**	*to fulfill*
raten	*to guess*	**erraten**	*to guess correctly*

Übung

Bilden Sie Sätze mit den folgenden Verben!

erreichen, erzielen, erkämpfen, erhalten, erschießen, ersetzen, ermöglichen

4. ge- This prefix usually carries the sense of togetherness or totality when it appears in noun formations:

der **Genosse**	*comrade*
die **Gemeinde**	*community*

Übung

Was bedeuten die folgenden Nomina?

die Geschichte, das Gebäude, das Gebiß, der Gebrauch, die Geduld, die Gefahr, der Gesang, das Gespräch

5. ver- This prefix has three main senses:

intensification or completion

verbrauchen *to consume*
verhungern *to starve*

excessive or negative action

verachten *to despise*
verkennen *to misjudge*
versalzen *to oversalt*

erroneous action (English *mis-*)
sich verlaufen *to get lost (on foot)*
sich versprechen *to make a slip of the tongue*

Übung

Bilden Sie Sätze mit den folgenden Verben!

verbrauchen, vernichten, verzichten, verfügen, verschlimmern, verhandeln, vertrauen, verwenden, sich verfärben, verspüren, verrosten, verbrennen, vermeiden, verteidigen

6. zer- This prefix usually carries the force of completion and often of complete destruction:
zerstören *to destroy*
zerreißen *to tear up*
zerfetzen *to tear to rags*

Übung

Was bedeuten die folgenden Verben?

zerstäuben, zerschlagen, zerschneiden, zerspringen, zerstreuen, zerfallen, zerbrechen, zerdrücken

Lesetext A: Überall wird demonstriert

VORBEREITUNG AUF DAS LESEN

1. Woher kommen die Fotos auf der nächsten Seite?
2. Wogegen wird hier demonstriert? Wofür?
3. Wie alt sind wohl die Menschen, die demonstrieren?
4. Was bedeuten wohl diese Verben?

   beweinen, beenden, bedrohen

WÖRTER IM KONTEXT

1. **bewahren** bedeutet
   a. *make war*
   b. *preserve*
   c. *beware*
   d. *suffer*

2. **Wettrüsten** bedeutet
   a. *arms race*
   b. *wet armor*
   c. *weathering*
   d. *nuclear weapons*

3. **dem Leben zuliebe** bedeutet
   a. *for the sake of love*
   b. *on account of living*
   c. *living for love*
   d. *for the sake of life*

DER ATOMTOD BEDROHT UNS ALLE!
Keine neuen Atomraketen in Mitteleuropa!
Beendet das Wettrüsten in Ost und West

GEGEN NATO WAFFEN
FRIEDEN SCHAFFEN

BEWAHRT
UNSERE
WELT
ERHALTET DEN
HAB'ICH DAF
MEINEN SOHN
GEBOREN

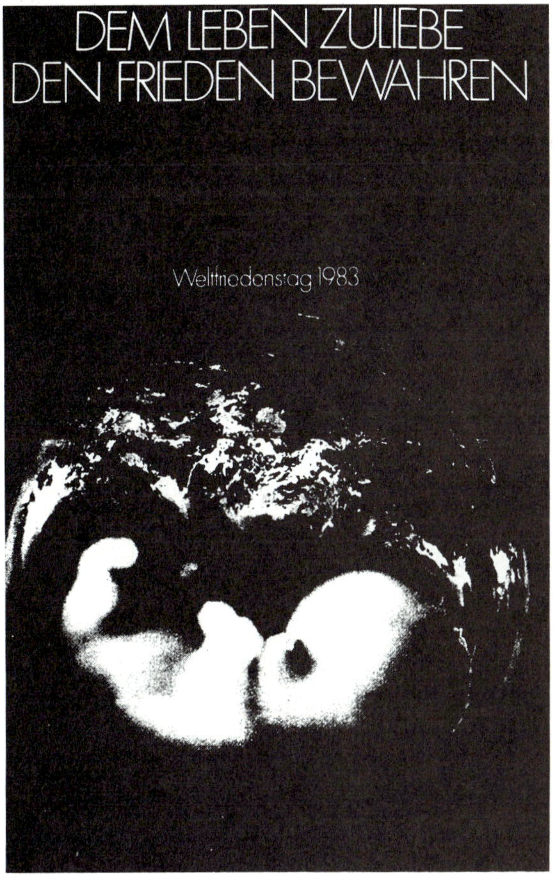

ZUR DISKUSSION

1. Haben Sie schon einmal an einer Demonstration teilgenommen? Wofür oder wogegen?
2. Meinen Sie, daß solche Demonstrationen den Menschen helfen, die Welt besser zu verstehen oder besser zu gestalten *(shape)*? Warum? Warum nicht?
3. Was empfinden Sie, wenn Sie solche Demonstrationen sehen oder davon lesen?

Lesetext B: Flugblätter

VORBEREITUNG AUF DAS LESEN

Lesen Sie die großgedruckten Teile der zwei folgenden Flugblätter!

Veranstalter: Münchner Friedensforum · Münchner Bürgerinitiative für Frieden und Abrüstung
Friedensinitiative: Christen in der Region München
Verantwortlich für die Sternmarschsäulen sind die Stadtteilfriedensinitiativen.

1. Was wird im ersten Flugblatt angekündigt *(announced)?*
2. Wo soll die angekündigte Veranstaltung stattfinden? Wann?
3. Was wird in den zwei Flugblättern erzielt?
4. Suchen Sie unter den großgedruckten Wörtern möglichst viele verwandte Wörter *(cognates)!*

Beispiele: Holocaust
Marsch

FRAGEN ZU LESETEXT B

„Sternmarsch" Flugblatt

1. Wann fand der Sternmarsch statt?
2. Gewöhnlich finden Demonstrationen am Wochenende statt, weil dann die meisten Leute nicht arbeiten. Warum findet wohl diese Demonstration an einem Montag statt? (Tip: Ostermontag)
3. In welcher Stadt fand der Marsch statt?
4. Welche Symbole erkennen Sie auf dem Flugblatt?
5. Wie lange dauerte der Sternmarsch?
6. Eine Schlußkundgebung ist wohl . . .
   a. eine Art Demonstration mit Rednern.
   b. ein Gottesdienst.
   c. eine Vorlesung.
   d. eine Abschlußprüfung.

ÜBUNG

Stellen Sie sich vor, Sie wären Deutsche(r) und Sie wollten einen Demonstrationsmarsch gegen die Stationierung von Mittelstreckenraketen in Bremerhaven organisieren! Stellen Sie ein Flugblatt zusammen, auf dem dieser Marsch angekündigt wird!

„Abrüsten!" Flugblatt

1. Warum wird das Wort **Sieg** mit Anführungszeichen geschrieben?
2. Wer soll auf Atomwaffen verzichten?
3. Warum soll dieses Abrüsten keine Gefahr bedeuten?
4. Wie könnte ein Atom-Holocaust ausgelöst werden?
5. Von wem könnte ein Atomkrieg laut dieses Flugblatts ausgelöst werden? Wie?
6. Wie kann man die Welt vor einem Atomkrieg schützen?
7. Warum ist **atomares Gleichgewicht** absurd geworden?
8. Von wem wird der Atomkrieg geplant?
9. Was ist mit der Abschreckungspolitik passiert?
10. Dem Flugblatt entsprechend, was für eine Politik treiben die USA in Bezug auf den Atomkrieg?

ABRÜSTEN!

Auch einseitig!

unilateral

7 gute Gründe

Überall in der Welt mehren sich die Forderungen nach ersten, notfalls einseitigen Abrüstungsschritten. Die Erfüllung einer solchen Forderung würde keine zusätzliche Gefahr für die Sicherheit der Völker bedeuten. Im Gegenteil, sie würde die allgemeine Sicherheit in der Welt erhöhen. Lesen Sie warum:

demands / if necessary
additional

„Sieg" ist nicht mehr möglich

Die Fähigkeit beider Supermächte, mit den rund 50 000 heute verfügbaren Atomwaffen die ganze Menschheit in wenigen Stunden zigmal auszulöschen, ist unbestritten. Ein „Sieg" mit diesen Waffen ist nicht möglich, es sei denn, man nenne die Vernichtung ganzer Kontinente oder der Menschheit einen „Sieg".

ability
atomic weapons / many times over
wipe out / undisputed
destruction

„atomares Gleichgewicht" ist sinnwidrig geworden

Aus diesem Grund könnte der Westen es sich leisten, auf den größten Teil seiner Atomwaffen zu verzichten, ohne die Lage auch nur um einen Deut zu verschlimmern. Mit der Fähigkeit der Supermächte, die Menschheit auszurotten, ist das „atomare Gleichgewicht" sinnwidrig, ja wahnwitzig geworden.

afford
give up
one bit / worsen
exterminate
senseless / insane

Computerfehler führen zum Holocaust

Nach Aussagen zuverlässiger Fachleute ist die Wahrscheinlichkeit, daß der atomare Holocaust durch einen Vorwarnfehler im Computer-System der USA oder der UdSSR ausgelöst wird, sehr groß und er wird täglich größer. Nur Abrüstung kann uns zuverlässig und langfristig davor schützen.

statements / experts
error in the early-warning system
unleashed

Nachbestellungen: 100 Stck. DM 10,–, 1000 Stck. DM 80,–
bei Dr. W. Harless, Residenzstr. 19, 8000 München 2
Telefon 089 / 22 52 52

11. Mit wie vielen Toten rechnet man im Falle eines Atomkrieges? Nach wessen Rechnung?
12. Wozu sind die Pershing-II-Raketen geeignet?
13. Was will man mit diesen Raketen machen?

Abschreckung ist am Ende! Supermächte planen den Atomkrieg

Die sogenannte „Abschreckungsdoktrin", in der auch viele Deutsche einen gewissen Schutz zu erkennen glauben, ist längst fallen gelassen worden zugunsten° einer atomaren „Kriegsgewinn"-Strategie, bei der allein in den USA mit 20 Millionen Toten gerechnet wird. (C.S. Gray)

in favor of

Die neuen Erstschlagsraketen zwingen den Osten zur Zerstörung Europas!

Nach dieser neuen Strategie werden die USA die nur zu einem Erstschlag geeigneten° Pershing-2-Raketen – wohl mit oder ohne Verhandlungsergebnis° in Genf – auf westdeutschem Boden stationieren, und dies wird einen sowjetischen Vorbeugungsschlag° geradezu zwangsläufig° heraufbeschwören°.

suitable
results of negotiation
preventive strike
necessarily / produce

Raketen-Abschußrampen sind erstes Angriffsziel

Alle Pershing-2-Raketen sollen auf deutschem Boden stationiert werden. Im nüchternen° Kalkül des Pentagon wird die Bundesrepublik vor allem als „Abschußrampe°" benötigt°. Sie darf geopfert°, „ausradiert°" werden, wenn der Zweck der „Enthauptung°" der Sowjetunion damit erfüllt werden kann.

sober
launching pad / needed
sacrificed / erased
beheading

Erpressung° und Geiselnahme° können Frieden nicht erhalten!

Warum vertrauen die Menschen noch immer blind darauf, daß Konflikte sich mit Gewalt und Massenmord lösen lassen? Im Atomzeitalter ist das nicht mehr möglich, ohne die Welt zu zerstören. Morddrohung und Erpressung sind keine Mittel zur Völkerverständigung.
Nur V e r t r a u e n kann Frieden schaffen.

extortion
taking hostages

MITBEWOHNER dieser bedrohten° Erde

So wie sich die Weltsituation heute rasant° entwickelt, droht uns allen in W e s t und O s t entweder der schnelle, oder der schleichende° A t o m t o d – und zwar mit jeder neuen Woche mehr als in der Woche zuvor.

W i r f r a g e n E u c h:

Sollte man in dieser Situation nicht mit allen Mitteln darauf dringen°, daß sofort und wegbereitend° auch einseitig abgerüstet wird? Eine solche ernsthafte Vorleistung würde kein Land noch größeren Gefahren aussetzen° als sie heute schon bestehen.

Sollte man nicht endlich auf alle Formen von Waffen verzichten°, die für Angriffszwecke° überhaupt verwendet werden können, um dem Gegner nicht nur mit Worten, sondern auch mit Taten zu beweisen, daß man den Frieden wirklich will? Denn im Atomzeitalter kann Sicherheit nur entstehen, wenn auch der Gegner sich sicher fühlt.

threatened
fast
creeping
insist / pioneering
subject to
give up / purpose of attack

Entrüstet Euch°!

denn Schlimmeres als das, was sich jetzt über uns zusammenbraut,°
wird es kaum je geben können!

V.I.S.P.: W. Harless, 8000 München 2, Residenzstr. 19 und E.F. Horine, Zum Purren 23, 7550 Konstanz

sich entrüsten *to get angry; disarm*
is brewing

14. Wie soll die UdSSR einen Erstschlag der Pershing-II vermeiden?
15. Was soll man sofort machen, wenn man einen Atomkrieg vermeiden will?

ÜBUNGEN

1. Ergänzen Sie die Sätze mit Wörtern aus der folgenden Liste!

Abschußrampe, ängstlich, atomaren, benötigt, einseitigen, Frieden, Freund, Freiheit, Gegner, geopfert, sicher, Sicherheit, stationiert, verlieren, vermeiden, versetzen, Waffen, zerstört

Alle Pershing-II-Raketen sollen auf deutschem Boden ________ werden. Die BRD wird als ________ für amerikanische Erstschlagswaffen ________ , und deshalb fühlen sich die Bundesdeutschen sehr ________ . Viele Deutsche wollen auf alle ________ verzichten, um dem ________ zu beweisen, daß man den ________ wirklich will. ________ für die BRD kann nur dann entstehen, wenn die UdSSR sich ________ fühlt. Um einen Atomkrieg zu ________ , sollen die Westmächte sofort mit der ________ Abrüstung beginnen.

2. Schreiben Sie Gegenargumente für zwei von den „7 guten Gründen"!

3. Schreiben Sie einen Brief an Dr. W. Harless! Beschreiben Sie ihm die Meinung Ihres eigenen Bekanntenkreises betreffs der einseitigen atomaren Abrüstung und bestellen Sie 100 Kopien seines Flugblatts!

ZUR DISKUSSION

1. Aus welcher politischen Richtung wurden die zwei Flugblätter geschrieben? Begründen Sie Ihre Antwort!

2. Sind in diesen Flugblättern Elemente der Manipulation erkennbar? Wenn ja, was wird damit erzielt?

PERSÖNLICHE FRAGEN

1. Wie reagieren Sie auf das Wort **Euroshima?**

2. Was würden Sie machen, wenn man Pershing-II-Raketen in Ihrem Staat stationieren wollte?

3. Gibt es in Ihrer Nähe Abschußrampen für Langstreckenraketen? Wenn ja, was sind das für Raketen? Erstschlags- oder Defensivwaffen? Wenn man den Typ der Raketen nicht wüßte, wie könnte man das herausfinden?

Lesetext C: Rostige° Rüstung

rusty

VORBEREITUNG AUF DAS LESEN

Das Buch, *Papa—Charly hat gesagt . . .* , aus dem das folgende Lesestück entnommen wurde, ist eine Sammlung von 22 heiteren *(amusing)* Szenen mit einem aufgeweckten *(alert)* Lausejungen *(rascal)* und einem typisch selbstzufriedenen Vertreter der älteren Generation. Es sind humorvolle Dialoge zwischen Vater und Sohn, die ursprünglich vom UKW (Ultrakurzwelle *FM*) Programm des Norddeutschen Rundfunks gebracht wurden und Millionen Hörer und Hörerinnen unterhielten.

Mit entwaffnend logischen Fragen zum Alltag in der Bundesrepublik bringt hier ein achtjähriger Pfiffikus *(wise guy)* seinen mürrischen *(ill-tempered)* Vater in Verlegenheit. An Themen ist kein Mangel *(shortage)*, an kindlich-schlauem Hintersinn *(wit)* sowie väterlicher Selbstherrlichkeit *(self-righteousness)* auch nicht (schließlich ist er Beamter). So unterhalten sich die beiden zum Beispiel über die Rüstungsfrage, und der pflichtbewußte *(dutiful)* Vater verteidigt die Aufrüstungspläne der Regierung, während der Junge mit seiner Konsequenz und hartnäckigen *(stubborn)* Logik die Selbstsicherheit seines Vaters zu zerstören droht.

Schlüsselwörter

der **Pfirsich** Obst *(peach)*
die **Bowle** Punsch aus Wein und Obst
die **Bundeswehr** die Armee der Bundesrepublik
pleite bankrott
wegschmeißen wegwerfen
der **Verteidigungshaushalt** das Militärbudget

Rostige Rüstung

[EUGEN HELMLÉ **]**

SOHN: Papa, Charly hat gesagt, sein Vater hat gesagt, unsere Rüstung ist voll Rost.

VATER: Du bist auch voll Rost.
Beweg dich lieber mal etwas und hol mir die Pfirsiche für die Bowle.

SOHN: Das hat aber in der Zeitung gestanden, sagt Charly, sein Vater hat es selber gelesen.

VATER: Das hat er sicher in einem linken Revolverblatt° gelesen. *tabloid, "rag"*

SOHN: Hat er wohl nicht. Charly sagt, das war eine ganz piekfeine° Zeitung für gebildete Leute und so. *high class*

VATER: Klar, wenn Charlys Vater die liest.

SOHN: Charly sagt, sein Vater informiert sich überall.

VATER: Der Mann hat eben ein großes Informationsbedürfnis°. *need*

SOHN: Ja. So ist halt der eine vorm andern.

VATER: Und jetzt hat er erfahren, daß unsere Rüstung Rost ansetzt?

SOHN: Er hat auch noch gesagt, daß die Bundeswehr bald pleite macht.

VATER: Da ist der Wunsch wohl der Vater des Gedankens.

SOHN: Was für ein Vater?

VATER: Ich meine, Charlys Vater würde das sicher in den Kram passen°. *suit his purpose*

SOHN: Mir auch und Charly auch. Dann brauchen wir nämlich . . .

VATER: Was heißt hier wir?
Du bist nicht Charly. Du kommst aus einer anständigen° Beamtenfamilie, in der man seine Pflicht tut, verstanden? Und jetzt hol mir die Pfirsiche, los!

SOHN: Ich geh' ja schon!

Der Junge geht hinaus und kehrt nach einiger Zeit zurück.

SOHN: Hier sind die Pfirsiche.

VATER: Wo ist denn der Dosenöffner°?

SOHN: Du hast nichts von einem Dosenöffner gesagt.

VATER: Natürlich, von allein kommst du ja nicht auf so was. Soll ich vielleicht die Dose in die Bowle legen? Los, hol den Dosenöffner.

SOHN: Das hättest du ja auch gleich sagen können.

VATER: Bei etwas Intelligenz hättest du wissen müssen, daß man die Pfirsiche nur aus der Dose holen kann, wenn die Dose vorher geöffnet wird.

SOHN: Intelligenz ist eine Frage der Vererbung°, hat unser Lehrer neulich gesagt.

Der Sohn fügt sich und holt den Öffner.

SOHN: Hier ist der Dosenöffner. Da ist aber auch ganz schön Rost dran.

VATER: Gib her.

SOHN: Hast du das wirklich nicht gelesen?

VATER: Ob ich was nicht gelesen habe?

SOHN: Daß die Rüstung verrostet.

VATER: Ich bin halt nicht so gut informiert wie Charlys Vater.

SOHN: Hast du auch nicht gelesen, daß der Verteidigungsminister nur noch die Reparaturen bezahlen kann?

VATER: Was für Reparaturen denn?

SOHN: Na, für die alten Panzer° und Flugzeuge und Autos und so.

VATER: Da hätte auch schon längst neues Material hergehört°. So bleibt doch alles Flickwerk°.

SOHN: Charly sagt, es ist eben kein Geld da.

VATER: Kein Wunder, wo die ständig° am Verteidigungshaushalt streichen°.

SOHN: Wo sollen sie denn streichen? Charly sagt, wenn kein Geld da ist, muß man sich entscheiden, entweder Schulen oder Kasernen°.

VATER: Charly fällt die Entscheidung sicherlich nicht schwer.

SOHN: Mir auch nicht.

decent
can opener
heredity
defense
tanks
needed
patchwork
constantly
cut
barracks

VATER: Das ist aber ganz neu. Seit wann bist du so scharf auf die Schule?

SOHN: Och, weißt du, eigentlich schon immer, ich kann's halt nicht so zeigen.

VATER: Ach so ist das.

SOHN: Ja. Und die Bosse von der Rüstungsindustrie, hat Charly gesagt, die sind jetzt ganz schön sauer.

VATER: So? Und warum sind sie sauer?

SOHN: Weil die schon seit Jahren auf das große Geschäft warten.

VATER: Aha! Ihr habt offenbar so eure Verbindungen, ihr beide. Euch scheint wirklich nichts zu entgehen°.

escape

SOHN: Das hat auch in der Zeitung gestanden. Weil, die haben nämlich geglaubt, jetzt werden die Waffen weggeschmissen°.

thrown away

VATER: Welche Waffen sollen weggeschmissen werden?

SOHN: Na ja, die, wo die Regierung bei der Wiederbewaffnung gekauft hat.

VATER: Da wär's auch wirklich höchste Zeit. Das Zeug ist bald zwanzig Jahre alt.

SOHN: Und deshalb ist ja auch der Rost dran, aber der Minister will die rostigen Waffen behalten und reparieren, weil er kein Geld hat.

VATER: Mit dem Erfolg, daß unser Waffensystem bald hoffnungslos überaltert ist.

SOHN: Ist das schlimm?

VATER: Das glaube ich auch. Was sollen wir mit diesen veralteten Waffen gegen einen modern ausgerüsteten Gegner anfangen?

SOHN: Gegen welchen Gegner?

VATER: Ich meine, einen möglichen Gegner, wer das sein wird, wissen wir ja nicht.

SOHN: Woher weißt du dann, daß er modern ausgerüstet ist?

VATER: Das ist anzunehmen.

SOHN: Und dafür müssen wir alle paar Jahre die Waffen wegschmeißen und neue kaufen?

VATER: Ja.

SOHN: Und die neuen werden nach ein paar Jahren wieder weggeschmissen und . . .

VATER: Sicher. Aber diesen Preis müssen wir eben für unsere Freiheit bezahlen.

SOHN: Ich denke für unsere Rüstung?

VATER: Diese Rüstung ist der Garant unserer Freiheit.

SOHN: Ist man frei, wenn man gerüstet ist?

VATER: Das kommt drauf an°.

That depends.

SOHN: Ist nicht jeder frei, der eine moderne Rüstung hat?

VATER: Natürlich nicht. Es gibt auch Systeme, die sind aufs modernste gerüstet und doch nicht frei.

SOHN: Du, Papa, dann behalten wir wohl besser unsere rostige Rüstung. Du, wer bezahlt eigentlich das viele Geld für neue Waffen?

VATER: Hast du nicht vorhin gesagt, es gibt keine neuen Waffen?

SOHN: Ja.

VATER: Also, wie kann man dann Geld dafür ausgeben?

SOHN: Ich meine ja, wenn es welche gäbe. Außerdem waren die alten Waffen ja auch mal neu, und da haben sie doch Geld gekostet.

VATER: Die zahlen wir alle, alle Steuerzahler°.

taxpayers

SOHN: Verdient da auch jemand dran?

VATER: Natürlich. In der freien Marktwirtschaft ist das ganz normal.

SOHN: Und wer ist das? Sind das die, die dann im Ausland bauen, damit sie keine Steuern zu bezahlen brauchen?

VATER: Woher soll ich das wissen.

SOHN: Du, Papa, wenn man ständig neue Waffen braucht, weil sie nach ein paar Jahren verrosten, und wenn das überall so ist, warum schafft man dann die Rüstung nicht überall ab°?

abschaffen *to abolish*

VATER: Das wäre zu schön, um wahr zu sein. Und bis es zu einer allgemeinen Abrüstung kommt, müssen wir eben bewaffnet sein.

SOHN: Auch wenn die Waffen rostig sind?

VATER: Nein. Wenn Rüstung einen Sinn haben soll, müssen wir neue und moderne Waffen haben.

SOHN: Und wo soll das Geld herkommen?

VATER: Der Verteidigungshaushalt muß eben erhöht werden.

SOHN: Ich denke, der Staat muß sparen?

VATER: Sicher.

SOHN: Wegen der Inflation, hat Charly gesagt.

VATER: Natürlich.

SOHN: Also, woher nehmen und nicht stehlen, wie du immer sagst.

VATER: Das ist ja schließlich nicht meine Aufgabe. Darüber sollen sich die Herren von der Regierung mal gefälligst° den Kopf zerbrechen.

please

SOHN: Wenn die aber mit ihrem Latein so schnell am Ende sind° wie du, wird der Rost so bald nicht alle°.

mit dem Latein am Ende sein *to run out of ideas / all gone*

FRAGEN ZU LESETEXT C

1. Woher weiß der Sohn, daß die Rüstung voll Rost ist?
2. Wer ist wohl Charly?
3. Was hält der Vater von Charlys Vater?

4. Wozu braucht der Vater einen Dosenöffner?
5. Wessen Schuld soll es sein, wenn ein Kind nicht sehr intelligent ist?
6. Was soll der Verteidigungsminister nur noch bezahlen können?
7. Was hält der Junge von der Schule?
8. Warum kann er wohl seine eigentliche Meinung über die Schule nicht sagen?
9. Warum sind die Rüstungsbosse jetzt sauer?
10. Welche Waffen sollen weggeworfen werden?
11. Warum sollte man diese Waffen wegschmeißen?
12. Was ist nach des Vaters Meinung bei einem möglichen Feind anzunehmen?
13. Ist jeder frei, der eine moderne Rüstung hat? Warum? Warum nicht?
14. Wer bezahlt die moderne Rüstung?
15. Wann wird es möglich sein, ohne Waffen auszukommen?

ÜBUNG

1. Machen Sie eine Liste von Waffen, die möglicherweise verrosten!
2. Machen Sie eine Liste von Strategien, die der Vater versucht, um seinen Sohn abzulenken!

ZUR DISKUSSION

1. Was für Strategien gebraucht die Regierung, um die Steuerzahler davon abzulenken, peinliche Fragen über die Rüstung zu stellen?
2. Meinen Sie, daß die Bosse der amerikanischen Rüstungsindustrie auch sauer sind?
3. Wieviel kostet ein modernes Waffensystem, z. B. das MX-System? Als Steuerzahler müssen Sie einen Teil dieses Systems bezahlen. Est gibt in den USA ungefähr 80 Millionen Steuerzahler. Können Sie Ihren Anteil ausrechnen?

Rezept für Pfirsichbowle

500 g Pfirsiche
100–150 g Zucker
2 Flaschen Weißwein
1–2 Flaschen Sekt

Die Pfirsiche waschen und die Haut abziehen; die Früchte entsteinen°, in Scheiben° schneiden, sie abwechselnd° mit dem Zucker in eine Schüssel geben und mit ¼ l Wein übergießen. Die Früchte fest zugedeckt° 1–2 Stunden im Kühlschrank stehenlassen, dann den übrigen Wein und den Sekt dazugießen. Kalt servieren.

remove the pits / slices / alternating

covered

Lesetext D: Friedenslied

Bertolt Brecht, 1898 in Augsburg geboren, studierte Medizin in München und war im Ersten Weltkrieg Sanitäter (medical corpsman). Seine ersten Erfolge als Dramatiker hatte er in München (1920–24). In den fruchtbaren und bewegten Berliner Jahren (1924–33) arbeitete er mit den Regisseuren (directors), Schauspielern, Musikern und Bühnenbildnern (set designers) der Theater-Avantgarde zusammen; er studierte den Marxismus, entwickelte sein Programm des epischen Theaters und wurde zum aggressivsten sozialistisch engagierten Dramatiker der Zeit. 1933 emigrierte er nach Dänemark; 1940 flüchtete er über Schweden nach Finnland, 1941 über Moskau und Wladiwostok nach Kalifornien, wo er sich in Santa Monica niederließ (settled). Kurz nach seinem Verhör (hearing, investigation) durch das „Committee on Un-American Activities" (1947) verließ er Amerika und gründete 1949 mit seiner Frau, Helene Weigel, das „Berliner Ensemble" in Ost-Berlin. Er starb im Jahr 1956.

Friedenslied

[BERTOLT BRECHT **]**

Friede auf unserer Erde!
Friede auf unserem Feld!
Daß es auch immer gehöre
dem, der es gut bestellt°! *cultivates*

Friede in unserem Lande!
Friede in unserer Stadt!
Daß sie den gut behause°, *shelter*
der sie gebauet hat!

Friede in unserem Hause!
Friede im Haus nebenan!
Friede dem friedlichen Nachbarn,
daß jedes gedeihen° kann! *prosper*

Friede dem Roten Platze!
Und dem Lincolnmonument!
Und dem Brandenburger Tore!
Und der Fahne, die drauf brennt!

Friede den Kindern Koreas!
Und den Kumpels° an Neiße und Ruhr! *mine workers*
Friede den New Yorker Schoffören
und den Kulis von Singapore!

Friede den deutschen Bauern!
Und den Bauern im Großen Banat°!
Friede den guten Gelehrten
eurer Stadt Leningrad!

Banat: region in northeast Yugoslavia and western Romania

Friede der Frau und dem Manne!
Friede dem Greis° und dem Kind!
Friede der See und dem Lande,
daß sie uns günstig sind!

Greis: old man

ÜBUNG

Welche Orte werden in diesem Gedicht erwähnt? Können Sie alle auf der Landkarte finden?

ZUR DISKUSSION

1. Wem wünscht Brecht den Frieden? Welche Berufe werden erwähnt? Warum wohl?
2. Warum werden keine Industriellen und Kapitalisten im Gedicht erwähnt? Was für eine politische Einstellung wird in diesem Gedicht angedeutet?

5

Manipuliert uns die Werbung?

VORSCHAU

Die Werbung ist eine alltägliche Sache in den USA und in der BRD. Manchmal merkt man kaum, daß man durch die Werbung manipuliert wird. Warum gibt es Werbung? Der Zweck ist offenbar *(apparently)*, Leute zu beeinflussen *(to influence)*, etwas zu kaufen oder etwas zu tun.

VORBEREITUNG AUF DAS LESEN

1. Was kann man durch die Werbung erzielen *(achieve)*? Machen Sie eine Liste!

Beispiele: Der Kunde soll eine bestimmte Marke kaufen.
Man soll eine bestimmte Partei wählen.

2. Was sollen die Anzeigen auf dieser und auf der nächsten Seite erzielen?
3. Von welchen Firmen kann man weitere Auskünfte bekommen?
4. Schreiben Sie die Superlative auf, die in diesen Anzeigen vorkommen!

Wer möchte
MICHAELA
23 Jahre, kennenlernen – liebhaben – heiraten? Obwohl sie nur ein armes **Waisenmädel** ist, dafür aber bildhübsch, anständig, treu u. sehr sympathisch. Auch von ihren hausfraul. Kenntn. wirst Du begeistert sein. Was Du von Beruf bist, ist ihr egal, wichtig ist, **DU meldest Dich bald!**
Tel. 0 71 21 / 30 08 70

Neu- und Gebrauchtmöbel
Ankauf — Verkauf — Vermietung sowie Inzahlungnahme bei Neukauf. Große Auswahl u. lfd. Sonderangebote. BMV Neu- u. Gebrauchtmöbelvers. GmbH Mü. 40, Winzererstr. 86, Tel. 3 00 66 11 Schleißheimer Str. 119, Tel. 3 00 66 11

Gebrauchtmöbel! An- und Verkauf sowie Inzahlungnahme bei Neukauf. Donnersbergerstr. 22 a, Eingang Schlörstraße, Telefon 089/16 47-87

Er, Ende 60, sucht charmante Sie. Wandere, schwimme, bin naturliebend (evtl. Bild).
✉ unter D 1369719 an den Verlag

Achtung Klavierkäufer! Größte Auswahl an gebrauchten Markenflügeln und Klavieren mit Garantie Piano Kuen, Kirchenstr. 97, Tel. 089/47 75 14

Schlüsselwörter

werben Reklame machen, *to advertise*

Formen der Werbung:

die **Reklame** *advertisement, ad*
das **Inserat,** die **Anzeige** gedruckte Reklame
der **Werbespot** kurze Reklame im Radio oder Fernsehen

Ort der Werbung:

die **Zeitung** *newspaper*
die **Zeitschrift** die Illustrierte oder das Magazin
das **Radio**
das **Fernsehen** *television*

Wichtige Handlungen:

kaufen, verkaufen, einkaufen, ankaufen
mieten, vermieten, suchen, finden, feststellen

Wichtige Adjektive:

neu, alt, gebraucht
billig, preiswert günstig
teuer kostspielig

Wichtige Nomina:

die **Ware** was verkauft oder gekauft wird
der **Kunde,** die **Kundin** der Käufer, die Käuferin
die **Marke** z. B. Coca-Cola, Mercedes, VW, Maggi, Bayer
die **Auswahl** (Denken Sie an *wählen!*) verschiedene Marken

Lesetext A: Inserate

Inserate oder Kleinanzeigen gibt es in den meisten deutschen Zeitungen und Zeitschriften. Das ist eine sehr preiswerte Art der Werbung, denn eine Anzeige in einer großen Zeitung kostet wenig und wird von vielen Menschen gelesen. Hier sind Beispiele aus der *SZ (Süddeutsche Zeitung)* aus München.

Verkäufe

Das größte Spezialhaus
1 Lastwagen mit Polstermöbel
zu Sonderpreisen vorrätig
ITAL-BAROCK
nur Landsberger Str. 291
gegenüber S-Bhf. Laim, ☎ 582278

Stilcouch, 300,-, Büroschreibtisch, 150,- ☎288419 ab Montag

Büroauflösung: 2 weiße IKEA-Prinzip-Schreibtische m. Schreibmaschinentisch, 1 weißer Couchtisch, 5 weiße Freischwinger, 2 weiße Schreibtischlampen, 3 IKEA-Billy-Regale (je 90 cm breit), NP 2500,-, VB 1500,-, 1 ATARI-Computer 520 ST + m. umfangr. Software (Textverarb., Adressverw.), 1 Drucker, STAR/15, NP 7000,-, kompl. VB 5000,-, ☎336624 ab Mo. 8 h

BTM
Ihr starker Partner im Büro
Bürom. u. Möbel gebr./neu
● **Elektronische Schreibm. / gr. Ausw.,** Vertragshdl. führ. Marken, gü. Preise.
● **Kopiergeräte führ. Marken,** modernste Technol., ca. 40% weniger Service, brill. Kopie, Superpreis + Leistung
● **Mikrocomp., Textsyst., Datenerf.,** Software, Beratung, Problemlösungen.
● **Büromöbel neu/gebr.,** alle Marken, zu günstigsten Konditionen. Ab Lager.
Eigene große Ausstellung
● **Außerdem führen wir:** Diktierger., Kassen, Anrufbeantw. Adressiermasch., Aktenvernicht., Frankiermasch. usw.
Auch Leasing, Mietkauf, Inzahlungnahme O. preisgü. Büro v. A-Z, Humboldtstr. 8 + 18, Mü. 90, ☎653634 od. 661805

BÜROMÖBEL – ABHOLMARKT
gebraucht u. neu die Riesenauswahl auf 1000 m² sofort zum mitnehmen. **Ankauf,** Inzahlungnahme. **Laufend Sonderangebote fabrikneu zu Tiefstpr. Ausstellungs- und Zweitwahlangebote.** Jetzt neu zusätzlich: **Antiquitäten und exkl. Gebrauchtmöbel.** Landsberger Str. 179, 10-17h Sa. 10-12h Gr. Parkpl.

E s s e n S i e i m m e r n o c h v o m F u ß b o d e n ?
Unser eleganter Acrylglas-Eßtisch wäre für Sie und Ihre Gäste bestimmt angenehmer. Ein exclusives handgearbeitetes Einzelstück wurde bei uns gefertigt, aber nicht abgeholt. Maße: 1,10 × 2,00, Sockel u. Platte 8-eckig, Preis: regulär 7200,– – für Sie 4500,-. Rufen Sie uns an! ☎089/5024875 Westphal & Wehrmeister Wir fertigen nicht nur Eßtische.

Wegen Büroauflösung, mod. Schreibtische, Stühle, Schränke in größerer Anzahl, teilw. fast neu, äußerst günst. zu verk., Besichtg. nach telef. Vereinbarung ab Mo. **☎852659**

Schreibtisch-Winkel-Kombination DM 200,- ☎089/8347031

Küchen Kirsch
Seidlstr. 30–32, München 2
Tel. 089/595855 – Parken im Haus
Der Spezialist für biologische und bäuerlich-rustikale Küchen vom Schreiner

Lackfehlergeräte
Waschautomaten, Geschirrspüler etc. bis 400,- billiger gegenüber der regulären Ware.
Einbaugeräte bis 800,- billiger
EL-HA
8000 München 90, Aschauer Str. 20
Tel. 089/683081-82

Küchen-Einbaugeräte
bis zu DM 800,- gesenkt
wegen kleiner Lackfehler
Volle Garantie und Kundendienst
Gelectra
Bodenseestraße 228 - München 60
Gute Parkmöglichkeiten - S 5 Neuaubing
Telefon 87 03 43

Baumarkt

Verkauf - Verleih!
Bauaufzug, Schalung, Stützen, Träger, Rüttler, Gerüst, Bauwagen, Kompressor
MICHLBAUER BAUGERÄTE
☎ 089/3511963

Zur Vermietung
Baustellen-, WC- und Sanitärwagen, Raumzellen u. Container

Mietdienst Fa. Erich Juraschka
☎ 089/8411751

Zu vermieten
Potain-Krane bis 45 m Ausl., Mini-Raupenbagger m. hydr. Tieflöffel, Kompressoren, Bosch-Elektrohämmer und -bohrer, Aufzüge, Vibrations-Walzen, Platten und Schalungen.
Geierhos & Heyck GmbH, 8 München 83, Woferlstr. 7-17, Mo.-Fr. ☎089/684075

Marmorfliesen
direkt v. Importeur ☎3005947

Frischfisch-Aquarium, zum Verk. von lebendfrischen Fischen geeignet. Ca. 950 Ltr. inkl. Belüftungsagregat. VB 3000,- **☎08231/31300 ab 20 h**

Münchner Spielzeugmarkt
Ankauf - Verkauf - Tausch von alten Eisenbahnen, Puppen, Blechspielzeug, am 4.5.86 v. 10 - 14 Uhr, im HEIDE-VOLM, Planegg (dir. S 6), Bahnhofstr. 51. Veranst.: Georg Brockmann T. 08233/9839

Gebr. Waschstrasse California WS 5, ohne Transportband, günstig abzugeb. ☎0851/52066 Herr Gugler. **Reifen Schwarz, Passau.**

Softeismaschine, orig., caprigrau, neu überh., VB 5500,- ☎08061/7474 ab 18 h

Mehrere Schrumpffolien-Verpackungsmaschinen, gebraucht, bestens gepflegt; **2 Schrägförderbänder,** fahrbar, 4 u. 6 m; zu verkaufen. ☎089/7233006

Verkäufe Musikinstrumente

Klavier Hirsch
Sonderangebote
Tel: 265926
8 MÜNCHEN 2 LINDWURMSTR.1

Klaviere – dann Bechteler
Steinway-Flügel, Bestzust., **Flügel gebr.,** ab DM 3500,-; **N. Klaviere,** ab DM 3600,-; **gebr. Klaviere** ab DM 2000,-; **Mietklaviere** DM 60,-; **Mietflügel** ab DM 100,-; Mietkauf Garant. **Jutastr. 16, 8 Mü. 19, ☎1293933**

Klavier - Reparaturen
u. Überholungen sämtl. Art m. 10 Jhr. Garantie Stimmungen
Piano Service
8 München 60, Graefstr. 70. ☎8346426

Mietklaviere
Große Auswahl – Günstige Preise
Pianohaus Lang
Landsberger Str. 336 – Tel. 563241
(Parkplatz oder S-Bahn Laim)

Verkäufe HiFi-Phono/TV/ Rundfunk/Video

Ihr UHER - Tonbandspezialist
TVC-Service GmbH,
Ubostr. 7, 8000 Mchn. 60
Tel. 089/875499/875254
Inzahlungn. gebrauchter Geräte

TV-HiFi-Video Blitzversand. Wir führen alle Gerätefirmen zu Sonderpreisen. ☎688226 11-13h, 15-17h, Sa 11-14h

Wir besorgen Ihnen fast sämtliche auf dem Markt befindlichen **Stereoanlagen, TV-Geräte u. Videorecorder Fa. ☎154071**

Fernseher ab 50,-, Farbfernseher ab 250,-, werkstattüberholt, mit Garantie! **Fa. Bergmann-TV, ☎779999**

Verk. gebr. Farbfernseher ab 390,- mit Garantie. Fa. Heindl ☎342241/☎333113

Werkst. überpr. **Fernsehgeräte** ab **80,-** RADIO FRÖHLICH. Schellingstr. 100 Rgb.

ÜBUNGEN

1. Was will man durch die Kleinanzeigen erzielen? Machen Sie eine Liste!

Beispiel: Man will Klaviere vermieten.

2. Machen Sie eine Liste von Waren, die man durch diese Inserate verkaufen will!

Beispiel: Möbel

3. Was für Gegenstände kann man in München mieten?

Beispiel: Baugeräte

4. Machen Sie eine Liste von Telefonnummern, die Sie wählen könnten, wenn Sie einen gebrauchten Schreibtisch kaufen wollten!

5. Machen Sie eine Liste von Abkürzungen *(abbreviations)*, die in solchen Reklamen offenbar üblich sind!

Beispiele: ital., Str.

6. Versuchen Sie diese Abkürzungen aufzulösen *(decipher)*!

Beispiele: ital. **italienisch**
Str. **Straße**
v. **von**
Mü. **München**

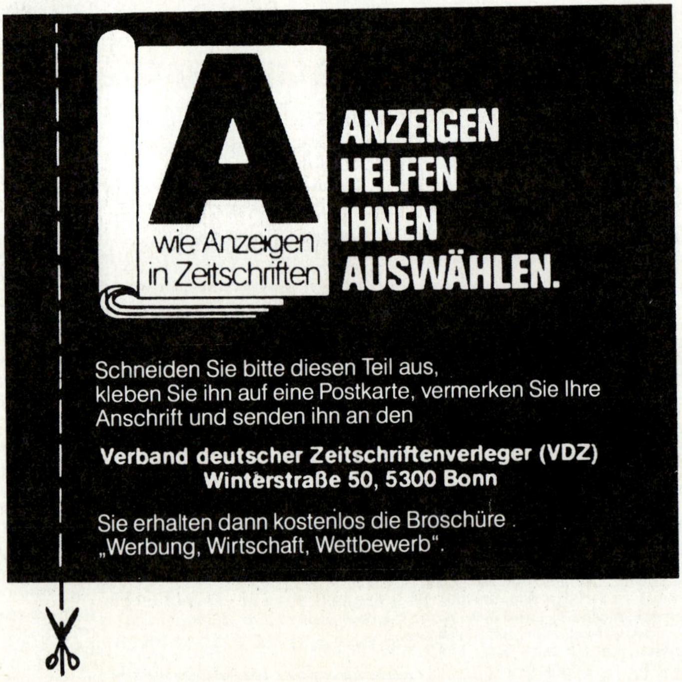

Lesetext B: Wirte zum Schlachten°

Kleinanzeigen können manchmal lustig sein. Robert Lembke, ein berühmter deutscher Fernseh-Quizmeister, bringt folgende unabsichtlich° lustigen Anzeigen in seinem Buch: *Das große Robert Lembke Buch.*

1. „Studentin sucht Zimmer mit Bett, in dem noch Unterricht erteilt werden kann°."
2. „Fleißiger Mann, Witwer°, 47 Jahre alt, in sicherer Stellung, sucht zwecks baldiger Heirat junge Drei-Zimmer Witwe, wenn möglich mit großem Balkon."
3. „Gesucht wird ein Mann, der mit Dynamit umgehen° kann. Er muß sich allerdings darauf vorbereiten, unvorhergesehene° Reisen anzutreten°."
4. „Metzger sucht Wirte zum Schlachten.
5. „Mann in mittleren Jahren, groß, kräftig und mürrisch°, für Beschwerdeabteilung° eines Versicherungsbüros gesucht."
6. In einer westdeutschen Familienzeitschrift beginnt eine Heiratsanzeige mit den Worten: „Von der wahren Liebe enttäuscht, möchte ich jetzt heiraten."
7. „Beamtentochter, 35 Jahre, sucht Ehe, möglichst mit Witwer oder Junggesellen."
8. Paris—Auf einer Campingausstellung wurde ein besonders schönes Zelt mit dem Namen „Flitterwochen°" angepriesen. Im dazugehörigen° Prospekt hieß es: „Luxuriöse Ausstattung°, geeignet für Hochzeitsreisende, Platz für drei Personen."
9. „Madame Hélène Poitier, Modesalon—Heiratsvermittlung. Neueste Pariser Modelle, große Auswahl—Probiersalon."
10. „Williges Mädchen vom Lande sucht Stellung in der Stadt, wo es zu Kindern kommen kann."
11. „Suche Tisch, Bücherregal, Schrank, Bettgestell° für eine Person aus Mahagoni."
12. „Echter Pudel in gute Hände abzugeben. Hat nachweislich° Präsident de Gaulle, Maurice Chevalier, Winston Churchill und Françoise Sagan angebellt°. Preis entsprechend."

slaughter
unintenionally
can be given
widower
handle
sudden, unforeseen
undertake
ill-tempered
complaint department
honeymoon
corresponding / outfit
bedframe
here: it can be proved
barked at

FRAGEN ZU LESETEXT B

1. Inserat Nr. 1 ist lustig, weil es scheint, als ob . . .
   a. die Studentin einen Lehrer suchte.
   b. das Bett unterrichten sollte.
   c. die Studentin im Bett unterrichten wollte.

2. Inserat Nr. 2 ist lustig, weil . . .
   a. das Wort Balkon auch **Busen** bedeutet.
   b. eine Witwe gewöhnlicherweise nur ein Zimmer hat.
   c. Witwer niemals Witwen heiraten wollen.

3. Inserat Nr. 5 ist lustig, weil es scheint, daß . . .
   a. das Versicherungsbüro kräftig ist.
   b. das Versicherungsbüro ungern Beschwerden hört.
   c. ein Mann in den mittleren Jahren nicht kräftig und groß sein kann.

4. Inserat Nr. 8 ist lustig, weil . . .
   a. eine dritte Person auf einer Hochzeitsreise fehl am Platz wäre.
   b. ein Zelt niemals luxuriös sein könnte.
   c. niemand ein Zelt auf einer Hochzeitsreise mitnehmen würde.
5. Inserat Nr. 11 ist lustig, weil . . .
   a. es kein Bettgestell für eine Person gibt.
   b. Tische nie aus Mahagoni hergestellt werden.
   c. eine Person aus Holz lustig wäre.
6. Warum ist Nr. 6 lustig?
7. Warum ist Nr. 9 lustig?
8. Welche Inserate sind wegen ihrer Stil- oder Sprachfehler lustig?

ÜBUNG

Versuchen Sie, einige von diesen lustigen Inseraten zu korrigieren!

Beispiel: „Fleißiger Mann, Witwer, 47, . . . sucht . . . Witwe mit Drei- Zimmer Wohnung mit großem Balkon."

Besser oder nicht?

Lesetext C: Ein kleiner Werbungskrieg

Vor kurzem hat man folgendes im deutschen Fernsehen erleben können: Szene: Eine Schnellimbißbude° am Strand°. Untertitel—NEW YORK CITY. Eine athletische, junge Frau im Badeanzug geht an den Ausschank°. Man hört eine freundliche Männerstimme: „What's your drink?" Die Frau dreht sich strahlend° zur Kamera um. Sie trägt vier große Papierbecher Pepsi-Cola; drei in den Händen und einen zwischen die Zähne geklemmt°. Weiß Gott, wie sie das fertigbringt°! „Pepsi, it's America!" sagt die freundliche Männerstimme. Derselbe Text erscheint als Untertitel. In diesem ganzen, etwa 20 Sekunden dauernden Werbespot ist kein Wort Deutsch zu hören oder zu lesen.

Die deutsche Getränkeindustrie läßt sich das nicht gefallen. Wenige Wochen nach dem Erscheinen des TV Werbespots über Pepsi erscheint die umseitige Werbung im *Spiegel* und anderen deutschen Zeitschriften.

fast-food stand / beach
counter
beaming
clenched
manage

FRAGEN ZU LESETEXT C

1. Wie heißt der junge Mann in der *afri cola* Werbung?
2. Wie alt ist er?
3. Wogegen hat er nichts?
4. Aus welcher Stadt kommt wohl dieser Junge?
5. Welche Vergleiche stellt Franz Bauer auf?
6. Wie viele englische Wörter können Sie in diesem Text finden? Machen Sie eine Liste! Finden Sie es merkwürdig, daß es ausgerechnet in dieser Werbung Englisch gibt? Warum?
7. Was ist **die deutsche Alternative?**
8. Wozu ist das Getränk eine Alternative?

9. **Steh nun mal auf** bedeutet . . .
   a. *insist on.*
   b. *buy.*
   c. *be proud of.*
   d. *all of the above.*

10. **Jeder nach seinem Geschmack** bedeutet . . .
   a. *it is everybody's taste.*
   b. *each according to his taste.*
   c. *we are all after taste.*
   d. *they all taste the same.*

ÜBUNGEN

1. Schreiben Sie eine Fernseh-Reklame für *afri cola*. Benutzen Sie als Vorlage die Reklame auf S. 88.

   Beispiel: Szene: 17jährige Schülerin in Jeans und Punkerfrisur bummelt mit ihrem Freund über den Flohmarkt. Beide halten *afri* Flaschen.
   SUSANNE: Du, mir schmeckt dieses deutsche Cola einfach toll! Dir nicht?
   FRITZ: Doch, natürlich! Die Ami-Colas sind schon o. k., aber unser *afri*, das ist Spitze. Das macht uns keiner nach *(imitates)!*

2. Machen Sie eine Liste von Getränken, die man in Deutschland kaufen kann.

   Beispiele: Bier, Wein

3. Ordnen Sie die obige Liste in zwei Listen ein! Eine Liste für alkoholische und eine für nichtalkoholische Getränke!
4. Schreiben Sie eine kurze Zeitschriftenreklame für kalifornische Weine. Ihre Reklame soll möglichst viele Deutsche dazu bewegen *(induce)*, kalifornische Weine mal zu versuchen.

Ergänzen Sie aus Ihrer eigenen Erfahrung!

Ich, ________ ________ , ________ , steh nun mal auf ________ ________ ________ . Gut, ________ist toll, aber ich finde ________ besser. Ich treffe lieber mit ________ in ________ ________ als mit irgendein__ ________ in ein__ ________ . Bummle lieber ________ ________ ________ als ________ ________ . Esse lieber ________ als ________ und ________ . Und überhaupt: was sind schon ________ gegen ________ ________ meiner Mutter! Und was ist schon irgendein__ ________ gegen unser ________ ________. Made in ________ .

Lesetext D: Werbesprüche

Nachfolgend finden Sie einige Werbesprüche und Slogans für verschiedene Marken und Produkte. Einige Marken sind amerikanisch, einige sind deutsch und andere sind weder amerikanisch noch deutsch. Werbesprüche sind sehr wichtig für eine Firma, denn sie können dazu beitragen°, daß sich potentielle Kunden ein positives Bild von der Firma machen. Werbesprüche sind meistens

° *contribute*

bontempi
Der einfachste Weg in die Welt der Musik
"Unsere Käse. Köstlich wie vielfältig!"
Schreib mal wieder...
Post
KRUPS
Austin Metro. Klein, aber oho.
SUBARU
Spitzentechnik aus Japan
PAN AM
Pan Am. Erleben, was Erfahrung heißt.
SONY
TRINITRON
-TV
BERATUNG
VERKAUF
SERVICE
LINIE. LOGIK. LEISTUNG.
SIERRA
Ford
AMERICAN EXPRESS
Die American Express Karte.
Bezahlen Sie mit Ihrem guten Namen.
Wenn's um Geld geht – Sparkasse
Jägermeister. Einer für alle.
OSRAM
HELL WIE DER LICHTE TAG.
Agfa hält das Leben fest.
AGFA-GEVAERT
Agfa
WEINBRAND WINKELHAUSEN
WEICH IM GESCHMACK, VON EDLER ART.
Das neue Polo Coupé.
Spaß nach Maß.
V·A·G
Bei Ihrem V.A.G Partner.
MATTEL ELECTRONICS
INTELLIVISION
Mehr Spaß durch bessere Technologie.
Marlboro. Der Geschmack von Freiheit und Abenteuer.

sehr kurz. Die besten Slogans erwecken Vertrauen und den Wunsch, das Produkt zu besitzen oder wenigstens zu versuchen. Ein attraktives Firmenzeichen und ein kräftiger Werbespruch geben einer Firma ein gutes Image. Deutsche Firmen erstreben° ein Image für Zuverlässigkeit° und Vertrauenswürdigkeit°. Der deutsche Kunde legt großen Wert auf° Qualität und Dauerhaftigkeit. Der amerikanische Kunde dagegen will das Neue und das Schöne haben. Amerikanische Firmen, die in Deutschland erfolgreich sind, haben deshalb ihre Werbung in der BRD oft radikal geändert. Deutsche Kunden lernen Pan Am und Ford, zum Beispiel, durch Reklamen kennen, die Leistung, Technik und Erfahrung unterstreichen.

aim for
dependability / trustworthiness
Wert legen auf *to value*

ÜBUNGEN

1. Welche Werbesprüche kommen von deutschen Firmen?
   a. Welche Firmen sind amerikanisch?
   b. Welche sind weder amerikanisch noch deutsch? Wissen Sie, woher diese anderen Firmen kommen?
2. Unten stehen zwei Listen. In der ersten Liste werden Marken angeführt, in der zweiten Produkte. Die Marken und Produkte sind unter den Werbesprüchen zu finden. Verbinden Sie Marke mit Produkt.

Marken	**Produkte**
bontempi	Käse
Krups	Autos
Pan Am	Weinbrand *(brandy)*
Subaru	Glühbirnen *(light bulbs)*
Osram	elektrische Geräte
Marlboro	Orgeln
Intellivision	Filme
Agfa	Videospiele
American Express	Zigaretten
Ford	Kredit
Austin	Transport
Mercedes Benz	
Winkelhausen	

3. Stellen Sie sich vor, Sie wollen amerikanische Produkte in der BRD verkaufen! Versuchen Sie, je einen Werbespruch für folgende amerikanische Firmen oder für die Firma Ihrer Wahl zu erfinden:
   IBM, TWA, GM, ITT, Xerox, Kodak, Prudential, Chase Manhattan, Burger King, Coors

Lesetext E: Manipuliert uns die Werbung?

Reklamen sieht man an Plakatsäulen°, Häuserwänden, Schaufenstern, Innen- und Außenflächen von Verkehrsmitteln. Marken- und Warennamen werden von Flugzeugen als Rauchspur an den Himmel geschrieben. Rundfunk und Fernsehen verbreiten° täglich mehrere Stunden lang Angaben° über industrielle Erzeugnisse°. Prospekte und Postwurfsendungen erreichen Zehntausende von Haushaltungen. Vor jedem Spielfilm laufen Werbefilme ab. In Zeitungen und Zeitschriften ist der Raum, den die Anzeigen einnehmen, zumeist° größer als der redaktionelle° Teil. Es gibt Beispiele dafür, daß das Wirtschaftsleben ohne Werbung durch Anzeigen stagniert. Bei dem Streik der New Yorker Drucker im Winter 1962/63, als monatelang keine Zeitungen erschienen, wurden weniger Waren verkauft und weniger Theater und Kinos besucht als in normalen Zeiten.

Ernest Dichter, einer der bedeutendsten und erfolgreichsten Werbefachleute der Gegenwart, ist es, der die Motivforschung in den Dienst der Werbung gestellt hat. Er hat das „Institute for Motivational Research“ in Croton-on-Hudson im Staate New York gegründet. Es ist sein Verdienst°, die Tatsache ins Bewußtsein° gehoben zu haben, daß den Waren eine symbolische Kraft eignet°, daß Waren ein „Geschlecht°“ haben, z. B. Kuchen ein weibliches, Fleisch ein männliches. Er möchte, daß die Menschen mit der biblischen Anschauung° brechen, wonach der Mensch sein Brot im Schweiße seines Angesichts° essen muß. Er sucht nach Mitteln und Wegen, die Menschen von den traditionellen Schuldgefühlen zu befreien°, die ihnen beim Genuß° von Wohlstand und Überfluß° im Wege stehen. „Mit den modernen Methoden des Motivationsdenkens und der Sozialforschung müssen wir in den Menschen eine konstruktive Unzufriedenheit schaffen°.“

Ein aufsehenerregender° Protest gegen die tiefenpsychologischen Werbemethoden war das Buch *The Hidden Persuaders* von dem amerikanischen Soziologen Vance Packard, das 1958 in der Bundesrepublik unter dem Titel *Die geheimen Verführer* herauskam. Packard behauptet, die Bürger würden von geschäftstüchtigen° Unternehmern° und ihren Persuaders, Überredern, „Verführern“ auf tiefenpsychologischem Wege „manipuliert“. Packard verurteilt° schon den Versuch, Menschen einem fremden Willen zu unterwerfen°, indem tiefenpsychologische Einsichten° ausgenutzt° werden. Dem widerspricht° Dichter. Seiner Meinung nach kann man keinen Verbraucher „manipulieren“. Seine Ansichten laufen auf den Satz hinaus: Das Publikum will es so.

advertising pillars
spread
announcements / products
usually / editorial
achievement / consciousness
is inherit in
gender
view
by the sweat of his brow
liberate / enjoyment / wealth and abundance
create
sensational
smart
entrepreneurs
condemns
subjugate / insights / exploited
opposes

Die Proteste gegen die Werbung und die Verteidigung° der Werbung sind gleichermaßen heftig°. Der englische Historiker Toynbee hat erklärt, die Zukunft des Abendlandes hänge mehr ab vom Kampf gegen alles, was Madison Avenue repräsentiert, als vom Kampf gegen den Kommunismus. Die Diskussion wird auch mit politischen Argumenten geführt; Gegner der Werbung gelten leicht als bewußte oder unbewußte Anhänger des Kommunismus. Die meisten Kritiker der Werbung scheinen mit der Welt ganz zufrieden, wenn nur nicht die Werbetexter ihre fatalen Sprüche so laut hinausschrien.

defense
vehement

Zu jeder Werbung gehören aber zwei: der Werber und der Umworbene°, und man sollte sich doch auch den Umworbenen einmal ansehen. Die Werbung hat das Wertsystem unserer Gesellschaft nicht geschaffen, sie spricht es naiv aus, verstärkt es dadurch zweifellos ständig°. Aber sie ist sekundär oder tertiär. Es kommt darauf an°, das Primäre zu sehen und womöglich zu ändern.

prospect
constantly
it is a matter of

Die Werbung arbeitet sehr stark gegen die Emanzipation der Frau. Sie bildet die Frau in drei Rollen ab: erstens als Luxusgeschöpf, Mätresse, Sexualbeute° des Mannes; zweitens als Hausfrau; drittens, wenn schon als berufstätige° Frau, dann als Sekretärin. Die Werbung zeigt auch oft Rassismus, indem sie weiße Männer mit schwarzen Geliebten abbildet°, selten aber weiße Frauen mit schwarzen Geliebten.

sex object
professional
depicts

Noch ein Beispiel ist die Autoreklame. Sie betreibt seit Jahren eine unfaßbare° Kampagne für schnelles Fahren. Die Exekutiven und Legislativen des Landes sind seit Jahren zu feige°, zu dem einzig effizienten Mittel gegen den „zuschlagenden° Verkehrstod" zu greifen: einer Geschwindigkeitsbegrenzung°.

inconceivable
cowardly
increasing
speed limit

Die Werbung stellt uns den cleveren, allwissenden, jungen, smarten, strahlenden Übermenschen vor. Die Realität ist genauso schlimm wie dieses Bild: Das siegesbewußte° Lächeln dieses Übermenschen ist eine Maske der Erbarmungslosigkeit° unserer Gesellschaft.

smugly confident
mercilessness

Die Sprache der Werbung ist sofort an der Wortwahl erkennbar. In Werbetexten findet man immer wieder folgende Strategien:

a. steigernde Komposition,
b. Entkonkretisierung,
c. aufwertende Appellative,
d. Benennung der Waren mit Hochwertwörtern,
e. Charakterisierung durch hoch-wertende oder superlativische Adjektive,
f. Superlativ und Komparativ.

a. Steigernde Komposition

Steigernde Komposition erstrebt° eine Aufwertung des Wortinhalts durch Wortelemente, wie z. B. aktiv-, all-, doppelt.

strives for

aktiv-

Aktiv-Lecithin (biovital, Stärkungsmittel)—Aktivstoff (Panteen, Haarwasser, *Aktivstoff gegen Schuppen°*) — *dandruff*

all-

Allgasherd° (Junker + Ruh)—Allwasch-Automatik (Bauknecht, Waschmaschine)—Allwaschmittel (Amba) — *stove*

doppel(t)-

Doppelbeutel° *(Teefix bietet doppelten Vorteil! Nur Teefix hat den Doppelbeutel)*—Doppeleffekt (Apuli, Wäschestärke, *mit dem neuen Doppeleffekt)*—Doppelmesserköpfe (Remington, Rasierapparat)—Doppelpaket (Omo, Waschmittel)—Doppelrahm° (Kraft, Käse, *doppeltrahmig, doppeltfein)* — *bag*; *cream*

Familien-

Als quantitativ steigerndes Bestimmungswort wird das Wort Familie benutzt. Es gibt besonders große Stücke Seife: *Familienstücke*. Eine sehr große Flasche Coca-Cola wird *Familienflasche* genannt. Das Waschmittel Omo gibt es im *Doppelpaket*, im *Riesenpaket*, im *Familienpaket*. Das letzte ist das größte. Das Haarwasser Diplona wird in der *Reiseflasche*, in der großen *Familienflasche* und in der größten Flasche, der *Riesenflasche*, verkauft.

Riesen-

Riesendose (Glücksklee, Dosenmilch)—Riesenflasche (Lux, Reinigungsmittel; Diplona, Haarwasser)—Riesenkofferraum (Opel Rekord)

Das Wort *Riesenauswahl* ist meist in den kleineren Anzeigen von Versandgeschäften zu finden.

Sonder-

Sonderanfertigung—Sonderangebot—Sonderpreis—Sonderqualität

Das Wort *Sonder-* ist im Begriffe, eine Bedeutungsverschlechterung durchzumachen. Es ist schon ein Synonym für *billig.*

b. Entkonkretisierung

Eine weitere Art der semantischen Aufwertung besteht in der Tendenz der Entkonkretisierung. Man geht von der herkömmlichen° Sachbezeichnung° eines Konkreten wie *Zahnpasta, Bohnerwachs°, Badezusatz°, Haarwaschmittel* ab und wählt für sie Abstrakta *Kosmetik* oder *Pflege (Zahnkosmetik, Haarpflege).*

usual, traditional / term
floor wax / bath salts

Kosmetik

Wäschekosmetik (Burnus, Seife)—desodorierende Kosmetik (8 × 4, Seife, Deodorant)—Haarkosmetik (Enden, Polycor, Wella, Haarpflegemittel)

Pflege

Diplona die wirksame Haarnährpflege (Haarwasser)
die neuzeitliche Bodenpflege (Gliz, Bohnerwachs)
die vierfachfeine Kinderpflege (Babyfein, Creme, Puder für Säuglinge°)

infants

c. Aufwertende Appellative

Seit Jahren wird die Tendenz beobachtet, Läden, Handwerksbetriebe° und Institutionen durch gute Bezeichnungen aufzuwerten°. Hier werden Wörter gewählt, die auf ein größeres Format oder eine großzügigere° Anlage der Sache schließen lassen. Ein Blumenladen nennt sich *Blumen-Studio,* ein Schuhmacher seinen Laden *Schuhbesohlungsanstalt.* Neuerdings gibt es *Schuh-Bars* (man kann auf die Erneuerung von Absätzen° warten). Autos werden in *Verkaufssalons* verkauft. Ein Friseurladen heißt nunmehr mitunter° *Dauerwellen-Institut,* ein Kosmetiksalon *Kosmetik-Institut.* Geschäfte streben die Bezeichnung *Fachgeschäft* an: Ein *Milchfachgeschäft;* es gibt den Slogan: Mehl aus dem *Bäckerfachgeschäft.*

craftsmen's shops
enhance
more generous
heels
sometimes

d. Benennung der Waren mit Hochwertwörtern

Waren wurden früher und werden auch heute manchmal naiv und etwas grotesk benannt: *Antifloh* (Tierbürste)—*Brunstschrei°* (Zigarre)—*Kiklo* (Kinderklosett)—*Saufometer* (Prüfgerät für Alkoholgehalt des Blutes)—*Scandale* (Büstenhalter°)—*Verlobungsbeschleuniger°* (Pfefferminz)

mating call
bra
engagement "accelerator"

Die Tendenz der Werbung geht jedoch im allgemeinen dahin, wohlklingende, „schöne", „romantische" Namen zu verwenden: *Poesie Fee°, happy days, Jolly* (Erzeugnisse der Miederwaren°fabrik Triumph)—*Würziger° Sommerwind, Edle Hölzer* (Ikebana,

fairy / undergarments
spicy

Seife)—*Tropen Nectar* (Plantos, Fruchtgetränk)

Diese Namen stellen die Ware in einen angenehmen Assoziationskreis; ihr Wortinhalt hat eine innere Beziehung zum Wesen der Ware.

Der Duft° der Seife soll an edle Hölzer, an Sommerwind erinnern, die Freizeitkleidung *happy days* soll in glücklichen Tagen getragen werden. Wenn aber Substantive wie *Krone* oder *Diamant* zu Warennamen für eine Zigarette und eine Mehlsorte erhoben werden, dann kommt eine Aufwertung dadurch zustande, daß gewöhnliche Waren mit Wörtern benannt werden, die etwas Seltenes und Kostbares° bezeichnen. Solche Wörter, die etwas Wertvolles bezeichnen und zu Warennamen verwendet werden, sollen hier *Hochwertwörter* heißen. Auch Rangbezeichnungen, Titel dienen zu Warennamen. Mitunter besteht ein groteskes Mißverhältnis zwischen der Sache und dem Namen, so z. B., wenn eine Hühnerkonserve den Namen *Monarch* trägt (aus den USA).

scent / *precious*

Adelstitel: *Lady* (Uhr)—*Lord Extra* (Zigarette)—*Princess* (Seife)

Bezeichnungen für hohe soziale Positionen: *Admiral* (Opel Admiral, Kraftwagen)—*Ambassador* (NordMende, Fernsehgerät)—*Attaché* (Zigarre)

e. Charakterisierung durch hochwertende oder superlativische Adjektive echt

Rauch 'ne Echte, rauch Eckstein—echter Chantré (Leisten Sie sich echten Chantré!)

Wie werbewirksam *echt* ist, zeigt sich daran, daß Kunststoffe als echt bezeichnet werden: *echt Perlon—aus echtem Getalit* (Bornhold, Küchen).

Handtaschen aus einem Kunststoff namens Skai wurden lange Zeit als *echt Skai* und *original Skai* angeboten. Der Firma wurde die Auszeichnung° des Kunststoffes als echt untersagt°. Das Urteil des Bundesgerichtshofes führte aus°, das Wort *echt* lasse eine Lederart vermuten°.

praising / forbidden / *explained* / *think of, conclude*

extra

extra delikat (Milkana, Käse)—*extraflach* (Marvin, Jaeger-LeCoultre, Uhren)—*extragroße Türen* (Ford Taunus, Kraftwagen)—*extra-mild* (Palmolive, Seife)

gut

Fiat—ein guter Name (Kraftwagen)—*Stollwerck, gute Schokolade—gut, weil von Kodak—der gute Pott, der beste Pott* (Rum)

f. Superlative

Der grammatische Superlativ, wohl die älteste und beständigste° Form aller Wirtschaftswerbung, wird überaus° häufig gebraucht. Es wären mühelos Hunderte von Beispielen beizubringen. Er ist dasjenige Sprachmittel, das am leichtesten zu einem Vergleich

most constant / *quite*

mit dem Konkurrenten, zur Alleinstellung und zur Diskriminierung des Konkurrenten dient. Um mit dem Gesetz nicht in Konflikt zu kommen, greift° die Werbung zu Tricks wie diesem: *Aber auch bei den Cognacs gibt es besondere, noch bessere und die Besten. Ein überzeugender Beweis dafür—der beste wahrscheinlich—ist der Cognac Monnet aus Cognac.*

greift: resorts to

Komparativ

Neben dem Superlativ greift die Werbung sehr oft zum Komparativ eines Adjektivs, und zwar wird der Bezugspunkt° meist verschwiegen°. Auch mit dem Komparativ läßt sich Alleinstellungs- und Superlativwerbung betreiben°: *Nimm X, es gibt nichts Besseres.*

Bezugspunkt: point of reference; verschwiegen: kept quiet, not mentioned; betreiben: to perpetrate

Es gibt einfach nichts Besseres für die Haut (Nivea, Creme). *Können Sie sich für Ihre Wohnung etwas Besseres denken als Dralon?*
Nichts reinigt besser als die einzigartige Alkohol-Zahncreme Duro 35.

Man kann aus folgenden Werbesprüchen Anspielungen° auf die Konkurrenz heraushören°:

Anspielungen: allusions; heraushören: detect

Maßarbeit ist besser. Maßarbeit ist Wertarbeit.
Die Waldorf (. . .) hat drei gute Eigenschaften°, die zusammen keine andere Zigarette dieser Preislage bietet: Sie ist länger—Sie sehen es sofort. Sie ist leichter. Und sie schmeckt.

Eigenschaften: qualities

Im Stern *steht mehr.*
Glem Ei (. . .) wäscht Ihr Haar voller, die wertvollere Haarwäsche.
Zeiss (. . .) schenkt Ihnen bessere Fotos.
Quantas 707 V-Jets starten rascher, steigen höher und fliegen schneller.
schneller und angenehmer fliegen (Air France)
nur die, ein eleganter Strumpf, der länger hält.

(Aus: Ruth Römer, *Die Sprache der Anzeigenwerbung*. Schwann, Düsseldorf, 1971)

FRAGEN ZU LESETEXT E

1. Warum werden Adelstitel oft als Warennamen gewählt?
2. Was ist wohl ein Fliesenstudio?
3. Was erwarten Sie von einer Hühnerkonserve namens „Monarch"?
4. Was wäre von einem Café mit dem Namen „Café Kaiser" zu erwarten?
5. Welches ist grösser: eine Familienflasche oder eine Riesenflasche?
6. Wo kann man sich eine Haarverpflanzung machen lassen?
7. Wo sieht man heutzutage Reklamen?

8. Wo ist die „Insel der Götter"?
9. Ist Vance Packard ein Verteidiger oder ein Gegner der Werbung?
10. Warum sind im Winter 1962/63 in New York keine Zeitungen erschienen?
11. Was ist wohl eine „fahrende Glaserei"?
12. Was wird von der Firma Keiper Recaro hergestellt?
13. Wo gibt es ein Bierlokal zu kaufen?

ÜBUNGEN

1. Suchen Sie in deutschen und amerikanischen Zeitungen und Zeitschriften Beispiele für andere steigernde Elemente!

   Beispiele: super-, voll-, ultra-, Wunder-, Spitze

2. Suchen Sie andere Beispiele für aufwertende Appellative!
3. Suchen Sie englische und deutsche Beispiele für Hochwertwörter!
4. Suchen Sie Beispiele für den Gebrauch von Superlativen und Komparativen in der deutschen Werbung!
5. Suchen Sie Beispiele für den Versuch „in den Menschen eine konstruktive Unzufriedenheit" zu schaffen!

ZUR DISKUSSION

1. Meinen Sie auch, daß die Werbung gegen die Emanzipation der Frau arbeitet? Können Sie Beispiele vorzeigen oder davon erzählen?
2. Stimmen Sie der Autorin zu, daß die Werbung manchmal Rassismus zeigt? Können Sie Beispiele dafür oder dagegen bringen?
3. Was meinen Sie? Manipuliert uns die Werbung?

6

Die Nazi-Zeit: Wer trägt die Schuld?

VORSCHAU

1. Was wissen Sie über den Nationalsozialismus? Wann war die Nazi-Zeit? Welche Namen und Wörter fallen Ihnen ein, wenn Sie an diese Zeit denken? Machen Sie eine Liste!

Beispiele: SS (Schutzstaffel)
Gestapo (geheime Staatspolizei)
Faschismus
Dachau

Das offizielle „*Führerbild*", das in Schulen, Amtsstellen und Diensträumen hing.

(Aus: Zentner, *Illustrierte Geschichte des Dritten Reiches)*

Die Mutter Clara Hitler

(Aus: *Informationen zur politischen Bildung, 123, 126, 127 (1980), „Nationalsozialismus."* Bonn: Bundeszentrale für politische Bildung)

Claus Graf Schenk von Stauffenberg

(Aus: „*Gedenkstätte Plötzensee. Berlin.*" Berlin: Landeszentrale für politische Bildungsarbeit, 1972)

2. *Verbinden Sie die historischen Namen in der linken Spalte mit den Funktionen/Positionen dieser Personen!*

Adolf Hitler
Joseph Goebbels
Winston Churchill
Joseph Stalin
Heinrich Himmler
Eva Braun
Charles de Gaulle
Hermann Göring
Franklin D. Roosevelt
Maria Anna Schicklgruber
Benito Mussolini
Anne Frank
Rudolf Hess
Erwin Rommel
Claus Graf Schenk von Stauffenberg

a. Präsident der Vereinigten Staaten von Amerika, 1933–45
b. Großmutter Adolf Hitlers
c. Geliebte und—kurz vor dem gemeinsamen Tod—Ehefrau Hitlers
d. Reichsführer der SS, 1929; Chef der Geheimen Staatspolizei, 1935; Chef der deutschen Polizei, 1936; Reichsinnenminister, 1943; Hauptorganisator der Konzentrationslager, der Judenvernichtung *(extermination of Jews)* und des Terrors gegen die politischen Gegner des NS-Regimes
e. Premierminister von Großbritannien, 1940–45
f. Reichsmarschall, 1940–45
g. Führer der faschistischen Partei Italiens und Regierungschef 1922–43
h. Reichsminister für Volksaufklärung und Propaganda
i. Diktator des Dritten Reiches, 1933–45
j. General in der französischen Armee—Führer der französischen Widerstandsbewegung
k. Oberst in der Reichsarmee—plante das Attentat auf Hitler und führte es am 20. Juli 1944 aus
l. Generalsekretär und Vorsitzender der kommunistischen Partei, Diktator der Sowjetunion, 1930–53
m. Autorin eines Tagebuchs über die Flucht ihrer Familie vor den Nazis
n. Reichsminister und Stellvertreter *(deputy)* des Führers; 1941 Flug nach Großbritannien, um mit England Frieden zu schließen; 1946 zu lebenslänglichem Gefängnis *(prison)* im alliierten Gefängnis in Spandau verurteilt
o. Generalfeldmarschall und Führer des deutschen Afrikakorps—später Mitglied der Widerstandsbewegung

3. Lesetext A ist eine Teilbiographie Adolf Hitlers. Welche Informationen erwarten Sie in einer Biographie? Machen Sie eine Liste!

Beispiele: das Geburtsdatum
den Namen der Eltern

4. Ohne Lesetext A erst gründlich zu lesen, suchen Sie darin folgende Daten und schreiben Sie, was sich an diesen Daten ereignet hat!
   a. Was geschah 1905?
   b. Was ereignete sich am 21. Dezember 1907?
   c. Wo lebte Adolf Hitler von 1909 bis 1913?
   d. Wohin ging Hitler 1913?
   e. Was geschah am 5. Februar 1914?
   f. Warum ist der 1. August 1914 ein wichtiges Datum?
   g. Warum war der 4. August 1918 ein wichtiger Tag in Hitlers Leben?
   h. Welches Programm begann Hitler im November 1919 als Werbeobmann *(person in charge of publicity)* der Deutschen Arbeiterpartei (DAP)?

Lesetext A: Adolf Hitler—Jugend und Soldatenzeit

Hitlers Abstammung° liegt noch immer im Halbdunkel. Geboren wurde er am 20. April 1889 im „Gasthaus zum Pommer" in der kleinen österreichischen Stadt Braunau am Inn. Der Vater ist ein 52jähriger österreichischer Zollbeamter°, der noch 12 Jahre vor der Geburt seines Sohnes Adolf den Namen Schicklgruber getragen hat. Zur Herkunft° dieses Alois Schicklgruber gibt es heute mehrere Versionen, von der aber keine mit absoluter Gewißheit° als richtig gelten kann.

origin
customs official
origin
certainty

Vorgeschichte: Wer war Hitlers Großvater?

Am 7. Juni 1837 gebar° die 42jährige ledige Magd° und Köchin Maria Anna Schicklgruber (die Großmutter des späteren Führers) einen Knaben°, eben jenen Alois. Der Vater des Kindes blieb unbekannt. Fünf Jahre später heiratet sie den wandernden Müllergesellen° Johann Georg Hiedler. Der Name dieses Mannes steht später in der „Ahnentafel°" Adolf Hitlers als der seines Großvaters. Hitlers Vater trägt aber noch bis zum Jahre 1876 den Namen seiner Mutter. Sein angeblicher Vater Johann Georg hat bis dahin nie daran gedacht, dem Alois, der doch angeblich sein Sohn ist, auch seinen Namen zu geben.

Eine andere Version über Hitlers Abstammung besagt, daß sein Großvater Jude gewesen sei. Bis kurz vor der Geburt von Hitlers Vater arbeitete die Köchin Schicklgruber nämlich in einem jüdischen Familienhaushalt mit Namen Frankenberger. Und dieser Frankenberger hat für seinen Sohn 14 Jahre lang der Schicklgruber Alimente bezahlt. Es ist also nicht vollkommen° ausgeschlossen, daß der Vater Hitlers Halbjude war.

gave birth to / maid
boy
journeyman miller
family tree
completely

Hitlers Kindheit und Jugend

Der Zollbeamte Alois Hitler (Adolf Hitlers Vater) heiratet mit 48 Jahren ein drittes Mal—diesmal seine 25jährige Nichte, Klara Pölzl. Wegen der engen Verwandtschaft ist eine besondere Heiratserlaubnis der Kirche notwendig.

Nacheinander° werden die Kinder Gustav und Ida geboren, die jedoch schon im frühen Alter sterben. Danach kommt am 20. April 1889 das dritte Kind zur Welt, ein Knabe, der auf den Namen Adolf getauft wird. Adolfs jüngerer Bruder Edmund stirbt ebenfalls schon als Kind. Aus dieser dritten Ehe des Alois Schicklgruber-Hitler bleiben nur Adolf und seine jüngste Schwester Paula am Leben.

one after the other

1895 läßt Hitlers Vater sich vorzeitig pensionieren° und setzt sich in Leonding, einem Vorort von Linz, zur Ruhe°. Als Adolf Hitler 13 Jahre alt ist, stirbt der Vater.

sich pensionieren lassen *to retire*
sich zur Ruhe setzen *to settle into retirement*

Während Hitler in der Volksschule° noch gute Leistungen aufzuweisen° hatte, ändert sich das, als er mit 10 Jahren die Realschule° in Linz besucht. Adolfs Schulleistungen werden immer schlechter. Er wird nicht versetzt°. Auch ein Wechsel an die Staatsrealschule in Steyr ändert nichts mehr. 1905 verläßt Adolf Hitler die Schule

elementary school
to show / secondary school
promoted to a higher grade

Unterstand in Fournes. Zeichnung Adolf Hitlers als Frontsoldat.

(Aus: Kurt Zentner, *Illustrierte Geschichte des Dritten Reiches*, S. 42)

ganz, ohne eine Abschlußprüfung zu machen. 1907 kann er die Aufnahme in die Wiener Akademie der Bildenden Künste° nicht erreichen. Ein Jahr später, 1908, versucht Hitler es noch einmal, aber diesmal wird er gar nicht erst zur Prüfung vorgelassen°.

fine arts
admitted

Inzwischen—am 21. Dezember 1907—ist Hitlers Mutter gestorben, wodurch nun deren Witwenpension° wegfällt, von der auch Hitler bislang gelebt hat.

widow's pension

Hitler geht nach Wien und schlägt sich dort vier Jahre lang, bis 1913, unter widrigsten Umständen° durchs Leben°. Hitler gibt sein möbliertes Zimmer auf, schläft im Freien auf Parkbänken, landet im Asyl für Obdachlose° und übersiedelt° schließlich in ein Männerheim. Hier malt Hitler Wiener Ansichten°, die ein Freund in Caféhäusern und auf Jahrmärkten° verkauft. Außerdem malt er Plakate und Vorlagen° für Zeitungsanzeigen und Reklamezettel. Hitler behauptet in *Mein Kampf*, daß er in diesen vier unglücklichsten Jahren sein Weltbild „abschließend" formte und mehr lernte als sonst in seinem Leben.

most adverse circumstances / sich durchs Leben schlagen *struggle through life*
homeless / *moves*
views of Vienna (postcards)
fairs
models

1913 geht Hitler nach Deutschland, nach München, weil er glaubt, sich dort seiner Wehrpflicht° entziehen° zu können. Die österreichischen Behörden° finden ihn jedoch. Er muß zur Musterung° nach Salzburg zurückkommen. Am 5. Februar 1914 wird er wegen seines schlechten Gesundheitszustandes° für militäruntauglich° erklärt.

conscription / *evade*
authorities / *military-fitness exam*
state of health / *unfit for military service*

Hitlers Soldatenzeit

Ein halbes Jahr später trägt Hitler doch Uniform—aber die eines bayerischen Regiments. Am 1. August wird in Deutschland die Mobilmachung verkündet°, am Tag darauf beginnt der Erste Weltkrieg. Hitler meldet sich sofort freiwillig, obwohl er staatsrechtlich Ausländer ist. Er wird angenommen und kommt zur 1. Kompanie des 16. Bayerischen Reserve-Regiments.

proclaimed

Hitler selbst ist während des ganzen Krieges Meldegänger° beim Regimentsstab°. Ende 1914 wird er mit dem Eisernen Kreuz° II. Klasse ausgezeichnt. Zwei Jahre später, im Oktober 1916, kommt er das erste Mal nach Deutschland zurück. Er ist am Bein verwundet worden und muß ins Lazarett°. Im März 1917 geht er an die Front zurück. Er ist inzwischen zum Gefreiten° befördert° worden.

messenger
regimental headquarters / *Iron Cross*
military hospital
corporal / *promoted*

Am 4. August 1918 wird dem Gefreiten Hitler das Eiserne Kreuz I. Klasse verliehen, eine ungewöhnliche Auszeichnung° für einen einfachen Soldaten. Hitler hat sich also im Fronteinsatz° besonders durch persönliche Tapferkeit hervorgetan°. Um so verwunderlicher ist, daß er bis zum Schluß des Krieges Gefreiter bleibt und nicht einmal Unteroffizier° wird.

decoration
service at the front
excelled
noncommissioned officer

Hitlers Eintritt in die Politik

Bei Kriegsende wurde Hitler „Verbindungsmann°" des Gruppenkommandos 4. Der Inhalt seiner Vorträge, die er vor Soldaten zu halten hatte, setzte sich aus seiner in Wien gewonnenen „Weltanschauung°" und den aus der Bitterkeit über den verlorenen Krieg entstandenen Ressentiments zusammen. Hitler zeigte sich bereits in diesen ersten Reden als fanatischer Antisemit. Er verlangte kategorisch die „Entfernung der Juden" und lehnte gleichzeitig die Republik ab, da sie zu dieser Aktion nicht fähig sei. Der Beifall° seiner Zuhörer und das Lob seiner militärischen Vorgesetzten° bewiesen, daß er mit seiner antisemitischen Einstellung nicht allein war.

liaison man / *philosophy of life* / *applause* / *superiors*

Daß Hitlers Selbstbewußtein° bei diesen Gegebenheiten° rasch wuchs, ist verständlich. Es drängte ihn deshalb, selbst Politik zu machen. Er wählte sich die Deutsche Arbeiterpartei (DAP) zum Forum, um seine politischen Vorstellungen propagandistisch zu verbreiten. Nach seinem Eintritt in die Partei als 55. Mitglied wurde er sofort in die siebenköpfige Vorstandschaft° aufgenommen und ihm wurde die Funktion des Werbeobmanns° übertra-

self-assurance / events / *executive committee* / *PR man*

(Aus: Kurt Zentner, *Illustrierte Geschichte des Dritten Reiches,* S. 29)

gen°. Die Aufgabe, die Partei aus ihrem bisherigen Gastwirtschaftsnebenzimmer-Dasein herauszuführen und die Öffentlichkeit auf sie aufmerksam zu machen, akzeptierte Hitler mit aller Energie. Am 13. November 1919 begann er eine Versammlungsserie von monatlich zwischen drei bis sechs Veranstaltungen. Meistens trat Hitler selbst als Redner auf. Sein Themenkatalog war begrenzt°: „Deutschland vor seiner tiefsten Erniedrigung°", „Arier und Jude", „Über die wirtschaftliche und politische Bedeutung des Friedensvertrages von Versailles", „Warum sind wir Antisemiten?" usw.

Hitlers Wirkung auf die Zuhörer beruhte° weniger auf dem Inhalt seiner Reden als vielmehr auf dem besonderen Redestil, der kleine Kreise ebenso wie große Massen in Bann zu schlagen° vermochte. Hitlers Stimme konnte von monotonem Flüstern° zu heiserem° Schreien wechseln. Dieser Redestil und der Einfluß°, den Hitler über Menschen in seiner Umgebung° ausüben konnte, lassen Schlüsse auf seinen Charakter zu°. Die hervorstechendsten Wesenszüge° scheinen der Mangel an Selbstzucht° und Selbstkritik sowie die Neigung° zu Illusionen und Selbsttäuschung° zu sein.

assigned
limited
humiliation
was based
in Bann schlagen *to cast a spell*
whisper
hoarse / influence
presence
zulassen *permit*
most striking characteristics / lack of self-discipline
inclination / self-deception

(Aus: Kurt Zentner, *Illustrierte Geschichte des Dritten Reiches.* Südwest Verlag, München, 1965, und „Der Nationalsozialismus", *Informationen zur politischen Bildung* 123/126/127, 1980)

RICHTIG ODER FALSCH?

1. ____ Hitler wurde am 20. April 1889 in Bayern geboren.
2. ____ Adolf Hitlers Vater war das uneheliche Kind der Köchin Maria Anna Schicklgruber.
3. ____ Hitlers Großvater war vielleicht Jude.
4. ____ Hitlers Vater war Arbeiter in einer Kleiderfabrik.
5. ____ Hitlers Mutter war die Nichte ihres Mannes.
6. ____ Adolf Hitler war das einzige Kind des Alois und der Klara Hitler.
7. ____ Hitler war kein guter Schüler in der Realschule.
8. ____ 1905 machte Hitler das Abitur.
9. ____ Während der Jahre, die Hitler als junger Mann in Wien verbrachte, war er sehr arm.
10. ____ In Wien verdiente Hitler seinen Lebensunterhalt als Kellner.
11. ____ 1913 ging Hitler nach München, um dort Architektur zu studieren.
12. ____ Am 5. Februar 1914 wurde Hitler Soldat in der österreichischen Armee.
13. ____ Der Erste Weltkrieg begann am 2. August 1914.
14. ____ Hitler wurde während des Ersten Weltkrieges zweimal für Tapferkeit ausgezeichnet.
15. ____ Hitlers Rednertalent half ihm in seiner Stellung als „Verbindungsmann" in der kaiserlichen Armee.
16. ____ Hitlers fanatischer Antisemitismus zeigte sich bereits 1919.
17. ____ Hitlers Eintritt in die Politik begann offiziell 1919 mit seinem Eintritt in die Deutsche Arbeiterpartei (DAP).
18. ____ Hitlers rhetorisches Talent beruhte hauptsächlich auf dem Inhalt seiner Reden.

Lesetext B: Adolf Hitler—dumm oder faul?

Das letzte Schulzeugnis Adolf Hitlers vom 16. September 1905, mit dem er das Klassenziel nicht erreichte, zeigt folgende Noten°: *grades*

Sittliches Betragen°	befriedigend (3)
Fleiß	ungleichmäßig (4)
Religionslehre	genügend (4)
Deutsche Sprache	nicht genügend (5)
Geographie, Geschichte	genügend (4)
Mathematik	nicht genügend (5)
Chemie	genügend (4)
Physik	befriedigend (3)
Freihandzeichnen	lobenswert (2)
Turnen	vorzüglich (1)
Stenographie	nicht genügend (5)

ethical conduct

Adolf Hitler im Alter von 16 Jahren (Skizze eines Mitschülers)

(Aus: Kurt Zentner, *Illustrierte Geschichte des Dritten Reiches,* S. 29)

FRAGEN ZU LESETEXT B

1. Wann beendete Hitler seine formelle Schulbildung? Warum? Was bedeutet in diesem Kontext das Wort **Klassenziel**?
2. Warum erreichte er mit dem obigen Zeugnis nicht das Klassenziel? Erklärung: Eine Eins (1) ist die beste Note und bedeutet **vorzüglich** oder **sehr gut;** eine Fünf (5) war zu Hitlers Schulzeit die schlechteste Note und bedeutete **ungenügend.** Heute ist die schlechteste Note eine Sechs (6).
3. Welche Fächer waren wohl Hitlers Lieblingsfächer?
4. In welchen Fächern hatte Hitler wohl die meisten Schwierigkeiten?

Lesetext C: Deutschland vor 1933: Politisches Chaos half Hitler an die Macht zu kommen

Die parlamentarischen Reichsregierungen von 1919 bis 1933

13.12.1919	130 Tage	Philipp Scheidemann – SPD
21.6.1919	277 Tage	Gustav Bauer – SPD
27.3.1920	72 Tage	Hermann Müller – SPD
21.6.1920	317 Tage	Konstantin Fehrenbach – Zentrum
10.5.1921	165 Tage	Josef Wirth – Zentrum
26.10.1921	384 Tage	Josef Wirth – Zentrum
22.11.1922	263 Tage	Wilhelm Cuno – parteilos
13.8.1923	51	Gustav Stresemann – DVP
6.10.1923	48	" " "
30.11.1923	177 Tage	Wilhelm Marx – Zentrum
3.6.1924	195 Tage	" " "
15.1.1925	233 Tage	Hans Luther – parteilos
20.1.1926	112 Tage	Hans Luther – parteilos
17.5.1926	214 Tage	Wilhelm Marx – Zentrum
29.1.1927	499 Tage	" " "
29.6.1928	636 Tage	Hermann Müller – SPD
30.3.1930	556 Tage	Heinrich Brüning – Zentrum
9.10.1931	223 Tage	" " "
1.6.1932	170 Tage	Franz v. Papen – Zentrum
4.12.1932	55	Kurt v. Schleicher – parteilos
30.1.1933	Machtergreifung durch Adolf Hitler	

(Aus: Kurt Zentner, *Illustrierte Geschichte des Dritten Reiches,* S. 147)

Die Wahlen vom September 1930 stellten eine große Überraschung und ein folgenschweres Ereignis dar. Hitlers NSDAP konnte die Zahl ihrer Wähler von rund 800 000 im Jahre 1928 auf über 6 Millionen steigern (increase). *Die damit verbundene Radikalisierung des Reichstags erlaubte von nun an kein demokratisches Arbeiten des Parlaments mehr.*

FRAGEN ZU LESETEXT C

1. Wie viele verschiedene parlamentarische Reichsregierungen wurden zwischen 1919 und 1933 ernannt?
2. Wie lange dauerte die längste Regierung dieser Zeit? Wie lange die kürzeste?
3. Wie viele politische Parteien sind vertreten *(represented)?*
4. Wie oft war die Sozialdemokratische Partei Deutschlands (SPD) an der Macht? Wie oft die Deutsche Volkspartei (DVP)?
5. Wann kam Adolf Hitler an die Macht?

Lesetext D: Inflation

Die Entwicklung der Lebensmittelpreise bringt die Katastrophe der Inflation deutlich zum Ausdruck°.

zum Ausdruck bringen *to express*

vor 1914		*Sommer 1923*	
1 Ei	8 Pfennig	1 Ei	5 000 Mark
1 Pfund Fleisch	90 Pfennig	1 Pfund Fleisch	90 000 Mark
1 Pfund Butter	140 Pfennig	1 Pfund Butter	150 000 Mark
1 Pfund Kartoffeln	4 Pfennig	1 Pfund Kartoffeln	2 000 Mark
1 Glas Bier	13 Pfennig	1 Glas Bier	3 000 Mark
1918		*November 1923*	
1 Ei	25 Pfennig	1 Ei	80 Mia Mark
1 Pfund Fleisch	200 Pfennig	1 Pfund Fleisch	3,2 Bio Mark
1 Pfund Butter	300 Pfennig	1 Pfund Butter	6 Bio Mark
1 Pfund Kartoffeln	12 Pfennig	1 Pfund Kartoffeln	50 Mia Mark
1 Glas Bier	17 Pfennig	1 Glas Bier	150 Mia Mark
1922		*1925*	
1 Ei	180 Mark	1 Ei	11 Pfennig
1 Pfund Fleisch	1 200 Mark	1 Pfund Fleisch	110 Pfennig
1 Pfund Butter	2 400 Mark	1 Pfund Butter	230 Pfennig
1 Pfund Kartoffeln	80 Mark	1 Pfund Kartoffeln	7 Pfennig
1 Glas Bier	60 Mark	1 Glas Bier	24 Pfennig

(Aus: Kurt Zentner, *Illustrierte Geschichte des Dritten Reiches,* S. 84)

FRAGEN ZU LESETEXT D

1. In welchem Jahr war die Inflation am schlimmsten?
2. Warum, glauben Sie, erhöhten sich die Preise so ungeheuerlich *(enormously)* zwischen 1918 und 1923?
3. Wie heißt die große finanzielle Krise der späten zwanziger Jahre in der amerikanischen Geschichte?

Lesetext E: Der Börsenkrach°

collapse of the stock market

Das Schaubild zeigt die Entwicklung der Arbeitslosigkeit° im Vergleich zum Stimmenanstieg° der NSDAP.

unemployment
gain in votes

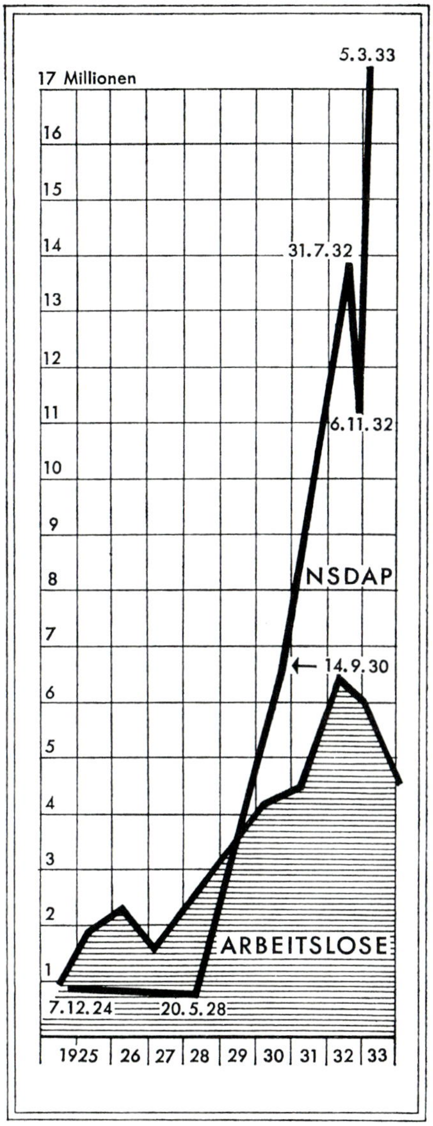

(Aus: *Illustrierte Geschichte des Dritten Reiches,* S. 143)

FRAGEN ZU LESETEXT E

1. Ungefähr wie viele Arbeitslose *(unemployed)* gab es 1932 in Deutschland?
2. Wie viele Stimmen hatte die Nationalsozialistische Deutsche Arbeiterpartei (NSDAP) 1928? Wie viele 1933?

Lesetext F: Gesetz zum Schutze des Blutes und der deutschen Ehre°

honor

VORBEREITUNG AUF DAS LESEN

Sehen Sie sich „das Gesetz" kurz an, ohne es wortwörtlich zu studieren, und versuchen Sie folgende Fragen zu beantworten!

1. Wann und wo wurde das „Gesetz zum Schutze des deutschen Blutes" erlassen *(enacted)?*
2. Welcher Paragraph verbot die Heirat von deutschen Juden mit Nichtjuden?
3. Welcher Paragraph verbot es den Juden, die deutsche Flagge zu hissen *(hoist)?*
4. Welche Strafe konnte ein jüdischer Hausherr erwarten, der ein 20jähriges nichtjüdisches Dienstmädchen anstellte *(employed)?*
5. Welche Strafe konnte wohl eine nichtjüdische Frau erwarten, die mit einem Juden ein Liebesverhältnis hatte?

Gesetz zum Schutze des deutschen Blutes und der deutschen Ehre

Durchdrungen von der Erkenntnis, daß die Reinheit des deutschen Blutes die Voraussetzung für den Fortbestand des deutschen Volkes ist, und beseelt von dem unbeugsamen Willen, die deutsche Nation für alle Zukunft zu sichern, hat der Reichstag einstimmig° das folgende Gesetz beschlossen, das hiermit verkündet° wird.

unanimously / *proclaimed*

§ 1

(1) Eheschließungen zwischen Juden und Staatsangehörigen deutschen oder artverwandten Blutes sind verboten. Trotzdem geschlossene Ehen sind nichtig, auch wenn sie zur Umgehung° dieses Gesetzes im Auslande geschlossen sind.

evasion

(2) Die Nichtigkeitsklage kann nur der Staatsanwalt° erheben.

attorney general

§ 2

Außerehelicher Verkehr zwischen Juden und Staatsangehörigen deutschen oder artverwandten Blutes ist verboten.

§ 3

Juden dürfen weibliche Staatsangehörige deutschen oder artverwandten Blutes unter 45 Jahren nicht in ihrem Haushalt beschäftigen.

§ 4

(1) Juden ist das Hissen° der Reichs- und Nationalflagge und das Zeigen der Reichsfarben verboten.

hoisting

(2) Dagegen ist ihnen das Zeigen der jüdischen Farben gestattet. Die Ausübung° dieser Befugnis steht unter staatlichem Schutz.

practice

§ 5

(1) Wer dem Verbot des Paragraphen 1 zuwiderhandelt,° wird mit Zuchthaus° bestraft.

(2) Der Mann, der dem Verbot des Paragraphen 2 zuwiderhandelt, wird mit Gefängnis° oder mit Zuchthaus bestraft.

disobeys / *penitentiary* / *prison*

(3) Wer den Bestimmungen der Paragraphen 3 oder 4 zuwiderhandelt, wird mit Gefängnis bis zu einem Jahr oder mit Geldstrafe oder mit einer dieser Strafen bestraft.

§ 6

Der Reichsminister des Innern erläßt im Einvernehmen° mit dem Stellvertreter° des Führers und dem Reichsminister der Justiz die zur Durchführung° und Ergänzung des Gesetzes erforderlichen° Rechts- und Verwaltungsvorschriften.

consent / *deputy* / *implementation* / *necessary*

§ 7

Das Gesetz tritt am Tage nach der Verkündigung, § 3 jedoch erst am 1. Januar 1936 in Kraft.°

in Kraft treten *to become effective*

Nürnberg, 15. September 1935.

Der Führer und Reichskanzler.
Der Reichsminister des Innern.
Der Reichsminister der Justiz.
Der Stellvertreter des Führers.

WÖRTER IM KONTEXT

1. **durchdrungen von der Erkenntnis** bedeutet. . .
   a. *defying the knowledge.*
   b. *deeply convinced.*
   c. *strengthened by the challenge.*
2. **beseelt von dem unbeugsamen Willen** bedeutet. . .
   a. *sailing under unfavorable winds.*
   b. *the soul being an incontrovertible fact.*
   c. *inspired by the unbending will.*
3. Welche *zwei* Gründe werden im Einführungsparagraphen für die Notwendigkeit dieses Gesetzes gegeben?
   a. Die Zukunft der deutschen Rasse und der deutschen Nation hängt von der Reinheit des Blutes ab.
   b. Die politische und wirtschaftliche Lage Europas bedroht die Sicherheit der deutschen Nation.
   c. Das Überleben der deutschen Nation und des deutschen Volkes muß für immer gesichert werden.
4. **Eheschließungen** bedeutet. . .
   a. *termination of contracts.*
   b. *marriages.*
   c. *business associations.*
5. **artverwandt** bedeutet. . .
   a. *racially related.*
   b. *aesthetically familiar.*
   c. *barely acquainted.*
6. **nichtig** bedeutet. . .
   a. nicht gut.
   b. nicht wahr.
   c. nicht gültig.
7. **Nichtigkeitsklage** bedeutet. . .
   a. *light punishment.*
   b. *nullification procedure.*
   c. *special dispensation.*
8. **Außerehelicher Verkehr** bedeutet. . .
   a. *traffic outside cities.*
   b. *means of transportation.*
   c. *extramarital relations.*
9. Ein anderes Wort für **Nationalflagge** ist. . .
   a. Nationalfahne.
   b. Nationalhymne.
   c. Nationalstaat.

Carl Josef Bauer: „Adolf Hitler mit seinem Lieblingshund"

(Aus: Kurt Zentner, *Illustrierte Geschichte des Dritten Reiches*, S. 322)

Lesetext G:

Disziplin- und Strafordnung des Konzentrationslagers Esterwegen 1934

Auszug aus der
Disziplin- und Strafordnung für das Gefangenenlager
des Konzentrationslagers Esterwegen v. 1. 8. 1934

§ 1

mit 3 Tagen strengem Arrest wird bestraft:

1. wer nach dem Weckruf nicht sofort die Schlafstätte verläßt oder das Bett oder die Stube nicht in Ordnung bringt.

§ 4

mit 8 Tagen strengem Arrest wird bestraft:

1. wer zum Zwecke der Beschwerde Unterschriften sammelt,
5. wer sich in einer fremden Barackenstube, auch innerhalb der eigenen Gefangenen-Kompanie, aufhält.

§ 8

mit 14 Tagen strengem Arrest und mit je 25 Stockhieben zu Beginn und am Ende der Strafe werden bestraft:

2. wer in Briefen oder sonstigen Mitteilungen abfällige Bemerkungen über nationalsozialistische Führer, über Staat und Regierung, Behörden und Einrichtungen zum Ausdruck bringt, marxistische oder liberalistische Führer oder Novemberparteien verherrlicht, Vorgänge im Konzentrationslager mitteilt.

§ 11

Wer im Lager, an der Arbeitsstelle, in den Unterkünften, in Küchen und Werkstätten, Aborten und Ruheplätzen zum Zwecke der

Aufwiegelung

politisiert, aufreizende Reden hält, sich mit anderen zu diesem Zwecke zusammenfindet, Cliquen bildet, oder umhertreibt, wahre oder unwahre durch Lichtsignale oder auf andere Weise Zeichen gibt, oder nach außen Verbindung sucht, oder wer andere zur Flucht oder einem Verbrechen verleitet, hierzu Ratschläge erteilt oder durch andere Mittel unterstützt, wird kraft revolutionären Rechts

als Aufwiegler gehängt!

§ 19

Arrest wird in einer Zelle bei hartem Lager, bei Wasser und Brot vollstreckt. Jeden 4. Tag erhält der Häftling warmes Essen.

Strafarbeit umfaßt harte körperliche oder besonders schmutzige Arbeit, die unter besonderer Aufsicht durchgeführt wird.

Als Nebenstrafen kommen in Betracht:

Strafexerzieren, Prügelstrafe, Postsperre, Kostentzug, hartes Lager, Pfahlbinden, Verweis und Verwarnungen.

Sämtliche Strafen werden aktlich vermerkt.

Arrest und Strafarbeit verlängern die Schutzhaft um mindestens acht Wochen; eine verhängte Nebenstrafe verlängert die Schutzhaft um mindestens vier Wochen. In Einzelhaft verwahrte Häftlinge kommen in absehbarer Zeit nicht zur Entlassung.

F.d.R.
gez. Weibrecht
Adjutant

Inspektion der Konzentrationslager RFSS
gez. Eicke
SS-Gruppenführer

(Aus: Zentner, *Illustrierte Geschichte des Dritten Reiches*, S. 190)

FRAGEN ZU LESETEXT G

1. Welche Strafe konnte ein Gefangener erwarten, der einen Gefangenen in einer anderen Baracke besuchen wollte?
2. Welche Strafe bekam ein Gefangener, der kritische Bemerkungen über Hitler machte?
3. Welche Gefangenen wurden gehängt?
4. Was bekamen Gefangene, die unter Strafarrest waren, zu essen?
5. Was widerfuhr einem Gefangenen, der morgens nach dem Wecken nicht sofort aufstand?

WORTFAMILIEN

Finden Sie im Lesetext G Verben oder Nomina, die mit folgenden Wörtern verwandt sind!

VERB	NOMEN
____________________	die Strafe *(punishment)*, der Sträfling *(person being punished, prisoner)*
aufwiegeln *(to incite to rebellion)*	____________________
flüchten *(to flee)*	____________________
verbrechen *(to engage in a criminal act)*	____________________
____________________	das Gefängnis *(prison)*, der Gefangene *(prisoner)*
entlassen *(to release)*	____________________
warnen, verwarnen *(to warn)*	____________________
regieren *(to govern)*	____________________
sich ____________________	der Aufenthalt *(stay)*
reden *(to speak)*	____________________

ÜBUNGEN

1. *Lesetext G enthält mehrere Komposita mit* **Straf-** (punishment). *Machen Sie eine Liste von allen Wörtern, die Sie im Text finden! Was bedeuten die Wörter auf englisch?*

   Beispiel: Strafordnung *penal code*

2. *Machen Sie eine Liste von allen „Verbrechen", die in der Disziplin- und Strafordnung angegeben werden!*

   Beispiele: beim Wecken nicht sofort aufstehen
   das Bett oder das Zimmer nicht in Ordnung bringen

Mitteleuropa unter dem Nationalsozialismus—die wichtigsten Konzentrationslager
(Aus: „*Konzentrationslager Dachau,*" S. 2. Rudolf Eimannsberger, München, 1981)

3. *Machen Sie eine Liste von allen Strafen und „Nebenstrafen", die im Konzentrationslager Esterwegen angewandt wurden!*

Beispiele: Arrest (zwischen 3 und 14 Tagen)
Stockhiebe

Lesetext H: Die „Reichskristallnacht" 1938

VORBEREITUNG AUF DAS LESEN

Schlüsselwörter

die **Stapo-(Leit)stellen** (leitende) Büros der Staatspolizei
das **FS** das Fernschreiben *(telegraphic message, Telex)*
die **Frist** die Zeit

die **Plünderungen** *lootings*
die **Ausschreitungen** *excesses*
unterbunden verhindert
die **Maßnahme** *measure*

Die „Reichskristallnacht" 1938

Berlin Nr. 234 404 9.11.2355
An alle Stapo-Stellen und Stapo-Leitstellen
An Leiter oder Stellvertreter
Dieses FS ist sofort auf dem schnellsten Wege vorzulegen°.

1. Es werden in kürzester Frist in ganz Deutschland Aktionen gegen Juden, insbesondere gegen deren Synagogen, stattfinden. Sie sind nicht zu stören. Jedoch ist im Benehmen mit der Ordnungspolizei sicherzustellen, daß Plünderungen und sonstige besondere Ausschreitungen unterbunden werden können.
2. Sofern sich in Synagogen wichtiges Archivmaterial befindet, ist dieses durch eine sofortige Maßnahme sicherzustellen.
3. Es ist vorzubereiten die Festnahme° von etwa 20 000 bis 30 000 Juden im Reiche. Es sind auszuwählen° vor allem vermögende° Juden. Nähere Anordnungen° ergehen° noch im Laufe° dieser Nacht.
4. Sollten bei den kommenden Aktionen Juden im Besitz von Waffen angetroffen werden, so sind die schärfsten Maßnahmen durchzuführen. Zu den Gesamtaktionen können herangezogen° werden Verfügungstruppen° der SS sowie Allgemeine SS. Durch entsprechende Maßnahmen ist die Führung der Aktionen durch die Stapo auf jeden Fall sicherzustellen.

Gestapo II Müller
Dieses FS ist geheim

(Aus: Kurt Zentner, *Illustrierte Geschichte des Dritten Reiches*, S. 191)

to be disseminated
arrest
to be chosen
wealthy / instructions / are issued
in the course of
called upon / reserve troops

ÜBUNG

Hier sind die Anordnungen zur „Reichskristallnacht" noch einmal in umgeänderterForm. Lesen Sie den Text und setzen Sie die fehlenden Wörter ein! Wählen Sie Wörter aus der folgenden Liste!

Aktionen, bald, geplanten, Polizei, Reich, reiche, strengstens, Taten, Tempel, Verhaftung, Waffen

Diese Anordnungen sind sofort an führendes Personal weiterzugeben. ________ werden im ganzen deutschen ________Aktionen gegen Juden, besonders gegen deren ________ durchgeführt werden. Diese Aktionen dürfen nicht gestört werden. Die ________ muß jedoch dafür sorgen, daß es zu keinen Diebstählen und sonstigen kriminellen ________ kommt.

Wir erwarten die ________ von ungefähr 20 000 bis 30 000 Juden. Besonders ________ Juden sind festzunehmen. Falls man während der ________ Aktion Juden antrifft, die Revolver, Gewehre oder andere ________ besitzen, sollten diese Personen ________ bestraft werden.

Bei dieser Aktion können Verfügungstruppen der SS und Allgemeine SS helfen. Die Führung der Aktion soll jedoch in der Hand der Staatspolizei bleiben.

Lesetext I:

Kurzbiographien

ALFRED WOLFENSTEIN · Halle a. d. S.°, 28. 12. 1888. Juristische° Studien in Berlin (Dr. jur.). Dort freier Schriftsteller°. 1916–22 in München. Nach 1933 vor Verhaftung gewarnt, flüchtete° er nach Prag, von dort 1939 nach Paris. Von der Gestapo 1940 an der Loire gefaßt°; Gefängnishaft°. Flucht nach Südfrankreich. Unter falschem Namen zurück nach Paris. Als Paris befreit wurde, fand man A. W. schwer herzleidend in einem kleinen Hotelzimmer. Nach seiner Überführung° in ein Hospital nahm er sich am 22. 1. 1945 infolge° seelischer° Depressionen das Leben.

an der Saale
juridical
author
escaped
caught
imprisonment
transfer
due to / emotional

EUGEN GOTTLOB WINKLER · Zürich, 1. 5. 1912. Studium der Philosophie bei Vossler (Dr. phil.) 1934. Mehrere Italienreisen. 1933 von der Gestapo verhaftet°, aber wieder freigelassen. Als 1936 neue Verhaftung drohte°, nahm er sich am 26. 10. 1936 in München das Leben. War die bedeutendste Hoffnung der deutschen modernen Dichtung.

arrested
threatened

GREGOR WALDEN · Ratibor (Schlesien), 7. 8. 1913. Lebte in Breslau, München und im Riesengebirge. 1933 Flucht in die Tschechoslowakei. 1934 Rückkehr. Organisierte eine schlesische Widerstandsgruppe°. „Aktionsgruppe VII." 1936 verhaftet. Mangels Beweisen° freigelassen. 1940 Militärdienst. Wegen „Tapferkeit° vor dem Feind" Offizier. Wegen Weigerung°, Partisanen zu erschießen, degradiert. Nach schwerer Verwundung° 1943 entlassen. Gedichte aus dieser Zeit wurden illegal verbreitet°, . . . Wahrscheinlich 1945 von polnischen Plünderern ermordet.

resistance group
due to lack of evidence
bravery
refusal
injury
distributed

GERTRUD KOLMAR (Gertrud Chodziesner) · Berlin, 10. 12. 1894. Tochter eines Strafverteidigers°. Sprachlehrerin. Dolmetscher°-Examen (Engl., Franz., Russ.). Blieb nach 1933 in Deutschland, um ihren greisen° Vater nicht zu verlassen, der nach Theresienstadt verschleppt° wurde. Zwangsarbeit° in einer Kartonagenfabrik°. G. K. wurde in einem Vernichtungslager° ermordet. Tag und Ort ihres Todes sind nicht bekannt.

trial lawyer
interpreter
aged
deported / forced labor
cardboard box factory
extermination camp

GERTRUD KANTOROWICZ · Posen, 9. 10. 1876. Studium der Kunstgesch., Archäologie und Philosophie in Berlin. Erste Gedichte unter Ps. Gert Pauly in den „Blättern für die Kunst". Befreundet mit Georg Simmel. Trotz Bedrohung° konnte sie manche aus dem KZ befreien, so Ernst Gundolf.

threat of danger

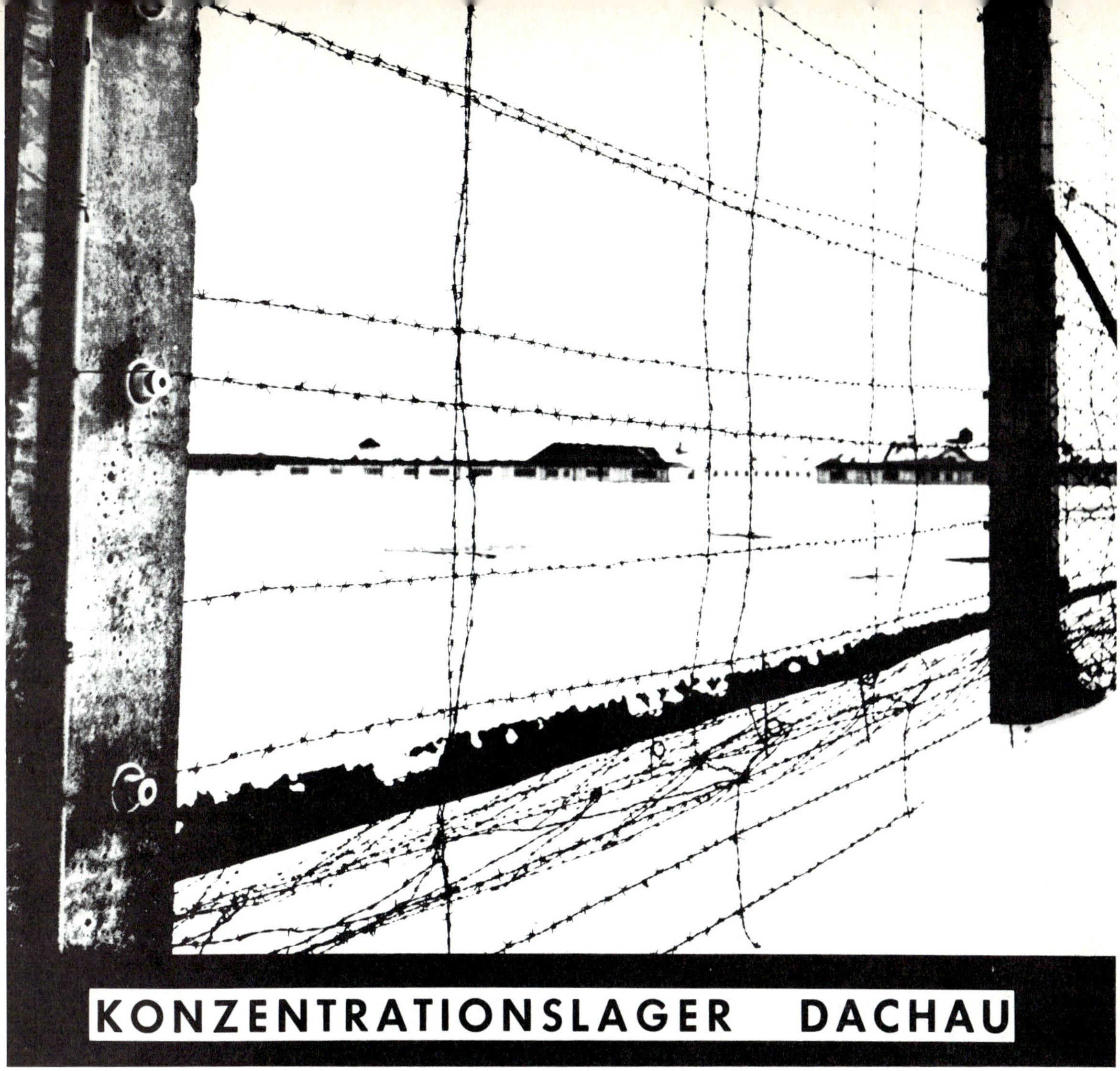

(Aus der Broschüre: „*Konzentrationslager Dachau,*“ S. 2, München, Rudolf Eimannsberger, 1981)

1942 beim Versuch, mit drei älteren Damen die Schweizer Grenze zu überschreiten°, verhaftet. Nach Theresienstadt gebracht. Dort Pflegerin in einem Siechenheim°. Tod durch Entkräftung° am 19. 4. 1945, nachdem die SS bereits abgezogen° war.

cross
infirmary
debilitation
left

WOLFGANG BERTHOLD · Düsseldorf, 24. 4. 1914. Gymnasium. Kurze Zeit auf der Düsseldorfer Akademie. 1934 in Heidelberg, ganz seiner dichterischen Arbeit ergeben°. Begegnung mit Angehörigen des Stefan-George-Kreises.

devoted

1936 Einzug zum Militär°. Strikter Militärgegner°. Flüchtete vor der Verhaftung in die Schweiz. Nach dreimonatigen Verhören° flieht sein Freund, ein Arzt, nach Holland. Dort Zusammentreffen und gemeinsame Flucht durch viele Länder Europas: Frankreich, Norwegen, Portugal, Italien, Jugoslawien. 1939 Verhaftung und Auslieferung° an die SS. Selbstmordversuch der beiden Freunde. Mißhandlungen° in jugosl. und österr. Gefängnissen. 1940 Verurteilung° zu 5 Jahren Zuchthaus°. KZ Papenburg. 4 Jahre „Moorsoldat". 1944 „freiwillig" zur Strafkompanie° an die Ostfront. Dort seit 7. Mai 1944 vermißt.

military draft / adversary of military
interrogation
extradition
abuse
conviction
penitentiary
penal company

STEFAN ZWEIG · Wien, 28. 11. 1881. Studium und Promotion° (Dr. phil.) in Wien, Berlin. Viele Reisen durch Europa, Asien und Amerika. Im 1. Weltkrieg suchte er mit Romain Rolland zu einem friedlichen Europa aufzurufen°. 1933 teilweise Bücherverbrennung. Bis 1935 wohnte er in Salzburg, ging dann nach England, 1940 in die USA, von dort nach Brasilien, wo er sich in Petropolis am 22. 2. 1943 mit seiner jungen Frau das Leben nahm. Erhielt ein brasilianisches Staatsbegräbnis°.

completion of doctorate
call for
state funeral

(Manfred Schlösser, *An den Wind geschrieben,* in Kurt Zentner, *Illustrierte Geschichte des Dritten Reiches.* München, Südwest Verlag, 1965, S. 301)

FRAGEN ZU LESETEXT I

1. In der Kurzbiographie von Gertrud Kantorowicz finden Sie die Abkürzung **Ps.** Diese Abkürzung bedeutet hier. . .
   a. Postskriptum.
   b. Pferdestärke.
   c. Pseudonym.
2. **KZ** bedeutet. . .
   a. kurze Zeit.
   b. Konzentrationslager.
   c. Kellerzimmer.
3. Welche der sieben Dichter nahmen sich das Leben?
4. Welche der beschriebenen Dichter starben im Ausland?
5. Wie alt war Stefan Zweig, als er starb?
6. Der Zweite Weltkrieg endete offiziell am 8. Mai 1945. Wie lange vor dem Kriegsende starb Gertrud Kantorowicz?
7. Wie viele Sprachen sprach Gertrud Kolmar?
8. Nach den Kurzbiographien zu beurteilen, wer war wohl der bedeutendste Dichter oder die bedeutendste Dichterin unter den sieben?
9. Welche Länder besuchte Wolfgang Berthold auf der Flucht vor dem NS-Regime?
10. Warum wurde Offizier Gregor Walden degradiert?

ÜBUNGEN

1. *Viele Schriftsteller, Künstler, Wissenschaftler und Professoren auf allen Gebieten—Juden und Nichtjuden—verließen Deutschland in den dreißiger Jahren und verbrachten die Nazi-Zeit im Exil im Ausland. Benutzen Sie die Kurzbiographien als Muster und schreiben Sie eine Kurzbiographie einer oder mehrerer der folgenden Personen! Sie können die notwendigen Informationen in einer Enzyklopädie (oder für Schriftsteller in einer Literaturgeschichte) finden.*

Vicki Baum
Max Beckmann
Max Born
Willy Brandt
Bertolt Brecht
Max Brod
Martin Buber
Margarete Buber-Neumann
Alfred Döblin
Albert Einstein
Lion Feuchtwanger
Sigmund Freud
Erich Fromm
Stefan George
Maria Goeppert-Mayer
Walter Gropius
George Grosz
Werner Heisenberg
Stefan Heym
Georg Kaiser
Alfred Kantorowicz
Erich Kästner
Oskar Kokoschka
Annette Kolb
Sir Hans Adolf Krebs
Karl Landsteiner
Else Lasker-Schüler
Thomas Mann
Lise Meitner

(Fortsetzung auf S. 122)

Albert Einstein (1879–1955), geboren in Ulm, Deutschland, floh (fled) 1933 in die Vereinigten Staaten. Am 1. Oktober 1940 wurde er zusammen mit seiner Stieftochter Margot in Trenton, New Jersey, amerikanischer Staatsbürger.

Thomas Mann (1875–1955) war einer der deutschen Schriftsteller, die Nazi-Deutschland verließen und amerikanische Staatsbürger wurden. 1929 erhielt er den Nobelpreis für Literatur. Auf dem Bild sieht man Thomas Mann in seinem Arbeitszimmer in Pacific Palisades, Kalifornien.

Max Reinhardt
Ernst Reuter
Nelly Sachs
Arnold Schönberg
Anna Seghers
Eduard Teller
Paul Tillich
Ernst Toller
Kurt Tucholsky
Walter Ulbricht
Franz Werfel
Carl Zuckmayer

2. *Geben Sie einen mündlichen Bericht über die gewählte(n) Person(en)!*

Lesetext J: Der Spitzel

VORBEREITUNG AUF DAS LESEN

1. Lesen Sie den Titel dieses kleinen Dramas! Glauben Sie, es handelt sich um eine relativ lustige oder um eine relativ traurige Episode? Was ist ein Spitzel?
2. Wie viele Personen nehmen an dem Gespräch teil?
3. In welchem Jahr findet diese Episode statt? Wo?
4. Historisch gesehen, wie war 1935 die politische Situation in Deutschland?

Schlüsselwörter

die **Herrschaften** die Damen und Herren *(here: Sir and Madam)*

der **Mann schnarrt** der Mann sagt unfreundlich

eine ganze Menge sehr viele

(sich) zu Tode langweilen *to be bored to death*

luftschutzfreudig *Already in 1935 Germans were being prepared for the eventuality of war and were encouraged to prepare their houses for possible air raids (for instance, equip their cellars with survival gear and food or provide window coverings that would not let any light escape in case of night raids by airplanes).*

mit Äußerungen um sich werfen *(carelessly) making critical comments or remarks*

der **Blockwart** *block leader (Nazi Party official on lowest regional level, i.e., city block)*

der **Geistliche** katholischer Pfarrer, Priester

das ist für mich nicht maßgebend *I don't care*

(eine Zeitung) abonnieren *to subscribe (to a newspaper)*

in ihrem Braunen Haus *Nazi Headquarters in Munich. Because of the brown shirts that were the original Nazi uniform, the color brown came to be associated with the Nazis.*

HJ (Hitler Jugend) *The* **Hitler Jugend** *Law of December 1, 1936, decreed that all youth aged 10 to 18 were to serve in the Hitler Youth. Organized political activities for boys started at age 6, in the so-called* **Kindergruppen.** *From 10 to 14 boys became members of the* **Jungvolk.** *Girls aged 10–14 became members of the* **Jungmädel** *groups. From 14 to 18 they became members of the* **BDM (Bund deutscher Mädchen).** *After age 18, young women were encouraged to continue activities in the organization called* **"Glaube und Schönheit,"** *while males were expected to become active in one of the numerous party organizations of the Nazi Party.*

Der Spitzel

[BERTOLT BRECHT]

Bertolt Brecht, geboren am 10. Februar 1898 in Augsburg, starb am 14. August 1956 in Berlin.
Das Stück *Furcht und Elend des Dritten Reiches* ist in den Jahren 1935 bis 1939 in der Emigration entstanden. Einige Szenen daraus wurden 1937 von Brecht und Helene Weigel in Paris uraufgeführt°. Der ursprüngliche° Titel *Deutschland—ein Greuelmärchen*° zeigt, in welche Tradition Brecht dieses Stück eingereiht° wissen wollte. Er sah die Verhältnisse im „Reich" mit dem scharfen Blick des Emigranten und beschrieb sie mit knapper°, realistischer Genauigkeit. Die vierundzwanzig Szenen des Stückes zeichnen das Bild des Faschismus und der ihn konstituierenden Mentalität.

performed for the first time / original
horror story
grouped
concise

Köln, 1935. Regnerischer Sonntagnachmittag. Der Mann, die Frau und der Knabe nach dem Essen. Das Mädchen kommt herein.

DAS MÄDCHEN: Herr und Frau Klimbtsch lassen fragen, ob die Herrschaften zu Hause sind?

DER MANN *(schnarrt):* Nein.

(Das Mädchen geht hinaus.)

DIE FRAU: Du hättest selber ans Telefon gehen sollen. Sie wissen *doch,* daß wir jetzt noch nicht weggegangen sein können.

DER MANN: Wieso können wir nicht weggegangen sein?

DIE FRAU: Weil es regnet.

DER MANN: Das ist *doch* kein Grund.

DIE FRAU: Wohin sollen wir *denn* gegangen sein? Das werden sie sich *doch* jetzt sofort fragen.

DER MANN: Da gibt es *doch* eine ganze Menge Stellen.

DIE FRAU: Warum gehen wir dann nicht weg?

DER MANN: Wo sollen wir *denn* hingehen?

DIE FRAU: Wenn es wenigstens nicht regnete.

DER MANN: Und wohin sollte man *schon* gehen, wenn es nicht regnete?

DIE FRAU: Früher konnte man sich *doch* wenigstens mit jemand treffen.

(Pause.)

DIE FRAU: Es war falsch, daß du nicht ans Telefon gingst. Jetzt wissen sie, daß wir sie nicht hier haben wollen.

DER MANN: Und wenn sie das wissen!

DIE FRAU: Dann ist es unangenehm, daß wir uns gerade jetzt von ihnen zurückziehen°, wo alles sich von ihnen zurückzieht. *withdraw*

DER MANN: Wir ziehen uns nicht von ihnen zurück.

DIE FRAU: Warum sollen sie dann nicht herkommen?

DER MANN: Weil mich dieser Klimbtsch zu Tode langweilt.

DIE FRAU: Früher hat er dich nicht gelangweilt.

DER MANN: Früher! Mach mich nicht nervös mit deinem ewigen° „früher"! *endless*

DIE FRAU: Jedenfalls hättest du ihn früher nicht geschnitten°, weil ein Verfahren von der Schulinspektion gegen ihn läuft. *avoided*

DER MANN: Du willst also sagen, ich bin feige°? *cowardly*

(Pause.)

DER MANN: Dann ruf sie *doch* an und sage, wir sind eben zurückgekommen, wegen des Regens.

(Die Frau bleibt sitzen.)

DIE FRAU: Sollen wir Lemkes fragen, ob sie herüberkommen wollen?

DER MANN: Damit sie uns wieder nachweisen°, daß wir nicht luftschutzfreudig genug sind? *accuse*

DIE FRAU *zum Knaben:* Klaus-Heinrich, laß das Radio!

(Der Knabe wendet sich zu den Zeitungen.)

DER MANN: Daß es heute regnen muß, das ist eine Katastrophe. Aber man kann *eben* nicht in einem Land leben, wo es eine Katastrophe ist, wenn es regnet.

DIE FRAU: Meinst du, das hat viel Sinn, mit solchen Äußerungen° um sich zu werfen? — *utterances*

DER MANN: In meinen vier Wänden kann ich äußern, was mir paßt°. Ich lasse mir nicht in meinem eigenen Heim das Wort . . . — *what suits me*

(Er wird unterbrochen. Das Mädchen kommt mit Kaffeegeschirr herein. Man schweigt, solange sie herinnen ist.)

DER MANN: Müssen wir ein Mädchen haben, dessen Vater Blockwart ist?

DIE FRAU: Darüber haben wir *doch,* denke ich, genug gesprochen. Das letzte, was du sagtest, war, das habe seine Vorteile.

DER MANN: Was ich alles gesagt haben soll! Sag so etwas *nur* deiner Mutter, und wir können in den schönsten Salat kommen°. — *we can find ourselves in trouble*

DIE FRAU: Was ich mit meiner Mutter spreche . . .

(Das Mädchen kommt mit dem Kaffee.)

DIE FRAU: Lassen Sie nur, Erna, Sie können ruhig gehen, ich mache das *schon.*

DAS MÄDCHEN: Vielen Dank, gnädige Frau. *Ab.*

DER KNABE: *(von der Zeitung aufsehend)* Machen alle Geistlichen° das, Papa? — *priests, clergymen*

DER MANN: Was?

DER KNABE: Was hier steht.

DER MANN: Was liest du *denn? (Er reißt ihm die Zeitung aus der Hand.)*

DER KNABE: Aber unser Gruppenführer hat gesagt, was in dieser Zeitung steht, können wir alle wissen.

DER MANN: Das ist für mich nicht maßgebend, was der Gruppenführer gesagt hat. Was du lesen kannst und was du nicht lesen kannst, entscheide ich.

DIE FRAU: Hier hast du zehn Pfennig, Klaus-Heinrich, geh hinüber und kauf dir was.

DER KNABE: Aber es regnet *doch. (Er drückt sich unentschlossen am Fenster herum.)*

DER MANN: Wenn diese Berichte über die Priesterprozesse nicht aufhören, werde ich die Zeitung *überhaupt* abbestellen°. — *cancel*

DIE FRAU: Und welche willst du abonnieren°. Es steht *doch* in allen. — *subscribe*

DER MANN: Wenn in allen Zeitungen solche Schweinereien° stehen, dann werde ich *eben* keine Zeitung mehr lesen. Weniger wissen werde ich dann auch nicht, was auf der Welt los ist. — *filth*

DIE FRAU: Es ist nicht so schlecht, wenn sie ausräumen°. — *clean up*

DER MANN: Ausräumen! Das ist *doch* alles nur Politik.

DIE FRAU: Jedenfalls geht es uns nichts an, schließlich sind wir evangelisch.

DER MANN: Für das Volk ist das nicht gleichgültig, wenn es nicht mehr an eine Sakristei denken kann, ohne an diese Scheußlichkeiten° zu denken.

atrocities

DIE FRAU: Was sollen sie *denn* machen, wenn so etwas passiert!

DER MANN: Was sie machen sollen? Vielleicht können sie einmal vor ihrer eigenen Tür kehren°. In ihrem Braunen Haus soll auch nicht alles sauber sein, höre ich.

sweep

DIE FRAU: Aber das ist *doch* nur ein Beweis der Gesundung° unseres Volkes, Karl!

recovery

DER MANN: Gesundung! Nette Gesundung. Wenn die Gesundheit so aussieht, dann ziehe ich die Krankheit vor.

DIE FRAU: Du bist heute so nervös. War in der Schule was los?

DER MANN: Was soll in der Schule los gewesen sein? Und sage, bitte, nicht immer, daß ich so nervös bin, das macht *ja* erst nervös.

DIE FRAU: Wir sollten nicht immer streiten, Karl. Früher . . .

DER MANN: Darauf habe ich jetzt nur gewartet. Früher! Ich wünschte es weder früher, noch wünsche ich es heute, daß die Phantasie meines Kindes vergiftet wird.

DIE FRAU: Wo ist er *denn* überhaupt?

DER MANN: Wie soll ich das wissen?

DIE FRAU: Hast du ihn weggehen sehen?

DER MANN: Nein.

DIE FRAU: Ich verstehe nicht, wo er hin sein kann. *(Sie ruft):* Klaus-Heinrich!

(Sie läuft aus dem Zimmer. Man hört sie rufen. Sie kehrt zurück.)

DIE FRAU: Er ist wirklich weg!

DER MANN: Warum soll er *denn* nicht weg sein?

DIE FRAU: Aber es regnet *doch* in Strömen°.

it's raining cats and dogs

DER MANN: Warum bist du *denn* so nervös, wenn der Junge *mal* weggeht?

DIE FRAU: Was haben wir *denn* geredet?

DER MANN: Was hat das damit zu tun?

DIE FRAU: Du bist so unbeherrscht° in letzter Zeit.

uncontrolled

DER MANN: Ich bin zwar nicht unbeherrscht in der letzten Zeit, aber selbst wenn ich unbeherrscht wäre, was hat das damit zu tun, daß der Junge weg ist?

DIE FRAU: Aber du weißt *doch,* daß sie zuhören.

DER MANN: Und?

DIE FRAU: Und! Und wenn er es dann herumerzählt? Du weißt *doch,* was sie jetzt immer hineinreden in sie in der HJ°. Sie

Hitler Jugend

werden *doch* direkt aufgefordert, daß sie alles melden. Es ist komisch, daß er so still weggegangen ist.

DER MANN: Unsinn.

DIE FRAU: Hast du nicht gesehen, wann er fort ist?

DER MANN: Er hat sich eine ganze Zeitlang am Fenster herumgedrückt°. — *hung around*

DIE FRAU: Ich möchte wissen, was er noch mit angehört hat.

DER MANN: Aber er weiß *doch,* was geschieht, wenn Leute angezeigt werden.

DIE FRAU: Und der Junge, von dem Schmulkes erzählt haben? Sein Vater soll noch immer im Lager° sein. Wenn wir nur wüßten, wie lange er im Zimmer war. — *(concentration) camp*

DER MANN: Das ist *ja* alles Unsinn!

(Er läuft in die anderen Zimmer und ruft nach dem Knaben.)

DIE FRAU: Ich kann mir nicht denken, daß er, ohne ein Wort zu sagen, einfach wo hingeht. So ist er nicht.

DER MANN: Vielleicht ist er bei einem Schulkameraden?

DIE FRAU: Dann kann er nur bei Mummermanns sein. Ich rufe an.

(Sie telefoniert.)

DER MANN: Ich halte das Ganze für falschen Alarm.

DIE FRAU *am Telefon:* Hier Frau Studienrat Furcke. Guten Tag, Frau Mummermann. Ist Klaus-Heinrich bei Ihnen?—Nein?—Da kann ich mir aber *gar* nicht denken, wo der Junge ist.—Sagen Sie, Frau Mummermann ist das HJ-Lokal Sonntag nachmittags offen?—Ja?—Vielen Dank, dann will ich dort *mal* nachfragen.

(Sie hängt ein. Die beiden sitzen schweigend.)

DER MANN: Was kann er *schon* gehört haben?

DIE FRAU: Du hast *doch* über die Zeitung gesprochen. Das über das Braune Haus hättest du nicht sagen dürfen. Er empfindet° *doch* so national. — *feels*

DER MANN: Was soll ich über das Braune Haus gesagt haben?

DIE FRAU: Da mußt du dich *doch* erinnern! Daß dort nicht alles sauber ist.

DER MANN: Das kann *doch* nicht als Angriff ausgelegt° werden. Nicht alles sauber oder, wie ich abschwächend sagte, nicht alles ganz sauber, was schon einen Unterschied macht, und zwar einen beträchtlichen°, das ist *doch* mehr eine spaßhafte Bemerkung volkstümlicher° Art, sozusagen in der Umgangssprache°, das bedeutet nicht viel mehr, als daß sogar dort wahrscheinlich einiges nicht immer und unter allen Umständen so ist, wie es der Führer will. Den nur wahrscheinlichen

interpreted as an attack · *considerable one* · *folksy* · *colloquial speech*

Charakter brachte ich übrigens mit voller Absicht° dadurch zum Ausdruck, daß ich, wie ich mich deutlich erinnere, formulierte, es „soll" dort ja auch nicht alles ganz—ganz in abschwächendem Sinne gebraucht—sauber sein. Soll sein! Nicht: ist! Ich kann nicht sagen, daß dort etwas nicht sauber ist, da fehlt jeder Beweis. Wo Menschen sind, gibt es Unvollkommenheiten°. Mehr habe ich nicht angedeutet°, und auch das nur in abgeschwächtester Form. Und überdies° hat der Führer selber bei einer gewissen Gelegenheit seine Kritik in dieser Richtung ungleich schärfer° formuliert.

intent
imperfections / hinted
moreover
harsher

DIE FRAU: Ich verstehe dich nicht. Mit mir mußt du *doch* nicht so sprechen.

DER MANN: Ich wollte, ich müßte es nicht! Ich bin mir nicht klar darüber, was du selber überall herumquatschst° von dem, was hier zwischen diesen Wänden mal in der Erregung° vielleicht gesagt werden mag. Wohl verstanden, ich bin weit entfernt, dich irgendwelcher leichtfertiger Ausstreuungen° gegen deinen Mann zu bezichtigen°, genau wie ich von dem Jungen keinen Augenblick annehme, daß er etwas gegen seinen eigenen Vater unternehmen könnte. Aber zwischen Übel° tun und es wissen ist *ja* leider ein gewaltiger° Unterschied.

gossips
excitement
frivolous gossip
accuse of
evil
enormous

DIE FRAU: Jetzt hör aber auf! Paß lieber auf deine Zunge auf! Die ganze Zeit zerbreche ich mir schon den Kopf° darüber, ob du das, daß man in Hitlerdeutschland nicht leben kann, vor oder nach dem über das Braune Haus gesagt hast.

sich den Kopf zerbrechen *to rack one's brain*

DER MANN: Das habe ich *überhaupt* nicht gesagt.

DIE FRAU: Du tust *ja* schon direkt, als sei ich die Polizei! Ich zermartere° mich *doch* nur, was der Junge gehört haben kann.

torment

DER MANN: Das Wort Hitlerdeutschland stammt *überhaupt* nicht aus meinem Sprachschatz°.

vocabulary

DIE FRAU: Und das mit dem Blockwart, und daß in den Zeitungen lauter Lügen stehen, und was du neulich über den Luftschutz gesagt hast, der Junge hört *ja* überhaupt nichts Positives! Das ist *überhaupt* nicht gut für ein jugendliches Gemüt°, das dadurch nur zersetzt° wird, wo der Führer immerfort betont, Deutschlands Jugend ist Deutschlands Zukunft. Der Junge ist *ja* wirklich *eigentlich* nicht so, daß er einfach hinläuft und einen anzeigt. Mir ist *ganz* übel°.

mind
undermined
I feel quite sick

DER MANN: Aber rachsüchtig° ist er.

vindictive

DIE FRAU: Wofür sollte er denn Rache° nehmen?

revenge

DER MANN: Weiß der Teufel, da gibt's *doch* immer was. Vielleicht, weil ich ihm seinen Laubfrosch° weggenommen habe.

tree frog

DIE FRAU: Aber das ist *doch* schon eine Woche her.

DER MANN: Aber so etwas merkt er sich.

DIE FRAU: Warum hast du ihn ihm *auch* weggenommen?

DER MANN: Weil er ihm keine Fliegen° fing. Er ließ ihn verhungern°.

flies; *starve*

DIE FRAU: Er hat aber *doch* wirklich zuviel zu tun.

DER MANN: Dafür kann *doch* der Frosch nichts.

DIE FRAU: Aber er hat *schon gar* nicht mehr davon geredet, und ich habe ihm *doch* eben erst zehn Pfennig gegeben. Er kriegt *doch* alles, was er will.

DER MANN: Ja, das ist Bestechung°.

bribery

DIE FRAU: Was meinst du damit?

DER MANN: Sie werden *doch* sofort sagen, wir haben versucht, ihn zu bestechen, damit er seinen Mund hält.

DIE FRAU: Was meinst du *denn*, daß sie dir machen können?

DER MANN: Na, alles! Da gibt es *doch* keine Grenzen! Großer Gott! Und da soll man Lehrer sein! Erzieher der Jugend! Furcht° habe ich vor ihr!

fear

DIE FRAU: Aber gegen dich liegt *doch* nichts vor?

DER MANN: Gegen alle liegt was vor. Alle sind verdächtig°. Es genügt *doch*, daß der Verdacht besteht, daß einer verdächtig ist.

suspicious

DIE FRAU: Aber ein Kind ist *doch* kein zuverlässiger° Zeuge. Ein Kind weiß *doch* überhaupt nicht, was es daherredet.

dependable

DER MANN: Das sagst du. Aber seit wann brauchen sie einen Zeugen für irgendwas?

DIE FRAU: Können wir nicht ausdenken, was du gemeint haben kannst bei deinen Bemerkungen? Ich meine, er hat dich dann *eben* mißverstanden.

DER MANN: Was kann ich *denn* gesagt haben? Ich kann mich *auch* nicht mehr erinnern. An allem ist der verdammte° Regen schuld. Man wird *eben* mißmutig°. Schließlich bin ich *doch* der letzte, der etwas gegen den seelischen Aufschwung° äußern würde, den das deutsche Volk heute erlebt. Ich habe schon Ende neunzehnhundertzweiunddreißig das Ganze vorausgesagt.

damned; *bad-tempered, discontented*; *progress*

DIE FRAU: Karl, wir haben nicht die Zeit dazu, jetzt darüber zu sprechen. Wir müssen uns alles genau zurechtlegen, und zwar sofort. Wir dürfen keine Minute verlieren.

DER MANN: Ich kann es mir nicht denken von Klaus-Heinrich.

DIE FRAU: Also zuerst das mit dem Braunen Haus und den Schweinereien.

DER MANN: Ich habe *doch* kein Wort von Schweinereien gesagt.

DIE FRAU: Du hast gesagt, die Zeitung ist voll von Schweinereien und du willst sie abbestellen.

DER MANN: Ja, die Zeitung! Aber nicht das Braune Haus!

DIE FRAU: Kannst du nicht gesagt haben, daß du diese Schweinereien in den Sakristeien mißbilligst°. Und daß du für durchaus

disapprove of

möglich hältst, daß es diese Leute, die heute vor Gericht stehen, waren, die seinerzeit die Greuelmärchen° über das Braune Haus, und daß dort nicht alles sauber sein sollte, aufgebracht° haben? Und daß sie lieber schon damals hätten vor ihrer eigenen Tür kehren sollen? Und *überhaupt* hast du dem Jungen gesagt, laß das Radio und nimm dir lieber die Zeitung vor, weil du auf dem Standpunkt stehst, daß die Jugend im Dritten Reich mit klaren Augen betrachten° soll, was um sie herum vorgeht.

horror stories / *invented* / *examine*

DER MANN: Das hilft *ja* alles nicht.

DIE FRAU: Karl, du darfst jetzt nicht den Kopf sinken lassen! Du mußt stark sein, wie es der Führer immer . . .

DER MANN: Ich kann *doch* nicht vor die Schranken des Gerichts treten°, und auf dem Zeugenstand° steht mein eigen Fleisch und Blut und zeugt° wider mich.

vor die Schranken des Gerichts treten *to appear in court / witness stand* / *testifies*

DIE FRAU: So mußt du das *doch* nicht nehmen.

DER MANN: Der Verkehr mit den Klimbtschs war ein großer Leichtsinn.

DIE FRAU: Aber dem ist *doch* gar nichts passiert.

DER MANN: Ja, aber die Untersuchung schwebt° schon.

is pending

DIE FRAU: Wenn alle, über die irgendwann eine Untersuchung geschwebt hat, verzweifeln° wollten!

despair

DER MANN: Meinst du, der Blockwart hat was gegen uns?

DIE FRAU: Du meinst, wenn bei ihm recherchiert wird? Er hat zu seinem Geburtstag *erst* eine Kiste° Zigarren bekommen, und das Neujahrsgeld war auch reichlich°.

box / *plentiful*

DER MANN: Gauffs nebenan haben fünfzehn Mark gegeben!

DIE FRAU: Die haben aber noch zweiunddreißig den „Vorwärts°" gelesen, und noch im Mai dreiunddreißig haben sie schwarzweißrot° geflaggt!

sozialdemokratische Wochenzeitung / Farben der Deutschnationalen Volkspartei

(Das Telefon läutet.)

DER MANN: Das Telefon!

DIE FRAU: Soll ich hingehen?

DER MANN: Ich weiß nicht.

DIE FRAU: Wer kann da anrufen?

DER MANN: Wart noch *mal* ab. Wenn es noch einmal klingelt, kannst du *ja* hingehen.

(Sie warten. Es klingelt nicht mehr.)

DER MANN: Das ist *doch* kein Leben mehr!

DIE FRAU: Karl!

DER MANN: Einen Judas hast du mir geboren! Da sitzt er bei Tisch und horcht°, während er die Suppe löffelt, die wir ihm hin-

spies

stellen, und merkt sich alles, was seine Erzeuger° sagen, der Spitzel!

parents

DIE FRAU: Das darfst du nicht sagen!

(Pause.)

DIE FRAU: Meinst du, wir sollen irgendwelche Vorbereitungen treffen?

DER MANN: Meinst du, daß sie gleich mitkommen?

DIE FRAU: Das ist *doch* möglich?

DER MANN: Vielleicht soll ich mein Eisernes Kreuz° anlegen?

Iron Cross (war decoration)

DIE FRAU: Auf jeden Fall, Karl!

(Er holt es und legt es mit zitternden° Händen an.)

trembling

DIE FRAU: Aber in der Schule liegt *doch* nichts gegen dich vor?

DER MANN: Wie soll ich *denn* das wissen? Ich bin *ja* bereit, alles zu lehren, was sie gelehrt haben wollen, aber was wollen sie gelehrt haben? Wenn ich das immer wüßte! Was weiß ich, wie sie wollen, daß Bismarck gewesen sein soll! Wenn sie so langsam die neuen Schulbücher herausbringen°! Kannst du nicht dem Dienstmädchen° noch zehn Mark geben? Die horcht auch immer.

publish

maid

DIE FRAU *(nickt):* Und das Hitlerbild, sollen wir es über deinen Schreibtisch hängen? Das sieht besser aus.

DER MANN: Ja, mach das.

(Die Frau will das Bild umhängen.)

DER MANN: Aber wenn der Junge dann sagt, wir haben es eigens° umgehängt, das würde auf Schuldbewußtsein° schließen° lassen.

especially

conclude / guilt

(Die Frau hängt das Bild an den alten Platz zurück.)

DER MANN: Ist da nicht die Tür gegangen?

DIE FRAU: Ich habe nichts gehört.

DER MANN: Doch!

DIE FRAU: Karl!

(Sie umarmt ihn.)

DER MANN: Verlier nicht die Nerven. Pack mir etwas Wäsche ein.

(Die Haustür geht. Mann und Frau stehen nebeneinander, erstarrt, in der Ecke des Zimmers. Die Tür geht auf, und herein kommt der Knabe, eine Tüte° in der Hand.—Pause.)

paper bag

DIE KNABE: Was habt ihr *denn?*

DIE FRAU: Wo warst du?

(Der Knabe zeigt auf die Tüte mit Schokolade.)

DIE FRAU: Hast du nur Schokolade gekauft?
DER KNABE: Was *denn* sonst? Klar.

(Er geht fressend durchs Zimmer ab. Seine Eltern sehen ihm forschend° nach.) — *questioningly*

DER MANN: Meinst du, er sagt die Wahrheit?

(Die Frau zuckt die Achseln°.) — *shrugs her shoulders*

(Aus: Bertolt Brecht, *Furcht und Elend des Dritten Reiches.* Berlin, Suhrkamp Verlag, 1957)

Sprachnotiz

[IDIOMATIC FLAVORING PARTICLES]

You know that spoken German has a number of frequently appearing little emphatic words—sometimes called idiomatic flavoring particles—that are difficult to translate directly into English. For instance, the word **ja,** when a mother tells her child,

„Komm **ja** nicht zu spät nach Hause!"

does not mean *yes,* but serves to inject a threatening or warning tone into the utterance.

Similarly, in

„Sie wissen **doch,** daß wir jetzt noch nicht weggegangen sein können"

doch serves to emphasize the speaker's conviction about what she says: "They must know that we haven't left yet."

„Das ist **doch** kein Grund" means something like "That's no reason *at all.*"

To learn the appropriate use of these emphatic words takes a long time; yet no one can be considered a truly bilingual speaker of German unless he or she has mastered these little "coloring words."

Idiomatic flavoring particles help speakers express personal attitudes or moods. As a general rule, the position of these subjective expressions corresponds to that of **nicht,** or they are used in conjunction with **nicht.** Occasionally these expressions take the first position.

Following is a list of flavoring particles, their approximate meanings, and some examples.

A. Vermutung / Supposition, Probability

1. **wohl:** Sie ist **wohl** nicht zu Haus.
2. **gewiß:** Ihr habt **gewiß** noch nicht zu Mittag gegessen.
3. **sicher:** Er hat **sicher** Fieber.
4. **vermutlich:** Sie sind **vermutlich** diesen Weg gegangen.
5. **wahrscheinlich:** Du hast mich **wahrscheinlich** nicht gehört.

B. Beiläufige Feststellung / Casual Remark

1. **überhaupt** expresses a generalization logically connected with the previous train of thought: Er stiehlt. **Überhaupt** ist er ein Schuft.
2. **übrigens** expresses a new idea not necessarily logically connected with the previous statements: Er heißt Edgar. **Übrigens** ist er ein Schuft.

C. Verallgemeinerung / Generalization

1. **auch:** Was ich ihm **auch** erklärte, vergaß er wieder. (= Ich erklärte ihm **viel;** er vergaß **alles** wieder.) (= **Alles,** was ich ihm erklärte, vergaß er wieder.)
2. **nur:** Das Kind bekam, was es **nur** wollte. (= Das Kind wollte **viel;** es bekam **alles.**) (= Das Kind bekam **alles,** was es wollte.)

D. Bestätigung einer bekannten Tatsache / Confirmation of a Known Fact

ja: Wir brauchen keinen Regenschirm; es regnet **ja** nicht. Du weißt das **ja;** ich habe es dir **ja** gesagt.

E. Bestätigung einer Tatsache, die man zuerst nicht für möglich gehalten hat / Confirmation of a Fact Initially Deemed Unlikely or Impossible

1. **dóch** (betont): Er ist **doch** fertig geworden!
2. **denn dóch** (= verstärkt): Sie hat sich das **denn doch** anders überlegt.
3. **nun dóch** (= verstärkt): Unsere Kinder reisen **nun doch** mit uns.

F. Bestätigung einer Befürchtung oder Vermutung / Confirmation of a Suspicion

1. **dóch** (betont): Er hat sie **doch** geheiratet.
2. **also dóch** (= verstärkt): Er hat **also doch** Krebs (, obwohl die Ärzte das nicht gleich sagten).

G. Ausrufesatz, der Überraschung ausdrückt / Exclamation Expressing Surprise

ja (unbetont): Du hast **ja** geweint! Erika ist **ja** gar nicht gekommen!

H. Ironie oder Erstaunen bzw. Bewunderung erwartend / Ironic Comment, or Expectation of Surprise or Admiration

1. **vielleicht:** Du bist **vielleicht** ein Künstler! (ironisch für: Du bist kein Künstler.)
2. **vielleicht:** Das war **vielleicht** eine Sensation! (= Das war eine große Sensation, staunt nur!)

I. Hervorhebung eines Sachverhalts / Emphasis of a Statement

1. **doch** (stronger: **denn dóch**), **geráde,** and **geradezu** are frequently used for emphatic exclamations (note the difference in stress and intonation): Das ist **doch** hérrlich! Das ist **denn dóch** ein frécher Kerl! Das ist **geráde** das Ríchtige! Das ist **geradezu** eine Erpréssung!
2. **ganz und gar** expresses emphasis in the sense of "completely," "totally": Sie haben sich **gánz und gár** geirrt.
3. **nur (nur so)** expresses emphasis in the sense of "very" or "as was to be predicted": Die Lage hat sich **nur** verschléchtert. Der Schmied schlug auf das Eisen, daß die Funken **nur so** flógen.

J. Hervorgehobener Nachtrag zu einer Aussage / Empathic Addition to a Statement

1. **ja:** Er ist ihr sehr sympathisch, **ja,** sie liebt ihn.
2. **ja . . . sogar:** Moritz ist sehr sprachkundig, **ja,** er spricht **sogar** seltene Dialekte.

K. Nachdrücklicher Wunsch / Emphatic Wish

1. **nur** (stressed or unstressed subjunctive II): Wenn Sie **nur** hier wäre! Wäre sie **nur** hier!
2. **doch** (unstressed subjunctive II or imperative): Wenn er **doch** mehr Geld hätte! Küß' mich **doch** endlich! Sei **doch** nicht so heftig!

L. Ermahnung, Ermutigung / Admonition, Encouragement

nur (+ imperative; verb may often be omitted, i.e., short form often used): (Sei) **nur** ruhig! (Habt) **nur** keine Angst! (Fahren Sie) **nur** nicht so schnell!

M. Ungeduld / Impatience

1. **nun . . . doch (schon)** (imperative): **Nun** geh' **doch! Nun** geh' **doch schon!**
2. **nun . . . (doch) schon** (imperative): **Nun** geh' **schon!**
3. **nun . . . doch nicht schon wieder** (imperative): **Nun** fang **doch nicht schon wieder** an!

N. Dringende Empfehlung oder Aufforderung / Urgent Recommendation or Request

ja (betont; mit Imperativ): Zieh' dir **ja** den Mantel an! Kommt **ja** rechtzeitig!

O. Ungewißheit über Voraussetzung / Uncertainty About a Precondition

überhaupt: Sie sollen ins Wasser springen? Können Sie **überhaupt** schwimmen? Wir werden unsere Reise ausdehnen, soweit wir **überhaupt** Geld dazu haben.

P. Beiläufige Frage / Casual Question

1. **überhaupt:** Was machst du **überhaupt** am Sonntag?
2. **eigentlich:** Wieviel Uhr ist es **eigentlich?**

Q. Resignation oder Desinteresse / Resignation or Disinterest

1. **eben:** Da kann man **eben** nichts anderes tun.
2. **halt:** Wir müssen uns **halt** in die Lage fügen.
3. **nun einmal:** Es ist **nun einmal** so; daran kann man nichts ändern.

R. Gleichgültigkeit oder Desinteresse / Indifference or Disinterest

1. **nun** (am Satzanfang): **Nun (gut),** das wissen wir schon.
2. **nur**
3. **ruhig** } (meist bei Imperativ, lassen, mögen, sollen):

   Schimpft **nur,**
   Laßt sie **ruhig** schimpfen,
   Sie mögen **nur** schimpfen,
   Sollen sie **ruhig** schimpfen, } mich regt das nicht auf.

S. Frage oder Ausruf, welche(r) persönliche Anteilnahme ausdrückt / Question or Exclamation Expressing Personal Concern

1. **nur:** Wo ist sie **nur?**
2. **denn:** Was ist **denn** los?
3. **bloß:** Was redet er **bloß** für Unsinn(?)!

T. Besorgte Frage in Form eines Aussagesatzes / Concerned Question in Form of a Statement

doch: Du bist **doch** einverstanden? Du hast **doch** nichts dagegen?

U. Frage in Form eines Aussagesatzes, auf die man eine Bestätigung erwartet / Question in Form of a Statement with the Expectation of a Confirmation

wohl: Du bist **wohl** enttäuscht? Sie hat **wohl** (noch) nichts gemerkt? Er wird **wohl** wieder keine Zeit haben?

V. Negative Frage, auf die man eine positive Antwort wünscht / Negative Question Expressing the Wish for a Positive Answer

nicht: Ist das **nicht** ein aufregender Roman? Schmeckt das **nicht** ausgezeichnet? Meinst du das **nicht** auch?

W. Frage, auf die man eine positive Antwort befürchtet / Question Expressing the Fear of a Positive Answer

1. **etwa:** Hast du **etwa** Angst? (Fragesatzform)
2. **doch nicht etwa:** Du hast **doch nicht etwa** Angst? (Aussagesatzform)

X. Erstaunen über einen negativen Sachverhalt mit dem Unterton der Geringschätzung / Surprise About a Negative Fact with an Undertone of Contempt

nicht einmal (meist in Form eines Paradoxes): Diese Schüler wollen fremde Sprachen lernen und können **nicht einmal** ihre eigene Muttersprache! Er nennt sie seine Freundin und weiß **nicht einmal,** wie sie heißt.

Y. Hervorgehobene negative Aussage / Emphatic Negation of Statement

1. **überhaupt nicht:** Das habe ich **überhaupt nicht** so gemeint.
2. **überhaupt noch nie:** Ich war **überhaupt noch nie** in Köln.
3. **ganz und gar nicht:** Das ist **ganz und gar nicht** richtig.
4. **nicht eben:** Dieser junge Mensch ist **nicht eben** höflich.
5. **schon gar nicht:** Milch trinke ich nicht, und Wasser **schon gar nicht.**
6. **erst recht nicht:** Diese Partei wähle ich nicht, und die andere **erst recht nicht.**

Z. Drohung, Warnung / Threat, Warning

1. **ja** (betont): Er soll **ja** kommen!
2. **nur ja** (verstärkt): Zerbrich das **nur ja** nicht! Tue das **nur** noch einmal!
3. **nur:** Tue das **nur nicht** noch einmal! (=Wenn du das (noch einmal) tust, wird es unangenehme Folgen für dich haben.)

Acknowledgment: The explanation of Idiomatic Flavoring Particles has been adapted and reprinted with permission from Herbert Knust, *Texte und Übungen: Intermediate Readings and Exercises* (Englewood Cliffs, NJ: Prentice Hall), 1977, pp. 73–83.

ÜBUNGEN

1. You will note that the flavoring particles in „Der Spitzel" are italicized. Look at the utterances containing such words and try to give an appropriate translation, conveying the full meaning of what is being said, not just the meaning of the individual words.

   Example: Sie wissen *doch,* daß wir jetzt noch nicht weggegangen sein können.
   They must know that we haven't left yet.

2. Which of the emphatic words appears most frequently? Which appears second most often? Third most frequently?
3. On page 131 the following exchange takes place:

   DER MANN: Ist da nicht die Tür gegangen?
   DIE FRAU: Ich habe nichts gehört.
   DER MANN: Doch!

   What is the meaning of **doch!?** Does **doch** function here as a flavoring particle?
4. Whereas „Der Spitzel" does contain many emphatic words, many more could possibly be added to the conversation between the man and the woman. Select 10 utterances in the text *not* now containing emphatic words and insert appropriate ones from the list above.
5. Translate at least one example from each category of flavoring particles presented in the list above.

FRAGEN ZU LESETEXT J

1. Wie heißt die Familie?
2. Welchen Beruf hat der Mann?
3. An welchem Wochentag findet die Episode statt? Zu welcher Tageszeit?
4. Wer sind Herr und Frau Klimbtsch? Warum ziehen sich alle Leute von ihnen zurück?
5. Warum wollen der Mann und die Frau nicht vor dem Dienstmädchen sprechen?
6. Der Junge fragt: „Machen alle Geistlichen das?" Was hat er wohl in der Zeitung gelesen?
7. Ist die Familie katholisch oder protestantisch?
8. Mehrere Male im Text wird das Pronomen **sie** ohne Bezugsobjekt gegeben. Wer sind diese **sie?**

   Beispiele: „Es ist nicht so schlecht, wenn **sie** ausräumen."
   „Aber du weißt doch, daß **sie** zuhören."
   „Was weiß ich, wie **sie** wollen, daß Bismarck gewesen sein soll!"

9. Die Frau spricht von einem Jungen, von dem Schmulkes erzählt haben. Was hat der Junge wohl getan?
10. Warum sagt die Frau: „Ich verstehe dich nicht. Mit mir mußt du doch nicht so sprechen?"
11. Die Frau spricht öfters von **früher.** Was konnte man früher (vor 1935) tun, oder was war früher, was 1935 nicht mehr möglich war? Machen Sie eine Liste!
12. Warum will der Mann sein Eisernes Kreuz anlegen?
    a. Um zu zeigen, daß er immer ordentlich angezogen ist.
    b. Um zu zeigen, daß er im Ersten Weltkrieg gedient hat und patriotisch ist.
13. Welche Personen werden verdächtigt, Spitzel zu sein?
14. Wovon sind der Mann und die Frau am Ende (vor der Rückkehr ihres Sohnes) überzeugt?
15. Der Titel dieser Episode ist „Der Spitzel". Welcher andere Titel wäre zutreffend?
    a. Elternliebe
    b. Krieg
    c. Angst

ÜBUNGEN

1. *Übersetzen Sie bitte folgende Sätze!*
    a. Du hättest selber ans Telefon gehen sollen.
    b. Sie wissen doch, daß wir jetzt noch nicht weggegangen sein können.
    c. Wieso können wir nicht weggegangen sein?
    d. Wohin sollen wir denn gegangen sein?
    e. Jetzt wissen sie, daß wir sie nicht hier haben wollen.
    f. Was ich alles gesagt haben soll.
    g. Hast du ihn weggehen sehen?
    h. Was soll in der Schule losgewesen sein?
    i. Das kann doch nicht als Angriff ausgelegt werden.
    j. Ich zermartere mich doch nur, was der Junge gehört haben kann.
    k. Was weiß ich, wie sie wollen, daß Bismarck gewesen sein soll.

2. *Üben Sie den Text mit drei Partnern und lesen Sie ihn als Hörspiel in dramatischer Form der Klasse vor!*

7

Als der Krieg zu Ende war

VORSCHAU

1. Lesen Sie die Titel der Texte in diesem Kapitel! Worum, glauben Sie, handelt es sich in diesen Texten?
2. Woran denken Sie, wenn Sie das Wort **Krieg** hören? Machen Sie eine Liste von Wörtern, die Ihnen einfallen!

Beispiele: der Angriff
die Angst
die Besatzung
die Flucht
die Zerstörung
hungern

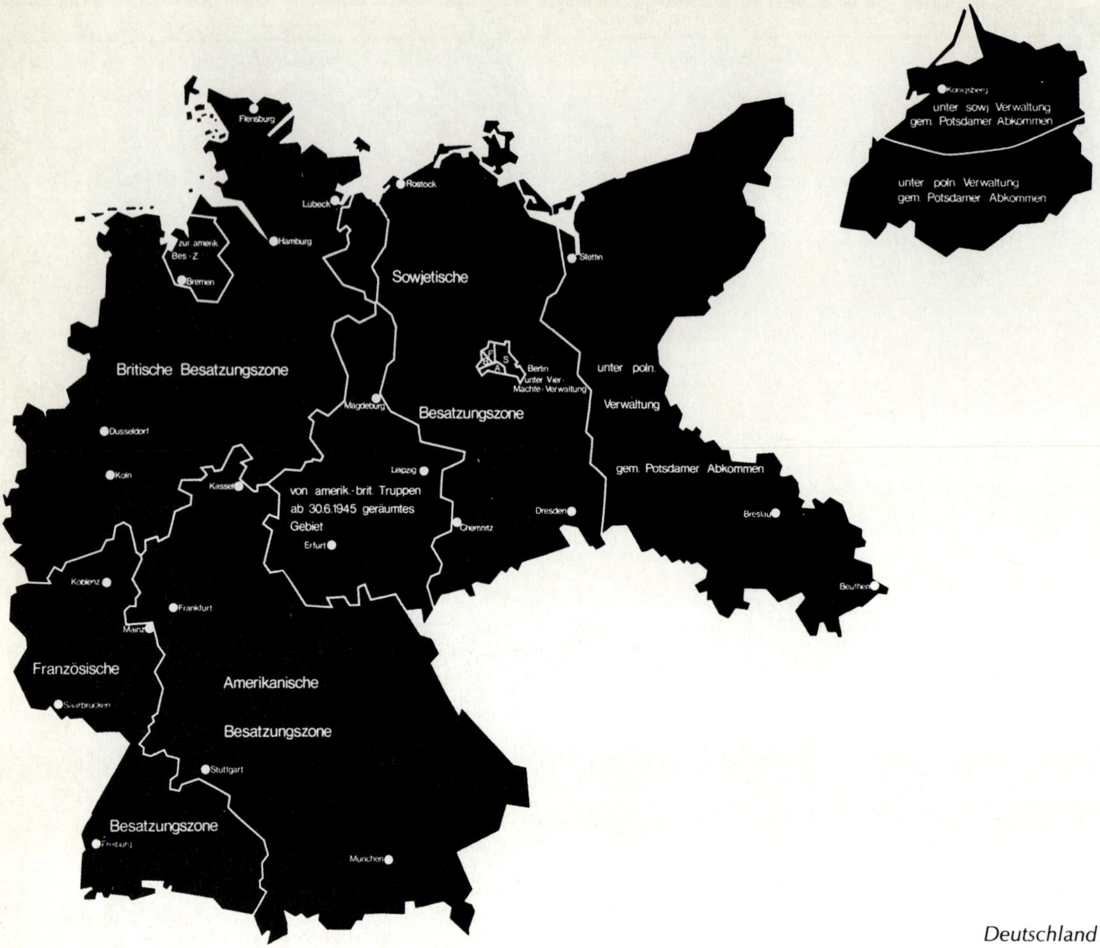

Deutschland 1945

(Aus: *Fragen an die deutsche Geschichte*, S. 357)

3. Woran denken Sie insbesondere, wenn Sie an den Zweiten Weltkrieg denken?
   a. Wann, wo, warum fand er statt?
   b. Welche Nationen bekämpften sich?
   c. Wie hießen die Führer dieser Nationen?
   d. Wer waren die Sieger *(victors)*? Wer die Besiegten *(defeated)*?
   e. Woher kommt das Wort **Nazi**?
   f. Gibt es heute noch Nazis? Wo? Warum? Sollte ein Staat das erlauben?

4. Wie, glauben Sie, ist das Leben für Menschen in einem besiegten Land?

5. Hat jemand in Ihrer Familie schon einen Krieg miterlebt? Wo? Wann?

6. War Ihr Vater, Großvater, Bruder, Ihre Mutter oder Schwester Soldat? Erzählen Sie von deren Erlebnissen!

7. Möchten Sie einen Krieg miterleben? Warum? Warum nicht?

Sprachnotiz

Words contain not only content meaning. Often they have affixes that carry additional information to help us understand the full meaning of an utterance. The various parts of a word that carry separate meaning are called morphemes. Morphemes are divided into free root morphemes and bound affix morphemes. A root morpheme can stand by itself (it is free); an affix morpheme cannot stand alone (it is always bound to a root morpheme).

Kind is a word consisting of one morpheme only: the root morpheme that gives us the basic meaning of the word.

Kinder has two morphemes: the root morpheme **Kind** and the plural affix morpheme **-er.**

schönsten has three morphemes: the root morpheme **schön** and two affix morphemes that give us important grammatical information: **-st,** the superlative affix, and **en,** the adjective case/number affix.

sagt has two morphemes: the root morpheme **sag** and the verb person/number affix **-t.**

gesagt has three morphemes: again the root morpheme **sag** carries the lexical meaning and the affix morphemes **ge-** and **-t** indicate the grammatical meaning of past participle.

Being aware of the concept of morphology can help us improve our reading comprehension. Even if we do not immediately recognize the

Köln 1945

(Aus: *Neubeginn und Wiederaufbau, 1945–1949,* S. 2)

meaning of a word, analyzing it into constituent, recognizable elements often gives a clue to its meaning. You might, for instance, not immediately recognize the meaning of the word **Wohnung.** However, you recognize the affix morpheme **-ung** (from words like **Umgebung, Unterführung, Beleidigung, Verständigung, Handlung, Vergewaltigung),** which indicates that the word is a noun, and you know **Wohn** from the verb **wohnen** *(to live, reside)*. So, together with the context of preceding and surrounding words, you can probably guess that **Wohnung** means a place to live, living quarters, residence, apartment, home, dwelling, or something similar.

ÜBUNG

Separate the following words into their constituent morphemes and find the appropriate meaning of the affix morpheme in the list below.

Beispiel: Krankheit: **Krank** root morpheme
heit affix morpheme
Meaning of affix morpheme: Word belongs to the category of nouns.

	ROOT MORPHEME	AFFIX MORPHEME(S)	MEANING OF AFFIX MORPHEME(S)
amerikanisch	______	______	______
Amerikaner	______	______	______
lerne	______	______	______
Jahre	______	______	______
Geld	______	______	______
Bomben	______	______	______
unschuldig	______	______	______
Reinlichkeit	______	______	______
Kindheit	______	______	______
unfreundlich	______	______	______
jugendliche	______	______	______
Hamburger	______	______	______
Lehrerin	______	______	______
Freundschaft	______	______	______

Lesetext A: Die Toten des Zweiten Weltkrieges, 1939–1945

Land	Soldaten	Zivilisten
Deutschland	3 250 000	3 250 000
Sowjetunion	13 600 000	7 000 000
USA	229 000	
Belgien	12 000	76 000
Bulgarien	10 000	10 000
Dänemark	400	1 000
Finnland	82 000	2 000
Frankreich	250 000	350 000
Griechenland	20 000	140 000
Großbritannien	326 000	62 000
Italien	330 000	80 000
Jugoslawien	300 000	1 400 000
Niederlande	12 000	198 000
Norwegen	6 000	4 000
Österreich	230 000	104 000
Polen	100 000	5 700 000
Rumänien	200 000	260 000
Tschechoslowakei	150 000	215 000
Ungarn	140 000	280 000
Ostasien	7 600 000	6 000 000

Die Gesamtverluste *(total losses)* an Toten im Zweiten Weltkrieg betrugen rund 50 bis 55 Millionen.

FRAGEN ZU LESETEXT A

1. Welches Land verlor die meisten Menschen im Zweiten Weltkrieg? Welches Land verlor die wenigsten?
2. Wie viele Menschen verloren die alliierten Mächte (USA, Sowjetunion, Frankreich, Großbritannien) zusammen?
3. Welche Länder verloren mehr Zivilisten als Soldaten?
4. Warum hatten die USA keine Menschenverluste unter der Zivilbevölkerung?
5. Welche vier Länder verloren die meisten Zivilisten?
6. Welche westeuropäischen Länder fehlen auf der Liste?

Lesetext B:

40 Jahre nach dem Krieg

Über 40 Jahre sind seit dem Ende des Zweiten Weltkrieges vergangen. Fast zwei Drittel aller Einwohner der Bundesrepublik Deutschland haben den hier behandelten Zeitraum nicht oder nur als Kinder und Jugendliche erlebt. Wer jünger als 45 Jahre ist, kann sich heute kaum vorstellen, wie Deutschland in jenen Jahren ausgesehen hat. Die Bundesrepublik Deutschland hat sich wieder zu einem der wohlhabendsten Länder Europas entwickelt und ist gleichberechtigter Partner anderer europäischer und überseeischer Länder, die Deutschland 1945 besiegten.

(Aus: *Neubeginn und Wiederaufbau, 1945–1949)*

WORTFAMILIEN

Verstehen Sie die folgenden Wortfamilien? Bilden Sie Sätze mit wenigstens zwei der Wörter in jeder Gruppe! Die Beispiele werden Ihnen helfen.

1. der Sieg, der Sieger, die Siegerin, siegen, unbesiegbar, siegreich
2. der Herr, die Herrin, herrlich, herrisch, die Herrschaft, beherrschen
3. der Unterschied, unterschiedlich, unterscheiden, unterschiedslos
4. frei, befreien, die Freiheit, die Befreiung, unfrei
5. die Angst, Angst haben, Angst machen, ängstlich, angstvoll, beängstigen

Beispiele: 1. Die **siegreichen** Länder im 2. Weltkrieg waren die USA, England, Frankreich und Rußland.
2. Die **Herrschaft** der Römer in Europa dauerte von ungefähr 200 v. Chr. bis 300 n. Chr.
3. Was ist der **Unterschied** zwischen *football* und Fußball?
4. Die **Freiheits**statue steht im Hafen von New York.
5. Ich **habe Angst,** daß der 3. Weltkrieg ein nuklearer Krieg sein wird.

WÖRTER IM KONTEXT

1. Das Wort **wohlhabendsten** ist . . .
   a. ein Verb.
   b. ein Artikel.
   c. ein Adjektiv.
   d. ein Nomen.
2. Wie wußten Sie die Antwort auf Frage 1?
   a. Das Wort ist nicht groß geschrieben.
   b. Das Wort steht vor einem Nomen.
   c. Die Endung **-sten** ist eine Superlativendung, und solche Endungen findet man oft bei Adjektiven und Adverbien.
   d. a, b und c
3. Was bedeutet **wohlhabendsten**?
   a. *most well-behaved*
   b. *most prosperous*
   c. *militarily strongest*
   d. *most dependable*
4. **gleichberechtigt** bedeutet . . .
   a. *democratic.*
   b. *legal.*
   c. *equal (before the law).*
   d. *immediate.*
5. **Überseeische Länder** bedeutet . . .
   a. *underdeveloped countries.*
   b. *countries with many lakes.*
   c. *countries by the ocean.*
   d. *countries that lie across the ocean.*
6. **Besiegten** ist . . .
   a. ein Adverb.
   b. ein Verb.
   c. eine Präposition.
   d. ein Adjektiv.
7. Wie wußten Sie die Antwort auf Frage 6?
   a. Das letzte Wort in einem Relativsatz ist immer ein Verb.
   b. Ein Adjektiv kann nicht am Ende eines Satzes stehen.
   c. Ein Verb kann nicht am Ende eines Satzes stehen.
   d. Eine Präposition kann nicht am Ende eines Satzes stehen.
8. Was ist das wirkliche Subjekt des Wortes **besiegten**?
   a. Deutschland
   b. gleichberechtigter Partner
   c. europäische und überseeische Länder
   d. die Bundesrepublik Deutschland

Lesetext C:

Mai 1945 – die „Stunde Null"?

Am 8. Mai 1945 wurde die bedingungslose Kapitulation des Deutschen Reiches unterzeichnet. Die vier Alliierten—die USA, die Sowjetunion, Großbritannien und Frankreich—übernahmen die oberste Regierungsgewalt in Deutschland.

Die Empfindungen der Deutschen waren bei Kriegsende sehr unterschiedlich: sie reichten von der Freude über die Befreiung vom Terror der nationalsozialistischen Herrschaft bis hin zur Angst vor der Rache der Sieger.

(Aus: *Neubeginn und Wiederaufbau, 1945–1949)*

FRAGEN ZU LESETEXT C

1. Wann endete der Zweite Weltkrieg?
2. Wer gewann den Krieg?
3. Warum nennen die Deutschen das Kriegsende **die Stunde Null?**

WÖRTER IM KONTEXT

1. Das Wort **bedingungslos** bedeutet . . .
   a. *shameful.*
   b. *shameless.*
   c. *conditional.*
   d. *unconditional.*

2. Ein anderes Wort für **Empfindungen** ist . . .
   a. Erwartungen *(expectations).*
   b. Befürchtungen *(fears).*
   c. Gefühle *(feelings).*
   d. Wissen *(knowledge).*

3. Wer waren die Sieger im Zweiten Weltkrieg?
   a. die Amerikaner, die Briten, die Franzosen und die Russen
   b. die Japaner, die Italiener und die Russen
   c. die Deutschen und die Amerikaner

4. Was ist der Artikel für das Wort **Rache** im Nominativ?
   a. der
   b. die
   c. das

5. Wie wußten Sie die Antwort auf Frage 4? Welches Wort im Lesetext C half Ihnen dabei?
   a. vor, eine Dativpräposition
   b. bis, eine Akkusativpräposition
   c. zu, eine Dativpräposition
6. Was bedeutet **Rache?**
   a. *departure*
   b. *revenge*
   c. *battle*
   d. *weapon*
7. Der Führer der nationalsozialistischen Herrschaft war Adolf Hitler. Wissen Sie, was das Wort **Herrschaft** bedeutet?

Lesetext D:

Großangriffe auf 131 deutsche Städte

131 deutsche Städte waren während des Krieges durch Großangriffe aus der Luft betroffen° worden. Die Statistik nennt 29 auf Berlin, 21 auf Braunschweig, 19 auf Ludwigshafen und Mannheim, je 18 auf Kiel, Köln und Frankfurt am Main, je 16 auf Hamburg und Münster, je 15 auf Koblenz und Hamm und je 11 auf Hannover und Magdeburg. Allein die britische Luftwaffe ließ mit 400 000 Flügen eine Million Bomben auf gegnerisches Gebiet niedergehen, zwei Drittel davon auf Deutschland. Über ein Fünftel wiederum davon waren Brandbomben. Die beiden Nachtangriffe vom 13. Februar 1945 durch die Lancaster-Bomber der RAF° und der anschließende Tagesangriff durch die 8. USAAF° auf das mit Flüchtlingen° überfüllte Dresden war der furchtbarste Schlag des ganzen Krieges gegen die Zivilbevölkerung. Die genaue Zahl der Opfer° ist nicht zu ermitteln°. Mindestens 35 000 Menschen, so die wahrscheinlichste Schätzung°, kamen um°.

Als die alliierten Truppen auf deutsches Gebiet vorrückten°, griffen die angloamerikanischen Flieger in die Endkampfhandlungen ein°. Vom 1. Januar bis zum 26. April 1945 wurden auf das Reichsgebiet 404 Angriffe geflogen, 137 bei Nacht, 267 über Tag. Tieffliegerangriffe hatten den Eisenbahnverkehr, die Kanalschiffahrt, das Nachrichtennetz und die Versorgung° nahezu lahmgelegt° und auch der Bevölkerung hohe Verluste zugefügt°.

(Aus: Wolfgang Trees und andere, *Drei Jahre nach Null*. Droste, Düsseldorf, 1978, S. 51)

affected
Royal Air Force
U.S. Army Air Force
refugees
victims
ascertainable
estimate
umkommen *perish*
moved forward
eingreifen *to join in*
here: supply of utility services / brought to a standstill
inflicted upon

Kriegszerstörungen in den deutschen Städten

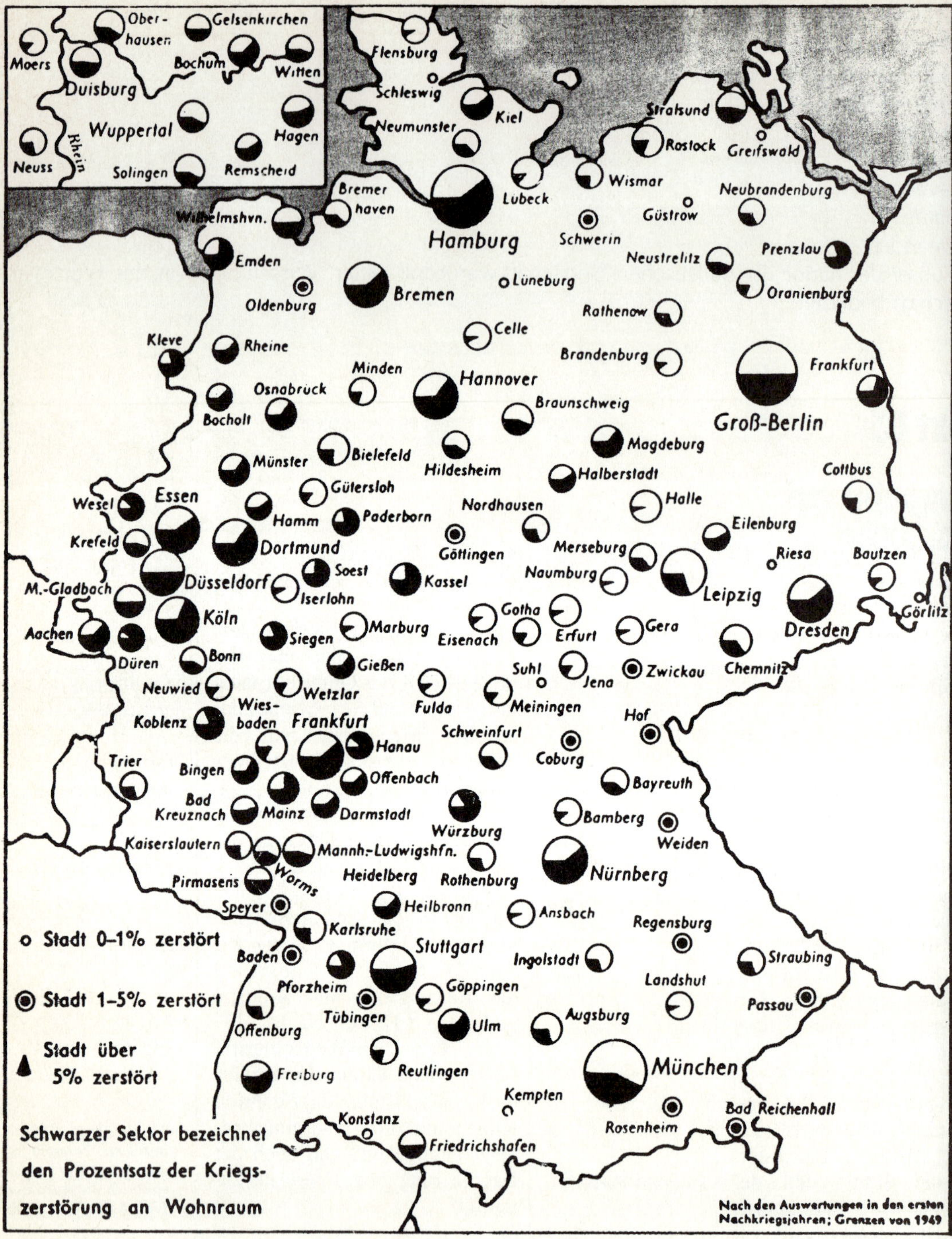

FRAGEN ZU LESETEXT D

1. Auf welche deutsche Stadt wurden die meisten Bombenangriffe gerichtet?
2. Ungefähr wie viele britische Bomben fielen auf deutschen Boden?
3. Welche Stadt verlor die meisten Menschenleben durch Luftangriffe?
4. Wie viele Nachtangriffe flogen die Engländer und Amerikaner im Frühling 1945 auf deutschem Gebiet?

WÖRTER IM KONTEXT

Teilen Sie die folgenden zusammengesetzten Nomina in ihre Komponenten und geben Sie die ungefähre Bedeutung der Wörter, die dem Kontext des Lesetexts entspricht, auf englisch!

Beispiel: Erdkampfhandlungen **Erd/kampf/handlungen** *ground battle actions*

Übersetzungshilfe:		
	der Angriff	*attack*
	die Waffe	*weapon*
	der Brand	*fire*
	das Gebiet	*area*

1. Großangriffe
2. Nachtangriffe
3. Tagesangriff
4. Tieffliegerangriffe
5. Luftwaffe
6. Deutschland
7. Brandbomben
8. Zivilbevölkerung
9. Reichsgebiet
10. Eisenbahnverkehr
11. Kanalschiffahrt
12. Nachrichtennetz

Lesetext E: Wann wird das sein?

Wenn in aller Welt die Kinder lachen,
Wenn die Mieten steigen und die Drachen°, *kites*
Wenn die Ärzte nach Patienten schrein;
Wenn's von Häusern leuchtet°. *shines*
„Frisch gestrichen°", *freshly painted*
Wenn man Hüte ablegt°, deren Band verblichen°, *takes off / faded*
Wenn der U-Bahn-Nachbar flüstert° *whispers*
„Sie verzeihn".
Dann wird endlich Frieden sein.

Wenn man Silos baut und Lagerschuppen°, *storage sheds*
Wenn ein Backfisch° fragt: *teenager*
„Was ist das—Truppen" . . .

Wenn das Zähnezieh'n die größte Pein°; — *pain*
Wenn die Zeitungen von Fettsucht° melden, — *obesity*
Wenn nur Sportgewinner große Helden.
Dann wird endlich Frieden sein.

Wenn die Mütter froh die Kinder schwenken°, — *swing*
Wenn die Onkels Neffen Uhren schenken,
Wenn man Wohnung wechselt ohne Schein°; — *permit*
Wenn, wer's Auto kauft, auch selber steuert,
Wenn man Hausrat°, der nicht paßt, erneuert, — *household furnishings*
Wenn man Fleisch hat und lädt Freunde ein.
Aber, Enkelchen, wann wird das sein?

(Aus: Karl Schnog, in *Ulenspiegel*, 3, Nr. 5, 1948, S. 2)

FRAGEN ZU LESETEXT E

1. Wissen Sie, warum Privatpersonen keine privaten Autos fahren durften?
2. Warum war man in der U-Bahn (oder in anderen öffentlichen Verkehrsmitteln) nicht sehr höflich zueinander?
3. Warum brauchte man **einen Schein** *(permit)*, um die Wohnung zu wechseln?

ÜBUNG

Dieses Gedicht aus der Nachkriegszeit (1948) stellt eine Liste von damals utopisch scheinenden Bedingungen für den Frieden auf. Beschreiben Sie mit eigenen Worten, wie, dem Gedicht nach, der Frieden aussehen würde! Was macht man mit alten Kleidern? Wie benimmt man sich (behaves oneself) *in der U-Bahn, in der Straßenbahn oder im Bus? Was wird gebaut? Welche Wörter werden nicht mehr oft gebraucht? Was kann man in der Zeitung lesen? Machen Sie weiter!*

Beispiele: Im Frieden werden die Kinder in allen Ländern lachen. Es wird genügend Ärzte für alle Kranken geben. Man kann wieder Farbe kaufen, um die Häuser zu streichen.

RICHTIG ODER FALSCH?

Im Krieg, dem Gedicht nach, ...	Antwort	in Zeile
1. gab es zu viele Kranke und nicht genug Ärzte.	________	________
2. war man immer sehr höflich zueinander, auch in öffentlichen Verkehrsmitteln.	________	________
3. hatten die Leute oft Zahnschmerzen.	________	________
4. hatte man nicht sehr viel zu essen.	________	________
5. brauchte man eine offizielle Genehmigung (einen Schein), um in eine andere Wohnung ziehen zu können.	________	________
6. gab man viele Partys.	________	________
7. konnte man nicht mit privaten Autos fahren.	________	________

ZUR DISKUSSION

1. Welche der Wünsche im Gedicht haben sich noch nicht erfüllt? In den USA? In der Bundesrepublik? In der DDR? In Afrika? In Indien? In Südostasien? Warum?
2. Wie sieht Ihrer Meinung nach der Frieden aus?

Lesetext F:

Die Wohnungsnot

Etwa 400 Millionen Kubikmeter Schuttmassen° lagen 1945 auf Deutschland. Es wurde geschätzt°, daß der Wiederaufbau etwa ein halbes Jahrhundert dauern werde. Fast 5 Millionen Wohnungen waren ganz oder teilweise zerstört. Die ausgebombte Bevölkerung war notdürftig° in Kellern oder Baracken untergebracht. Die große Zahl der Flüchtlinge° und Vertriebenen° vergrößerte noch die Wohnungsnot. Schließlich war noch in vielen Städten die Versorgung° mit Energie (Strom, Gas) und Wasser zusammengebrochen.

rubble
estimated
in makeshift fashion
refugees / expellees
supply

Trümmerbeseitigung

Männer von 14 bis 65 und Frauen von 15 bis 50 Jahren unterlagen° der von den Alliierten erlassenen° Arbeitspflicht. Ob früher Nazi oder nicht—jedermann wurde eingespannt°, um den Trümmerschutt beiseite zu räumen°. Jeder gesunde Mann mußte mitarbeiten, wenn er seine Essensrationen erhalten wollte. Kleine Schulungszentren wurden schnell aufgebaut, um Frauen notdürftig darauf vorzubereiten, wie man als Zimmermann°, Klempner°, Anstreicher° oder Elektriker arbeitet.

were subject to
ordered
put to work
remove
carpenter
plumber / housepainter

Trümmerfrauen in Berlin

(Aus: *Neubeginn und Wiederaufbau, 1945–1949,* S. 3)

Die Hauptlast° der gesamten Arbeit aber trugen die inzwischen legendär gewordenen Trümmerfrauen. Millionen von Ziegelsteinen° säuberten° sie Stück für Stück mit der Hand von Mörtel° und Zement und bereiteten sie damit für die erneute Verwendung vor.

main burden
bricks
cleaned
mortar

(Aus: Wolfgang Trees und andere, *Drei Jahre nach Null.* Droste, Düsseldorf, 1978, S. 89)

RICHTIG ODER FALSCH?

	Antwort	in Zeile
1. Ein Jahrhundert hat 50 Jahre.	______	______
2. Im Zweiten Weltkrieg wurden ungefähr eine halbe Million Wohnungen beschädigt.	______	______
3. Viele Städte hatten Probleme, die Bevölkerung mit Strom, Gas und Wasser zu versorgen.	______	______
4. Die meiste Arbeit bei der Trümmerbeseitigung wurde von Frauen gemacht.	______	______
5. Frühere Nazis durften nach dem Krieg nicht bei der Trümmerbeseitigung helfen.	______	______
6. Die Alliierten bestimmten, daß alle Deutschen (außer kleinen Kindern und älteren Leuten) bei den Aufräumungsarbeiten helfen mußten.	______	______

VERSTÄNDNISPROBE

Finden Sie die Sätze im Lesetext F, die ähnliche Informationen geben wie die folgenden!

1. Nach dem Krieg war Deutschland mit Ruinen bedeckt.
2. Viele Menschen hatten keine richtige Wohnung.
3. Man glaubte, es würde 50 Jahre dauern, bis die Kriegszerstörungen beseitigt wären.
4. Es gab viele Flüchtlinge, die nach Wohnungen suchten.
5. Die alliierten Siegermächte bestimmten, daß alle Deutschen (außer kleinen Kindern und älteren Leuten) arbeiten mußten.
6. Man mußte arbeiten, um etwas zu essen zu bekommen.
7. Frauen lernten, wie man traditionelle Männerarbeit macht.
8. Die Trümmerfrauen leisteten die meiste Arbeit.
9. Die Trümmerfrauen säuberten Bausteine, um damit neue Häuser bauen zu können.

ZUR DISKUSSION

Man schätzte, daß der Wiederaufbau Deutschlands ein halbes Jahrhundert dauern würde. Hatte man recht? Warum? Warum nicht?

Lesetext G: Flucht und Vertreibung

Flucht und Vertreibung

Die Alliierten bestimmten im Potsdamer Abkommen°, daß Deutschland beträchtliche° Teile seines Ostgebietes an die Sowjetunion und Polen abgeben mußte. Mehr als 12 Millionen Deutsche mußten in der größten Massenzwangswanderung der Neuzeit ihre Heimat im Osten und Südosten Europas verlassen. Häufig° erreichten sie den Westen Deutschlands ohne Geld und persönliche Habe°. Sie wurden zunächst entweder in Dörfern auf dem Land oder in Lagern untergebracht°. In den Hauptaufnahmeländern Schleswig-Holstein, Niedersachsen und Bayern wurden die Notunterkünfte oftmals zu einem Dauerzustand über Jahre hinweg. Die soziale und berufliche Eingliederung° der Heimatvertriebenen warf viele Probleme auf°. Noch über 1949 hinaus waren die Vertriebenen in der Gesellschaft eine benachteiligte° Gruppe.

(Aus: *Neubeginn und Wiederaufbau, 1945–1949,* S. 4)

agreement
considerable
frequently
property
sheltered
integration
aufwerfen *to raise*
disadvantaged

Menschen auf der Flucht

Ein Flüchtlingsschicksal°

Frau Juliane Moser, Frau des vermißten Oberstudiendirektors° Moser aus Kaliningrad (früher Königsberg in Preußen) verlor auf der Fahrt von Rauschen, wohin sie nach dem Septemberangriff 1944 aus Königsberg geflohen° war, ein dreijähriges Kind auf dem offenen Kohlenwagen° durch Erfrieren. Bei ihrer Schwester in Berlin wurde sie nach dem Einrücken° der Russen in Gegenwart° ihrer zwölfjährigen Tochter elfmal vergewaltigt° und durch einen Pistolenschuß an der linken Schulter erheblich° verletzt. Im Juli 1945 kam sie in ein kleines Dorf im Odenwald. Mit einem verstörten° Kind, einem gehetzten° Herzen, schwanger° von der Vergewaltigung. Im Februar 1946 bringt sie ein Kind zur Welt, das nach sieben Stunden stirbt. Sie arbeitet bei dem Bauer Johann Grieser IV täglich elf Stunden, hat eine Kammer°, trägt Holzschuhe mit dicken Sohlen. Spricht im Arbeitsgang° kein Wort, sieht aus wie 50, und ist 34 Jahre alt. Sie verdient sieben Mark, bei 26 Arbeitstagen im Monat. Weil sie Lohnsteuer° nicht bezahlte, wurde ihr der Pelzmantel gepfändet°. Sie will nicht mehr leben und tut es doch, weil sie die Tochter hat, die sie schweigsam° betrachtet, als wäre sie ein Wunder. Die verhaltene° Zärtlichkeit° der Ostdeutschen hilft der Mutter vielleicht doch einmal über diese Zeit.

(Aus: Hans A. Rümelin, Hrsg., *So lebten wir . . . Ein Querschnitt durch 1947*. Willsbach, Württemberg, 1948, S. 14)

- *fate of a refugee*
- *headmaster of a secondary school*
- *fled*
- *coal car*
- *arrival*
- *presence*
- *raped*
- *severely*
- *disturbed*
- *restless / pregnant*
- *small room*
- *during work*
- *income tax*
- *confiscated*
- *silently*
- *reserved / tenderness*

FRAGE ZU „EIN FLÜCHTLINGSSCHICKSAL"

Warum wollte Juliane Moser nicht mehr leben? Machen Sie eine Liste der Lebenserfahrungen, die ihr die Lebenslust (will to live) *nahmen!*

WÖRTER IM KONTEXT

1. Das Wort **Lager** bedeutet . . .
- a. *castle.*
- b. *youth hostel.*
- c. *camp.*
- d. *train station.*

2. Das Wort **Eingliederung** bedeutet . . .
- a. *integration.*
- b. *administration.*
- c. *gliding.*
- d. *prosthesis.*

3. Was bedeutet **Hauptaufnahmeland?** (Verständnishilfe: Nach dem Vietnamkrieg wurden die USA zum Hauptaufnahmeland für vietnamesische Flüchtlinge. Zwischen 1933 und 1945 nahmen die USA auch viele europäische Juden auf, die den Nazis entfliehen konnten.)
4. Was bedeutet **Massenzwangswanderung?** (Verständnishilfe: Ein Beispiel einer Massenzwangswanderung aus der amerikanischen Geschichte ist die sogenannte *Trail of Tears* Wanderung der Cherokee-Indianer von der Ostküste nach Oklahoma.)
5. Das Wort **Not** *(need, want, distress, misery, necessity, emergency, trouble, urgency, difficulty, peril, danger)* wird oft mit anderen Nomina kombiniert. Finden Sie das richtige Wort aus der folgenden Liste für jede angegebene Situation!

Notanruf, Notarzt, Notausgang, Notbremse, Notgesetz, Nothilfe, Notlage, Notlandung, Notlüge, Notstandsgebiet, Nottaufe, Notunterkunft, Geldnot, Hungersnot, Wohnungsnot

a. Die beiden Motoren des kleinen Flugzeugs hörten zu laufen auf, und der Pilot mußte eine ________ machen.

b. Herr Wagner trat auf das Bremspedal *(brake),* aber der Wagen hielt nicht. Er zog schnell die ________ und konnte den Wagen noch kurz vor der Barrikade zum Halten bringen.

c. Man konnte ihm die ________ verzeihen. Wenn er die Wahrheit gesagt hätte, hätte man seine Familie erschossen.

d. Nach Mitternacht sind die Türen des Hotels geschlossen. Um das Hotel zu verlassen, können Sie dann den ________ benutzen.

e. Das Kind wurde plötzlich sehr krank. Da es aber Sonntag war, war der Hausarzt *(family doctor)* der Familie nicht zu erreichen. Gott sei Dank erinnerte sich das Kindermädchen *(baby-sitter),* daß im Krankenhaus immer ein ________ Dienst hatte.

f. Auf der Autobahn gibt es ungefähr alle 10 km ein Telefon, wo man einen ________ machen kann, falls man eine Panne hat.

g. Alle Hotels, Pensionen und Privatwohnungen waren voll von Menschen, und die Familie konnte nur noch eine ________ in einer Garage finden.

h. Frau Weber hatte ihre Stelle *(job)* verloren. Ihre kleine Tochter war schwer krank, aber Frau Weber konnte noch nicht einmal genügend Essen und Medizin kaufen. Die Familie befand sich in einer furchtbaren ________ .

i. Nach dem Erdbeben *(earthquake)* befand sich die Stadt in einer schlimmen ________ . Der Präsident sandte militärische Truppen, um ________ zu leisten.

ÜBUNG

Ergänzen Sie den folgenden Text, damit er dem Inhalt des Lesetextes G, „Ein Flüchtlingsschicksal", entspricht!

Vor dem Krieg wohnte Juliane Moser mit ihrer Familie in Königsberg (jetzt Kaliningrad in der Sowjetunion). Ihr Mann war ________ von Beruf. Ihr Mann war im Zweiten Weltkrieg vermißt, und Frau Moser floh 1944 mit ihren ________ nach Rauschen. Als die russische Armee weiter in den Westen drang, mußte sie von dort weiterfliehen. Es war ein bitterkalter ________ , als sie und ihre zwei Kinder auf einem Kohlenwagen gegen Westen flohen. Das kleinere Kind starb auf der Flucht durch ________ .

In Berlin wohnte Juliane Moser eine Zeitlang bei ihrer ________ . Dort wurde sie von russischen Soldaten mehrere Male ________ . Sie versuchte sich zu wehren *(to defend herself)*, aber einer der Soldaten schoß ihr mit einer ________ in die Schulter.

Als der Krieg zu Ende war, kam sie mit ihrer ________ in ein kleines Dorf und arbeitete dort bei einem ________ . Neun ________ nach der Vergewaltigung bringt sie ein Kind zur Welt. Das Baby lebt nur sieben ________ .

Juliane Moser arbeitet ________ Tage im Monat und elf ________ am Tag. Sie wohnt mit ihrer Tochter in einem ________ Zimmer. Sie spricht kaum mit anderen ________ und sieht viel ________ aus, als sie wirklich ist. Sie lebt nur für ihr ________ . Wer weiß, ob die Frau jemals wieder ein normales Leben führen und ihr Schicksal vergessen kann.

Lesetext H:

Vermißtenanzeigen, in „Der Berliner"
vom 30. August 1945

Die Suche nach Angehörigen

Ursprünglich° waren es 630 Kinder, die auf der Flucht° aus dem Osten Deutschlands nicht nur ihre Eltern, sondern auch ihren Namen verloren hatten. 330 Kinder haben ihren Namen wiedergefunden, unter ihnen sind 230, die auch noch ihre Eltern wiederfanden. Dies danken sie dem Suchdienst des Roten Kreuzes, der in Hamburg und in München Zentralstellen hat. Der Suchdienst haust in Hamburg-Altona in einem weitläufigen Gerichtsgebäude°. 660 Angestellte arbeiten hier in zwei Schichten°. Richtet man das Wort an sie, so erwidern sie gern mit Zahlen: Die Namen von 15 Millionen Ostvertriebenen sind in Westdeutschland bekannt. Desgleichen von dreieinhalb Millionen Wehrmachtvermißten. Unter ihnen waren zehn Millionen, die von anderen Menschen gesucht wurden: Aufenthalt unbekannt! Vier Millionen Menschen sind zwischen 1945 und 1968 mit Hilfe der Kartei° gefunden worden. Aber mehr als zwei Millionen Menschen ohne Adresse fanden ohne Hilfe des Suchdienstes ihre Angehörigen wieder oder wurden von diesen wiedergefunden. „Es bleiben also knapp vier Millionen Menschen, die noch gesucht werden; darunter sind mehr als eineinhalb Millionen Wehrmachtvermißte", sagte ein Mitarbeiter° des Suchdienstes.

initially
flight
court building
shifts
files
employee

(Aus: Josef Müller-Marein. *Deutschland im Jahre 1*. Christian Wegner Verlag, Hamburg, 1968, S. 277–78)

Vermißtenanzeigen

Stalingrader! Wer von euch kann Auskunft geben über Erich Plünnecke an seine Eltern R. Plünnecke, Wilmersdorf, Livländische Str. 16

Gesucht wird **Karl Obst von Werner und Charlotte.** Bitte sofort melden.

Schütze **Karl Heinz Hoven** war im April 1945 in Oranienburg bei Berlin. Wer kann Auskunft geben über den jetzigen Aufenthaltsort? Unkosten werden erstattet! Vera Gornig, Berlin-Steglitz, Plantagenstr. 6

Wer weiß etwas über den Verbleib meines Sohnes: Panzergrenadier **Peter Brauns.** Am 30. 3. OB-Schule für Panzergrenadiere, 1. Ko., Jena-Zwätzen? Eva Brauns, Bln.-Steglitz, Schöneberger Str. 86 I

Wo ist unser **Willi? Arbeitsmann** am 31. 3. 1945 im Auffanglager Lüneburger Heide. Frieda Hinze, O 17, Friedrichsfelder Str. 42

Wer kann mir Nachricht von **Waldenburg i. Schles.** geben oder nimmt von hier Brief nach dort mit? Schilpert, Bln.-Zehlendorf, Gartenstr. 15

Wer kann Nachricht geben über den Aufenthalt meines Sohnes **Hans-Joachim Lüßen,** geb. am 19. 12. 1928 Aurich/Ostfrld. War bis z. 16. 4. 45 Ar-

Italiaander, Rolf u.a.: *Berlins Stunde Null 1945*. Düsseldorf 1979 (Droste), S. 106

WÖRTER IM KONTEXT

1. Das Wort **weitläufig** (Zeile 9) bedeutet . . .
   a. klein.
   b. groß.
2. Woher wissen Sie, daß **weitläufig** nicht **klein** bedeuten kann? (Lesen Sie den folgenden Satz im Text!)
3. **Angestellte** (Zeile 10) sind . . .
   a. Zimmer.
   b. Möbelstücke.
   c. Personen.
   d. Tiere.
4. Welches Wort in Zeile 10 oder 11 hilft Ihnen, die Antwort auf Frage 3 zu finden?
   a. arbeiten
   b. zwei
   c. Schichten
   d. 660
5. Wo haben Ostvertriebene ursprünglich gewohnt?
   a. in Berlin
   b. im Rheinland
   c. in einem Teil Deutschlands, der heute zur DDR, zu Polen und zu Rußland gehört
   d. in den bayerischen Alpen, zwischen München und dem Starnberger See
6. Ein Wehrmachtvermißter ist eine Person, die man nicht finden kann und die . . .
   a. einmal viel Macht hatte.
   b. beim Militär war (d. h. Soldat war).
   c. in Wehr (eine Stadt in Deutschland) wohnte.

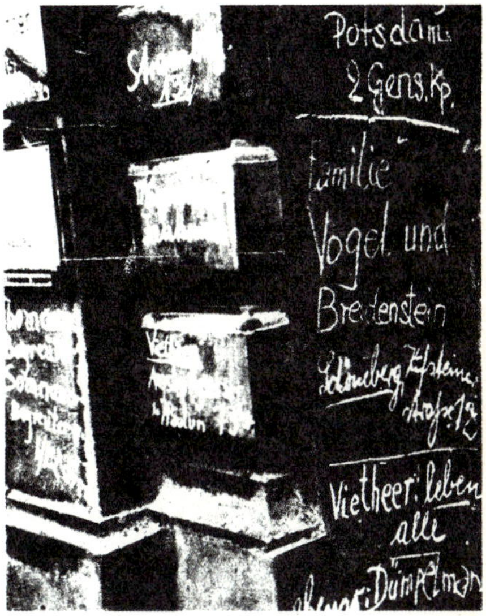

Wir leben noch.

(Aus: *Neubeginn und Wiederaufbau, 1945–1949,* S. 5)

ZUR DISKUSSION

Stellen Sie sich vor, Sie hätten im Krieg Ihre Eltern verloren. Wie würden Sie gefühlsmäßig darauf reagieren? Was würden Sie tun, um sie wiederzufinden? Wo würden Sie sie suchen? Schreiben Sie eine Vermißtenanzeige! Die Anzeigen auf Seite 154 können als Muster dienen.

Lesetext I:

Die Ernährungslage°

nutrition situation

Die wichtigste Aufgabe bei Kriegsende war zunächst die Sicherstellung° der Ernährung. Die bereits während des Krieges eingeführte Zuteilung° der Lebensmittel wurde beibehalten. In den Nachkriegsjahren erhielt ein Erwachsener in Deutschland zwischen 900 und 1300 Kalorien täglich. Der Mensch benötigt pro Tag jedoch 2200 Kalorien als Mindestmenge. Der Hunger wurde zum Hauptproblem der Bevölkerung, das sich im äußerst kalten Winter 1946/47 katastrophal zuspitzte°.

guarantee
distribution, rationing
came to a crisis

Deutschland konnte sich nur noch zur Hälfte mit Nahrungsmitteln versorgen. Es war auf die Hilfe aus dem Ausland angewiesen°. Die Amerikaner und Engländer führten Lebensmittel ein°, internationale Hilfsorganisationen und Privatpersonen, vor allem in den USA, linderten° die schlimmste Not durch Geschenksendungen, die Care-Pakete*, nach Deutschland.

dependent
einführen *to import*
relieved

Erst im Laufe des Jahres 1949 wurde der Hunger für die meisten Deutschen besiegt°. Anfang 1950 wurden die letzten Lebensmittelkarten ausgegeben.

conquered

Die Schöne und die Care*-Pakete

In der Sparte° der Heiratsanzeigen° einer norddeutschen Zeitung sucht eine 28jährige Schöne einen Partner fürs Leben. Sie hat auch etwas zu bieten: eine Zweizimmer-Wohnung und monatlich zwei Care-Pakete! Sie brauchte ihre Schönheit und ihr häuslich anschmiegsames Wesen° durch kein Photo zu dokumentieren. Der Erfolg des Inserates° sprach für sich: Sie bekam 2437 Heiratsanträge.

Pressemeldung aus dem Jahr 1948

column
marriage ads
affectionate nature
ad

*CARE ist die Abkürzung für Cooperative for American Remittances to Europe (etwa = Vereinigung für amerikanische Hilfssendungen nach Europa), zugleich bedeutet das Wort „für jemanden sorgen".

Hungerrationen

Kartoffeln bildeten den Hauptbestandteil° der Nachkriegsernährung, um die Kartoffeln kreiste das Denken der Menschen. Ohne die im großen und ganzen gelungene Versorgung° mit 2–3 Ztr. pro Kopf hätte die Bevölkerung nicht überlebt. Brot war der andere Haupt-

main component
supply

bestandteil der täglichen Nahrung, doch konnte die für notwendig erachtete° Menge von 300 g/Tag nicht überall ausgegeben werden. Brot war stets knapp°. Gegenüber Kartoffeln und Brot traten alle übrigen Lebensmittel weit zurück. An Fleisch standen monatlich 300–400 g zur Verfügung°, das tägliche Mahl war mit Ausnahme von 2–3 Sonntagen fleischlos. Wurst fiel als Brotbelag fast vollkommen aus. Statt dessen behalf sich die Bevölkerung mit eingedickten Obstsäften°. Besonders groß war der Mangel° an Fetten (Butter, Öl, Margarine). Die monatlichen Rationen von 200-300 g haben den Bedarf auch nicht annähernd° gedeckt. Butter konnte nur an Kinder und Kranke regelmäßig ausgegeben werden.

considered
scarce
zur Verfügung stehen *to be available*
thickened fruit juices
lack
minimally

(Aus: Karl-Heinz Rothenberger. *Die Hungerjahre nach dem Zweiten Weltkrieg.* Boppard, [Boldt], 1980, S. 109, 131)

Nachkriegswitz

Ehemann: „Was gibt es heute zu essen?“
Frau: „Kartoffeln!”
Ehemann: „Und was dazu?“
Frau: „Gabeln!“

Offizielle Preise und Schwarzmarktpreise 1946/1947

Wo die offiziellen Preise fehlen, bestand nur ein minimales oder überhaupt kein Warenangebot. Zur Veranschaulichung (*illustration*) des Preisniveaus sei der monatliche Lohn eines Arbeiters angeführt: er bewegte sich 1945—1948 zwischen 150,—und 200 RM.

Rothenberger, Karl-Heinz: *Die Hungerjahre nach dem Zweiten Weltkrieg.* Boppard 1980 (Boldt), S. 131

Ware	*Offizieller Preis 1947*	*Schwarzmarkt-Preise 1946/1947*
1 kg Fleisch	2,20 RM	60—80 RM
1 kg Brot	0,37 RM	20—30 RM
1 kg Kartoffeln	0,12 RM	4 RM
1 kg Zucker	1,07 RM	120—180 RM
20 Zigaretten	2,80 RM	70—100 RM (US.-Zig.) 50 RM (Franz. Zig.)
1 l Speiseöl	2,50 RM	150—180 RM (1946)
1 l Speiseöl		230—360 RM (1947—48)
1 kg Butter	4,00 RM	350—550 RM
1 kg Milchpulver		140—160 RM
1 Flasche Wein	2,00 RM	30—40 RM
1 l Schnaps		300 RM
1 l Benzin		8—12 RM
1 Kaffee-Tasse		20 RM
1 Stück T-Seife	0,35 RM	30—50 RM
1 Messer		35 RM
1 Glühbirne		40 RM
1 Paar Schuhe (Leder)		500—800 RM
1 Kleid		250—1 200 RM
1 Fahrrad		1 500 RM
1 Pelzmantel		6 000 RM
1 Opel P 4		10 000 RM

FRAGEN ZU LESETEXT I

„Die Ernährungslage"

1. Was war das größte Problem der Bevölkerung gleich nach dem Krieg?
2. Wie viele Kalorien enthielt die Nahrung eines Durchschnittsdeutschen kurz nach dem Krieg?
3. Wie viele Kalorien braucht der gesunde Durchschnittserwachsene am Tag?
4. Wie war das Wetter im Winter 1946/47?
5. Wer half den Deutschen in der Nachkriegszeit, genügend Nahrungsmittel zu beschaffen?
6. Wie lange wurden die Lebensmittel in Deutschland nach dem Krieg rationiert?

„Offizielle Preise und Schwarzmarktpreise 1946/1947"

1. Welche Waren gab es in der Nachkriegszeit auf dem offenen Markt überhaupt nicht (d. h. welche Waren waren nur im Schwarzhandel erhältlich)?
2. Waren französische oder amerikanische Zigaretten beliebter?
3. Warum, glauben Sie, gab es in der Nachkriegszeit keinen (oder wenig) Kaffee?
4. Glauben Sie, daß es damals viel Parfüm oder Schokolade gab? Warum? Warum nicht?
5. Stellen Sie sich vor, Sie hätten damals ein CARE-Paket aus Amerika mit einem Kilo Zucker und einem Kilo Milchpulver bekommen. Wieviel Geld hätten Sie für diese Waren auf dem Schwarzmarkt bekommen? Was hätten Sie dafür gekauft? Machen Sie eine Liste!

ÜBUNG

Stellen Sie sich vor, Sie lebten 1948 in Deutschland und Sie hätten die Heiratsanzeige der „Schönen" gelesen und möchten ihr einen Heiratsantrag machen. Beenden Sie den folgenden Brief!

Mein liebes Fräulein!

Ich habe Ihre Heiratsanzeige in der Zeitung gelesen und interessiere mich sehr, Sie näher kennenzulernen. Ich bin ________ Jahre alt, ________ groß, wiege ________ Kilo und wohne in ________ in/bei ________ . Von Beruf bin ich ________ . Von 1939 bis 1945 war ich ________ und habe an der ________ Front gedient. Vor dem Krieg habe ich in Köln ________ , aber dort ist leider alles kaputt. Ich interessiere mich besonders für ________ , ________ und ________ und ich bin sicher, daß wir uns ________ vertragen *(get along)* würden. In Ihrer Anzeige lese ich, daß Sie regelmäßig ________ erhalten. Ich möchte diese gerne mit Ihnen ________ . Bitte ________ Sie mir bald!

Mit freundlichen Grüßen

Ihr ____________________

ZUR DISKUSSION

1. Was waren die Hauptnahrungsmittel in Deutschland nach dem Zweiten Weltkrieg? (Die Antwort ist im Lesetext I, „Hungerrationen" zu finden.) Warum wohl?
2. Was, glauben Sie, waren die Hauptnahrungsmittel in Vietnam nach dem Vietnamkrieg?
3. Was, glauben Sie, waren die Hauptnahrungsmittel nach dem amerikanischen Bürgerkrieg (1861–1865)?

4. Nach dem Krieg erhielt der Durchschnittserwachsene *(average adult)* ungefähr zwei bis drei Zentner Kartoffeln im Jahr. (Ein Ztr. = 100 Pfund.) Wie viele Zentner Kartoffeln essen Sie ungefähr im Jahr?
5. Wie viele Gramm Brot essen Sie ungefähr am Tag? (1 Unze = 28.35 gr.)
6. Ungefähr wie viele Gramm essen Sie von den folgenden Lebensmitteln im Monat?

Fleisch	Käse	Nudelprodukte	Marmelade
Fisch	Obst	Brot	Zucker
Wurst	Reis	Gemüse und Salat	Schokolade oder Bonbons
Eier	Kartoffeln	Fettprodukte (Butter, Margarine, Öl)	?

Lesetext J: Deutschland unter alliierter Herrschaft

VORBEREITUNG AUF DAS LESEN

Der zweite Weltkrieg endete mit der bedingungslosen Kapitulation Deutschlands. Welche politischen Fragen und Probleme mußten von den Siegermächten (victorious powers) *gelöst werden? Welche wirtschaftlichen? Welche sozialen? Machen Sie eine Liste!*

Beispiele: Man mußte neue Grenzen festlegen.
Deutschland brauchte eine neue Verfassung *(constitution)* und neue Führer.

Erfahrungen mit der Besatzung° — *occupation forces*

Frage: „Wie waren—einmal ganz allgemein gesagt—Ihre Erfahrungen 1945 bei der Besatzung?"

	Wenig gemerkt	Angenehm	Unangenehm	Sehr Unangenehm
Deutsche, die die britischen Truppen bei der Besetzung° erlebten	47%	16%	26%	11% = 100%
Deutsche, die die amerikanischen Truppen bei der Besetzung erlebten	36%	15%	32%	17% = 100%
Deutsche, die die französischen Truppen bei der Besetzung erlebten	28%	7%	35%	30% = 100%
Deutsche, die die russischen Truppen bei der Besetzung erlebten	4%	1%	24%	71% = 100%
Erwachsene Gesamtbevölkerung im Bundesgebiet und West-Berlin	32%	12%	28%	28% = 100%

Besetzung°: *occupation*

Eine Umfrage° vom November 1948 des Instituts für Demoskopie in Allensbach/Bodensee, in: Zentner, Kurt: Aufstieg aus dem Nichts. Köln/Berlin 1954 (Kiepenheuer & Witsch) Band 2, S. 84.

Umfrage°: *poll*

(Aus: *Neubeginn und Wiederaufbau, 1945–1949, S. 10)*

FRAGEN

1. Welche Besatzungstruppen hatten die Deutschen am liebsten?
2. Welche Besatzungstruppen waren am unbeliebtesten?

Deutschland unter alliierter Herrschaft

Der totale Krieg endet mit der bedingungslosen Kapitulation der Wehrmacht und der totalen Niederlage° Deutschlands. Das Jahr 1945 bedeutet das Ende des deutschen Nationalstaates von 1871. Preußen, einst Kernland des Reiches, wird durch alliierten Kontrollratsbeschluß° aufgelöst. Die Gebiete östlich von Oder und Neiße werden polnischer Verwaltung unterstellt, der nördliche Teil Ostpreußens der Sowjetunion zugeschlagen° (siehe Karte auf Seite 138). Deutschland ist de facto nur noch Objekt der Politik: Frankreich, Großbritannien, die UdSSR und die Vereinigten Staaten mübernehmen die oberste Regierungsgewalt°. Ein gemeinsamer Kontrollrat faßt Beschlüsse° „über die wichtigsten Fragen, die das ganze Gebiet Deutschlands interessieren." Deutschland und Berlin werden in 4 Besatzungszonen aufgeteilt. Auf der Konferenz von Potsdam im Juli und August 1945 verhandeln° Stalin, Truman und Churchill über die zukünftige Behandlung° Deutschlands. Folgende Grundsätze° bestimmen die Verhandlungen: Das politische Leben wird auf demokratischer Grundlage neu gestaltet°, die Wirtschaftsverwaltungen werden dezentralisiert, die Großkonzerne zerschlagen. Das Schwergewicht° der Produktion wird auf die Landwirtschaft verlegt. Deutschland erhält keine Zentralregierung, soll jedoch als Wirtschaftseinheit° behandelt werden.

Ihre Vorstellungen über die Behandlung der deutschen Militärs nach dem Krieg hatten die Alliierten schon auf der Konferenz von Jalta im Februar 1945 präzisiert: „Wir sind entschlossen, alle deutschen Streitkräfte° zu entwaffnen° und aufzulösen°; den deutschen Generalstab° . . . für alle Zeiten zu zerschlagen; alle Kriegsverbrecher vor Gericht zu bringen." In den Nürnberger Prozessen vom November 1945 bis August 1946 sind die ehemaligen° führenden deutschen Militärs und die höchsten Repräsentanten des Partei- und Staatsapparates als „Hauptkriegsverbrecher" angeklagt°. Der alliierte Gerichtshof° fällt zwölf Todesurteile, verhängt° sieben Haftstrafen° und verkündet drei Freisprüche°. Dem Hauptprozeß folgen Verfahren gegen Diplomaten, weitere Militärs, SS-Funktionäre und andere Führer aus Staat, Wirtschaft und Wissenschaft.

Die unterschiedlichen Ziele der Siegermächte führen zu politischen Gegensätzen unter den Alliierten. Eine Einigung° über Deutschland scheint nicht mehr möglich. Die Sowjetunion stimmt keiner Regelung° zu, die ihr nicht eine wesentliche Kontrolle auch über die Westzonen einräumt. Die USA entschließen sich zu einer

defeat
core
decision of the control council
assigned
governing power
passes resolutions
negotiate
treatment
principles
formed
emphasis
economic unity
troops / disarm / dissolve
general staff
former
accused / tribunal
inflicts / prison sentences / acquittals
agreement
settlement

Eindämmungspolitik° des Kommunismus. West and Ost bauen ihren Einflußbereich° in Mitteleuropa aus. Ein „Eiserner Vorhang" teilt Europa und Deutschland.

policy of control
domain of influence

(Aus: *Fragen an die deutsche Geschichte.* Deutscher Bundestag, Bonn; 1981, S. 362, 365)

FRAGEN ZU LESETEXT J

„Erfahrungen mit der Besatzung"

1. Welche Besatzungstruppen hatten die Deutschen am liebsten?
2. Welche Besatzungstruppen waren am unbeliebtesten?

„Deutschland unter alliierter Herrschaft"

1. Welcher Teil Deutschlands galt vor dem Zweiten Weltkrieg als Kernland des Staates?
2. Was geschah mit den Ostgebieten (d. h. den Gebieten östlich der Oder und Neiße) nach dem Krieg?
3. Wer bestimmte über deutsche politische, wirtschaftliche und soziale Fragen zwischen 1945 und 1949?
4. Was wurde auf der Potsdamer Konferenz beschlossen? (Potsdam ist eine Stadt südwestlich von Berlin, heute in der DDR.)
5. Welche großen Staatsmänner nahmen an der Potsdamer Konferenz teil? Wer vertrat die Interessen der USA? Großbritanniens? Rußlands?
6. Was sollte mit der deutschen Großindustrie (den Großkonzernen) nach dem Krieg geschehen?
7. Was sollte nach 1945 zur wirtschaftlichen Hauptproduktion Deutschlands werden?
8. Fand die Jalta Konferenz vor oder nach Kriegsende statt? (Jalta ist eine Stadt am Schwarzen Meer.)
9. Was wurde auf der Jalta Konferenz beschlossen?
10. Was waren die Nürnberger Prozesse?
11. Was führte zu den politischen Konflikten der fünfziger Jahre zwischen Ost und West?
12. Was und wo war der „Eiserne Vorhang"?

WORTFAMILIEN

Finden Sie die Bedeutung der folgenden Wörter!

1. die Klage *(complaint),* die Anklage, der (die) Kläger(in), der (die) Ankläger(in), klagen, anklagen, verklagen, beklagen, klagend
2. das Verbrechen *(crime),* der (die) Verbrecher(in), verbrechen, verbrecherisch
3. das Ende *(end),* enden, endlich, beenden
4. Die Handlung *(action),* die Verhandlung, die Behandlung, handeln, verhandeln, behandeln
5. schlagen *(to hit, beat, slug),* der Schlag, zerschlagen, der Schläger
6. bewaffnen *(to arm),* die Waffe, entwaffnen, die Stichwaffe, die Schußwaffe, die Hiebwaffe
7. der Entschluß *(decision),* entschlossen, sich entschließen

Note to Teachers and Students

Wolfgang Borchert's short stories and his one drama offer highly pertinent and easy additional readings that deal with the topic **Nachkriegszeit** for written or oral reports. See, for instance, „Die Küchenuhr," pp. 202–03; „Nachts schlafen die Ratten doch," pp. 216–19; „Das Brot," pp. 304–06; and „Draußen vor der Tür," pp. 101–65. All appear in Wolfgang Borchert, *Das Gesamtwerk* (Rowohlt Verlag, Hamburg, 1949).

(The *Lesetexte* and illustrations for this chapter, with slight adaptations, are taken from *Neubeginn und Wiederaufbau 1945–49*. Bonn; Bundeszentrale für politische Bildung, n.d. and *Fragen an die deutsche Geschichte: Ideen, Kräfte, Entscheidungen von 1800 bis zur Gegenwart*. Deutscher Bundestag, Verwaltung Presse- und Informationszentrum, Bonn, 1981, pp. 357, 362–65.)

8

Unser Staat – Unser Stolz: Die DDR und ihre Bürger

VORSCHAU

1. Was bedeuten die Anfangsbuchstaben **BRD** und **DDR?**
2. Aus welchem Staat entstanden diese beiden Staaten?

3. Was wissen Sie über die DDR?
   a. Seit wann gibt es die DDR?
   b. Was für ein ökonomisches System hat sie?
   c. Können Sie einige führende Politiker dieses Landes nennen?
   d. Wie heißt die Hauptstadt der DDR?
   e. Können Sie andere DDR-Städte nennen?
   f. Wie heißen die Nachbarländer der DDR?
   g. Wissen Sie, ob die DDR ein Mitglied der EWG (Europäische Wirtschaftsgemeinschaft) oder der NATO ist?

4. Welche Stadt liegt innerhalb der DDR, hat aber teilweise starke Bindungen zur BRD?
   a. Seit wann ist diese Stadt geteilt?
   b. Warum ist es nicht leicht, von einem Teil dieser Stadt in den anderen zu kommen?
   c. Seit wann existiert diese Trennung?
   d. Warum, glauben Sie, wurde zwischen den beiden Stadtteilen eine Mauer errichtet?

5. Es folgt eine Liste von deutschen Städten. Welche sind in der DDR? Natürlich dürfen Sie eine Landkarte benutzen!

Bonn	Dresden	Weimar	München	Halle
Köln	Berlin	Hamburg	Breslau	Jena
Leipzig	Zwickau	Frankfurt	Danzig	

Sprachnotiz

[SOME IMPORTANT FEMININE NOUN SUFFIXES]

1. The suffix **-schaft** (related to English *-ship, -scape,* as in *friendship, landscape*) is usually added to form nouns expressing a general or collective notion:

Freundschaft	**Landschaft**
Feindschaft	**Nachbarschaft**

Übungen

Finden Sie die englischen Ausdrücke, die zu den deutschen Wörtern gehören!

Gesellschaft	*imprisonment*
Gemeinschaft	*(family) relationship*
Genossenschaft	*community*
Herrschaft	*society*
Bruderschaft	*camaraderie*
Mannschaft	*brotherhood; fraternity*
Wirtschaft	*economy; inn*
Bereitschaft	*dominance; rule (lordship)*
Verwandtschaft	*readiness*
Kameradschaft	*cooperative association*
Gefangenschaft	*team*

Suchen Sie Beispiele von **-schaft** *Wörtern in den folgenden Lesetexten! Versuchen Sie mindestens 10 verschiedene Beispiele zu finden!*

2. The suffix **-ung** is usually added to nouns or verb stems and forms mainly abstract nouns (as in English *warning, separation*): **Warnung, Trennung.**

Übung

Suchen Sie einige andere Beispiele von **-ung** *Wörtern in den Lesetexten in diesem Kapitel! Was bedeuten diese Wörter?*

3. The related suffixes **-heit** and **-keit** (like English *-ness, -hood*) are usually added to nouns and adjectives to produce abstract nouns (English *falsehood, childhood, plainness,* etc.):

Falschheit	**Kindheit**
Freundlichkeit	**Krankheit**

Übung

Benutzen Sie fünf von den folgenden Wörtern in Sätzen!

Möglichkeit, Schwierigkeit, Fruchtbarkeit, Dummheit, Schönheit, Freiheit, Gesundheit, Zugehörigkeit, Notwendigkeit, Einigkeit, Reinheit

4. The suffix **-e** forms abstract nouns when attached to adjectives **(Größe, Länge, Wärme)** and other kinds of nouns—some concrete **(Decke, Pflanze),** some abstract **(Frage, Bitte, Sorge)**—when attached to verb stems.

Übung

Suchen Sie Beispiele von **-e** *Wörtern in den folgenden Lesetexten!*

(Aus: R. Schulz u. a., *Lesen, Lachen, Lernen*, 2. Auflage, HRW, New York, 1982)

Lesetext A: Das Verhältnis der BRD zur DDR: Eine Darstellung aus westlicher Sicht

VORBEREITUNG AUF DAS LESEN

1. Lesen Sie den Titel dieses Textes! Was erwarten Sie?
- *a.* eine lustige Erzählung
- *b.* eine historische Darstellung
- c. eine biographische Skizze

2. Machen Sie eine Liste von Wörtern aus diesem Text, die mit englischen Wörtern verwandt sind!

Beispiele: Konsequenz *consequence*
politisch *political*

Schlüsselwörter

die **Demontage** *dismantlement and removal of (industrial) equipment*
die **Reparationslast** *burden of reparation payments*
die **Marshallplanhilfe** *financial-aid program for Western Europe, named after its founder, General George C. Marshall (U.S. Army)*
der **Warschauer Pakt** *military alliance of Eastern block countries*
COMECON *Council for Mutual Economic Assistance (Eastern block)*

Das Verhältnis der BRD zur DDR: Eine Darstellung aus westlicher Sicht

Deutsche Geschichte nach dem Zweiten Weltkrieg ist als Konsequenz der Teilung Deutschlands und Europas vornehmlich° die Geschichte zweier deutscher Staaten. Die Bundesrepublik Deutschland betrachtet° die Beziehungen zur DDR nicht als außenpolitische Beziehungen, sondern als „Beziehungen besonderer Art".

vornehmlich° *for all intents and purposes*
betrachtet° *regards*

Seit 1946 erzwang° die Sozialistische Einheitspartei Deutschlands (SED), gestützt auf° die sowjetische Besatzungsmacht°, den Aufbau° eines kommunistischen Systems. Durch Demontage, eine

erzwingen *to force*
(sich) stützen auf *to rely on* / *occupying power* / *building up, construction*

erhebliche° Reparationslast°, ständige Entnahme° aus der laufenden Produktion durch die UdSSR und durch das sowjetische Verbot, die Marshallplanhilfe anzunehmen, verzögerte sich° im Vergleich zur Bundesrepublik der wirtschaftliche Aufschwung° der DDR. Hinzu° trat eine Massenflucht° der Bevölkerung in die Bundesrepublik, deren Ursachen die Einschränkung° der Freiheit durch politische Reglementierung in der DDR sowie das Wohlstandsgefälle° zwischen beiden deutschen Staaten war. Um die dadurch entstehenden politischen und ökonomischen Probleme zu beheben°, schloß die DDR die Grenze zur Bundesrepublik ab; aber erst durch den Bau der Mauer in Berlin (1961) wurde die Massenflucht unterbunden°.

Die DDR verfolgte im ersten Jahrzehnt ihres Bestehens° eine Politik der Wiederherstellung der Einheit Deutschlands nach kommunistischem Muster. Nach einer Phase innerer und äußerer Konsolidierung, gewann die DDR eine bedeutende Stellung im COMECON als zweitgrößter Industriestaat mit dem höchsten Lebensstandard; als wichtiger militärischer Verbündeter° im Warschauer Pakt erreichte sie internationale Anerkennung. Seit 1974 vertritt ihre Führung die These, daß zwei verschiedene Nationen auf deutschem Boden existieren: eine „sozialistische" und eine „kapitalistische" Nation. Der Zielkonflikt zwischen der Bundesrepublik und der DDR hinsichtlich° der künftigen Gestaltung° Deutschlands ist durch politische, wirtschaftliche und humanitäre Regelungen in den siebziger Jahren zwar gemildert°, aber nicht beigelegt° worden. Nach wie vor° bleibt die „Deutsche Frage" Teil des weltpolitischen Gegensatzes.

considerable / burden / constant removal
was delayed
growth
in addition / mass flight
reduction
gap in living standards
remove
unterbinden *to put a stop to, prevent*
existence
ally
with regard to / shaping
eased
removed / after all, still

(Aus: *Die BRD und die USA, Geschichte nach dem zweiten Weltkrieg.)*

FRAGEN ZU LESETEXT A

1. Inwiefern sind die Beziehungen der BRD zur DDR anders als zum Beispiel ihre Beziehungen zu Frankreich oder Großbritannien?
2. Was ist die SED?
3. Warum ging der wirtschaftliche Aufschwung in der DDR langsamer vor sich als in der BRD?
4. Warum entstand die Massenflucht aus der DDR? Wie gelang es den DDR-Behörden, die Flucht zu stoppen?
5. Welche wirtschaftlichen Fortschritte machte die DDR seit ihrer Entstehung im Jahre 1949?
6. Wie sieht die DDR-Führung heute das deutsch-deutsche Verhältnis?

RICHTIG ODER FALSCH?

1. ____ Dieser Text stammt von einem ostdeutschen Historiker.
2. ____ Die DDR hat sich wirtschaftlich langsamer entwickelt als die BRD.
3. ____ Die Sowjetunion ist wohl das größte Industrieland im COMECON.

Lesetext B: Zu einem Punkt der DDR-Geschichte: Eine Darstellung aus östlicher Sicht

Schlüsselwörter

abgesehen davon, daß *aside from the fact that (lit.: "looking away" from the fact)*
Einzug halten einziehen in
die **Großagrarier** (Pl.) reiche Bauern mit großen Bauernhöfen
der **Volksentscheid** Wahl; das Volk entscheidet
entschädigungslose Enteignung *property expropriation without compensation*
gewähren (mit Dativ) erlauben; garantieren

Sprachnotiz

Viele deutsche Wörter (aber nicht *alle*) mit der Vorsilbe **ent-** haben eine ähnliche Bedeutung wie englische Wörter mit Vorsilbe **de-** oder **un-**:

entziffern *decipher*
entfalten *unfold*
entfesseln *unfetter, unchain*
entblättern *defoliate*

ÜBUNGEN

1. Machen Sie eine Liste von **ent-** Wörtern aus Lesetext B, und geben Sie für jedes gefundene Wort das entsprechende englische Wort!
2. Wie viele **ent-** Wörter haben Sie gefunden, die der englischen **un-** oder **de-** Vorsilbe nicht entsprechen?

Beispiel: entsprechen *correspond to*

Zu einem Punkt der DDR-Geschichte: Eine Darstellung aus östlicher Sicht

Hat sich das Volk der DDR freiwillig für den Sozialismus entschieden? Gab es keinen äußeren Zwang°?

force

Bekanntlich ist eine der Standardbehauptungen antikommunistischer Propaganda, Moskau habe nach dem Ende des zweiten Weltkrieges den von der Roten Armee befreiten Ländern den Sozialismus aufgezwungen°. Abgesehen davon, daß Wien und wesentliche Teile Österreichs auch von sowjetischen Truppen befreit wurden, ohne daß dort der Sozialismus Einzug hielt°, dürfte es kaum möglich sein, eine sozialistische Ordnung ohne den Willen und die Aktion des Volkes erfolgreich aufzubauen°. Denn Sozialismus ist ein Gesellschaftssystem, das vom Volk getragen werden muß und allein seinem Wohl° dient. Es braucht und fordert die breiteste Mitwirkung° aller Klassen und Schichten°. Daher kann die sozialistische Gesellschaft nicht von einer Minderheit errichtet° oder gar von außen erzwungen° werden.

aufzwingen *to force upon*
Einzug halten *to take over*
construct
well-being
cooperation / levels
established
forced

Als in Deutschland 1945 Kommunisten und Sozialdemokraten, liberale Demokraten und Christen, Antifaschisten und ehemals Verfolgte des Naziregimes darangingen°, einen neuen friedlichen, demokratischen deutschen Staat aufzubauen, entsprach dies der tiefen Sehnsucht° der Bevölkerung nach einem Leben in Frieden und Sicherheit. Schon im Herbst 1945 hatten im Gebiet der sowjetischen Besatzungszone° kleine Bauern und Umsiedler° begonnen, die verlassenen Ländereien° der Großagrarier in Besitz zu nehmen und die Felder zu bestellen°. Als dann von demokratisch gewählten Kommissionen die Bodenreform° durchgeführt und 3,3 Millionen Hektar° Land an Landarbeiter und Umsiedler, an landarme Bauern verteilt wurde, fand dies die aktive Unterstützung der Mehrheit des Volkes. Bei einem Volksentscheid im damaligen Land Sachsen stimmten 77,62 Prozent der wahlberechtigten° Bürger für die entschädigungslose° Enteignung° der Betriebe der aktiven Nazis und Kriegsverbrecher. Alle diese Veränderungen wären ohne die Zustimmung° und Bereitschaft° der Massen, daran mitzuwirken°, nicht möglich gewesen.

to set about doing
desire
occupation zone / resettlers
estates
to till
land reform
1 Hektar = *2.47 acres (10,000 sq. meters)*
entitled to vote
without compensation / expropriation
consent / willingness
to get involved

Zu dieser Zeit und später war es zweifellos von geschichtlicher Bedeutung, daß die Sowjetunion konsequent° die Beschlüsse° der Anti-Hitler-Koalition erfüllte. (Auf der Konferenz von Potsdam vom 17. Juli bis 2. August 1945 faßten die UdSSR, die USA und Großbritannien Beschlüsse zur Entmilitarisierung, Entnazifizierung

consistently / decisions

und Demokratisierung Deutschlands, Frankreich schloß sich später dem Potsdamer Abkommen an°.) Die UdSSR unterstützte den antifaschistisch-demokratischen Wiederaufbau und bestärkte die Arbeiterklasse in der Wahrnehmung° ihrer führenden Rolle in diesem Prozeß. Die Sowjetunion gewährte° auch dem jungen Arbeiter-und-Bauern-Staat Schutz und alle notwendigen Sicherheitsgarantien gegen die Feinde des Sozialismus, die diese Entwicklung in der DDR verhindern und die alten Machtpositionen wieder herstellen wollten.

sich anschließen *to join (in)*
realization
guaranteed

(Aus: *Fragen und Antworten,* Leben in der DDR. Panorama, DDR, Berlin, 1981)

FRAGEN ZU LESETEXT B

1. Wie viele Länder können Sie nennen, die am Ende des Zweiten Weltkrieges von der Roten Armee befreit wurden?
2. Von welcher fremden Herrschaft wurden diese Länder befreit?
3. Gibt es in allen von der Sowjetunion befreiten Ländern eine sozialistische Regierungsform?
4. Warum wäre diesem Artikel entsprechend ein aufgezwungener Sozialismus kaum möglich?
5. Welche verschiedenen Gruppen arbeiteten zusammen am Aufbau des DDR-Sozialismus?
6. Warum kann man behaupten, daß die Enteignung der Betriebe und Bauernhöfe von aktiven Nazis dem demokratischen Wunsch des Volkes entsprach?
7. Welche Rolle hat die Sowjetunion laut diesem Artikel dabei gespielt?

ZUR DISKUSSION

Vergleichen Sie Lesetext B mit Lesetext A! Welche Unterschiede finden Sie in den zwei Darstellungen zur Entstehung der DDR?

Lesetext C: Die innerstädtische Grenze

VORBEREITUNG AUF DAS LESEN

1. Was ist eine **innerstädtische Grenze?** Welche Stadt ist wohl gemeint?
2. Sehen Sie sich die Zeichnung auf Seite 172 an! Woran erinnert sie Sie? Welche Aufgabe hat der Hund? Welche Anlagen haben mit Licht oder Beleuchtung zu tun? Welche haben mit Alarm oder Lärm zu tun?
3. Seit wann bestehen diese Anlagen? (Die Antwort finden Sie im ersten Satz von Lesetext C.)

Schlüsselwörter

Baustoffe *building materials*
der **Beton** *concrete*
das **Eisen** *iron*
der **Stahl** *steel*
Hindernisse *obstacles (hindrances)*
die **Mauer,** die **Wand** *wall*
der **Zaun** *fence*
der **Graben** *ditch*
der **Pfahl** *post, pole*
der **Draht** *wire*
der **Stacheldraht** *barbed wire*
der **Turm** *tower*
das **Gitter** *metal grating, fence*
die **Beleuchtung** *illumination*

ÜBUNG

Was bedeuten die folgenden Komposita?

Stacheldrahtzaun, Betonwand, Metallgitterzaun, Kraftfahrzeuggraben, Kontaktzaun, Betonmauer, Signalzaun, Kupferdraht, Beobachtungsturm, Beleuchtungspfahl

Die innerstädtische Grenze

Nicht erst seit dem 13. August 1961 ist Berlin geteilt. Schon vorher war der Ostsektor der Stadt deutlich gegenüber den Westsektoren markiert; häufig° mit Schildern wie „Sie betreten jetzt den demokratischen Sektor Berlins". Und an den äußeren Stadtgrenzen gab es Kontrollen, die freilich nicht lückenlos° waren.

frequently
without gaps

Praktisch hatten die Berliner in der ganzen Stadt ungehinderte Bewegungsfreiheit—und umgekehrt°: jeder DDR-Bürger kam ohne Schwierigkeiten nach West-Berlin. Zu viele blieben dann im Westen, zeitweise mehr als 1 000 Menschen am Tag. Diese Massenflucht, die ihre Höhepunkte in den Jahren 1953, 1956 und 1960/61 hatte, veranlaßte° die DDR dazu, ihre Grenzen zu schließen.

vice versa
caused

Im August 1961 errichteten° die Bauarbeiter der DDR die Mauer quer durch die Stadt und um die äußeren Grenzen West-Berlins herum. Der Flüchtlingsstrom wurde gedrosselt°, aber nicht völlig abgewürgt°. Obwohl die ursprünglichen Stacheldrahtsperren° durch Betonmauern, Drahtgitterzäune, Signaldrähte, Hundelaufanlagen, Beobachtungstürme und Hindernisse für Kraftfahrzeuge ergänzt° wurden, gelingt es immer wieder Flüchtlingen, unter Einsatz ihres Lebens°, diese Grenze zu überwinden°. Seit dem 13. August 1961 haben Menschen aus der DDR und aus Berlin (Ost) die Sperranlagen° um West-Berlin überwunden; darunter befanden

put up
reduced
choked off, stopped / barbed-wire barriers
supplemented
risking their lives / surmount, overcome
barriers

sich etwa 540 Angehörige bewaffneter Organe°, meist Grenzsoldaten der DDR. Die weitaus meisten davon kamen 1961 und 1962, als die Grenzsperren noch nicht so perfekt waren. Rund 70 Flüchtlinge oder Fluchthelfer haben beim Versuch, in Berlin die Grenze zu überwinden, ihr Leben gelassen; 54 von ihnen sind von Grenzern der DDR erschossen worden. Mehr als hundert Menschen wurden durch Schußwaffen° verletzt.

armed services

firearms

Die Länge der Demarkationslinie um West-Berlin beträgt 165,7 Kilometer, davon sind rund 46 Kilometer innerstädtische Sektorengrenze, also die Grenze zwischen Ostsektor und Westsektoren; die Grenze von Berlin (West) zur umliegenden DDR ist rund 120 Kilometer lang.

Die Grenze ist gefährlich. In den ersten 20 Jahren der Mauer kamen dort mindestens 71 Menschen ums Leben°; 1587 mal machten DDR-Grenzer von der Schußwaffe Gebrauch; auf Westberliner Gebiet gab es dabei 20 verletzte Personen und 436 Sachschäden°.

ums Leben kommen *to die*

property damage.

(Aus: Naurocki und Rexin; *Ost-Berlin: Eine Beschreibung politischer und gesellschaftlicher Strukturen,* Berlin, 1981, S. 22, 23.)

„Moderne Grenze"

Als „Moderne Grenze" wird das „zur Verhinderung von Republik- und Fahnenflucht°" ausgebaute Gebiet bezeichnet (Grenzordnung § 21). Seine Tiefe beträgt° durchschnittlich 50 Meter (je nach Örtlichkeit).

for the prevention of desertion and treason
amounts

fence
observation tower

vehicle trench
light tower
plowed

concrete slab wall

FRAGEN ZU LESETEXT C

1. Vor August 1961 wurde die Grenze zwischen Ost-Berlin und West-Berlin . . .
   a. mit Stacheldraht markiert.
   b. mit einer Betonmauer markiert.
   c. mit Schildern markiert.
   d. aus der Welt geschaffen.

2. Vor August 1961 konnten . . .
   a. Westberliner ungehindert nach Ost-Berlin fahren.
   b. Ostberliner ohne weiteres nach West-Berlin fahren.
   c. alle DDR-Bürger ohne Schwierigkeiten nach West-Berlin kommen.
   d. a, b und c

3. Weil manchmal mehr als tausend DDR-Bürger pro Tag im Westen blieben, . . .
   a. schloß die DDR ihre Grenzen.
   b. fuhren tausend Westberliner täglich in die DDR.
   c. errichteten die Westberliner die Mauer.
   d. entschloß man sich, die Stadt wiederzuvereinigen.

4. Die Mauer wurde im Jahr 1961 . . .
   a. von Bauarbeitern der BRD errichtet.
   b. von der russischen Besatzungsmacht gebaut.
   c. von Bauern der DDR abgerissen.
   d. von Bauarbeitern der DDR errichtet.

5. Seit dem 13. August 1961 kamen Flüchtlinge . . .
   a. gar nicht mehr nach West-Berlin.
   b. oft unter Einsatz ihres Lebens nach West-Berlin.
   c. ohne Hindernisse nach West-Berlin.
   d. nur über die Mauer nach Ost-Berlin.

6. Das dicke Betonrohr oben auf der Mauer (siehe Illustration) ist angebracht, . . .
   a. um zu vermeiden, daß Leute mit Hilfe von Seil und Wurfhaken über die Mauer klettern.
   b. um Kraftfahrzeuge fernzuhalten.
   c. um als Dekoration zu dienen.
   d. um die Aussicht in den Westen zu verhindern.

7. Die Demarkationslinie um West-Berlin ist . . .
   a. nur mit Schildern bezeichnet.
   b. mehr als 1 000 Kilometer lang.
   c. 237,5 km lang.
   d. 165,7 km lang.

8. Laut der Zeichnung der Maueranlagen versucht man, den Durchbruch von Fahrzeugen zu verhindern, . . .
   a. indem man auf sie schießt.
   b. indem man einen breiten Graben vor der Mauer gezogen hat.
   c. indem man Beleuchtungstürme aufgestellt hat.
   d. a, b und c

ZUR DISKUSSION

Stellen Sie sich vor, man errichtete eine Mauer quer durch Ihre Heimatstadt! Wie würden Sie darauf reagieren? Welche Folgen würden für Sie und Ihre Familie und Freunde daraus entstehen?

BERLIN
POLITISCHE ÜBERSICHT

Lesetext D: Zwei Zeitungsberichte von damals

VORBEREITUNG AUF DAS LESEN

Schlüsselwörter

(12. August 1961)
zur Unterbindung *in order to stop*
revanchistisch *vengeful, bent on revenge*
die **Kontrolle** *here: checkpoint*
gewährleisten *to accomplish*
die **Wühltätigkeit** *subversive activity*
unter Vorlage *upon presentation*

(15. August 1961)
die **Hetzdemonstration** *inflammatory demonstration*
sieht sich . . . veranlaßt *finds it necessary*
aufputschen *to excite, stir up*
die **Sicherungskräfte** *security forces*
die **Eindringlichkeit** *urgency*
die **Gegenmaßnahme** *countermeasure*

Sprachnotiz

Diese zwei Artikel aus *Neues Deutschland* sind in vieler Hinsicht typisch für den trockenen Stil der Zeitungsschriftsteller. Ein charakteristischer Aspekt dieses Stiles ist die **erweiterte Adjektivkonstruktion** *(extended adjectival construction)*, wie man sie im Artikel vom 15. August sehen kann. Oft lassen sich solche Konstruktionen in einen einfacheren Relativsatz (mit Passiv) auflösen:
die von modernen Wissenschaftlern entdeckten natürlichen Heilmittel die natürlichen Heilmittel, (die) von modernen Wissenschaftlern entdeckt (wurden)

ÜBUNG

Setzen Sie folgende längere Adjektivkonstruktionen aus dem Artikel vom 15. August in ähnliche Relativsätze um!

1. wegen der am Montag in den Mittagsstunden durch Vertreter des Westberliner Senats und der Bonner Regierung durchgeführten Hetzdemonstration
2. aufgeputscht von den durch die Maßnahmen der Regierung der DDR empfindlich getroffenen Spionageorganisationen

12. AUGUST 1961

Aus dem Beschluß des Ministerrates

Zur Unterbindung° der feindlichen Tätigkeit der revanchistischen und militaristischen Kräfte Westdeutschlands und West-Berlins wird eine solche Kontrolle an den Grenzen der Deutschen Demokratischen Republik einschließlich der Grenze zu den Westsektoren von Groß-Berlin eingeführt°, wie sie an den Grenzen jedes souveränen Staates üblich° ist. Es ist an den West-Berliner Grenzen eine verläßliche Bewachung° und eine wirksame° Kontrolle zu gewährleisten°, um der Wühltätigkeit° den Weg zu verlegen°. Diese Grenzen dürfen von Bürgern der Deutschen Demokratischen Republik nur noch mit besonderer Genehmigung° passiert werden. Solange West-Berlin nicht in eine entmilitarisierte neutrale Freie Stadt verwandelt ist, bedürfen Bürger der Hauptstadt der Deutschen Demokratischen Republik für das Überschreiten der Grenzen nach West-Berlin einer besonderen Bescheinigung°. Der Besuch von friedlichen Bürgern West-Berlins in der Hauptstadt der Deutschen Demokratischen Republik (das demokratische Berlin) ist unter Vorlage° des West-Berliner Personalausweises möglich. Revanchepolitikern und Agenten des westdeutschen Militarismus ist das Betreten° der Hauptstadt der DDR (demokratisches Berlin) nicht erlaubt. Für den Besuch von Bürgern der westdeutschen Bundesrepublik im demokratischen Berlin bleiben die bisherigen Kontrollbestimmungen in Kraft. Die Einreise von Bürgern anderer Staaten in die Hauptstadt der Deutschen Demokratischen Republik wird von diesen Bestimmungen nicht berührt.

- *prevention*
- *introduced*
- *customary*
- *guard system*
- *effective / to guarantee*
- *subversive activity* / den Weg verlegen *to block the path*
- *permission*
- einer besonderen Bescheinigung bedürfen *to need a special document*
- *presentation*
- *admission*

[*Neues Deutschland.* 16. Jg. (1961), Nr. 222 vom 13. August 1961]

15. AUGUST 1961

Bekanntgabe des Ministeriums des Innern

Auf Grund° der andauernden° Provokationen am Brandenburger Tor, insbesondere° wegen der am Montag in den Mittagsstunden durch Vertreter des West-

- *because of / constant*
- *especially*

Berliner Senats und der Bonner Regierung durchgeführten Hetzdemonstration° sowie der unverantwortlichen Aufforderung des Senders „Freies Berlin" und des „Rias", gewaltsam die Grenzen am Brandenburger Tor zu verletzen und andere gefährliche Provokationen vorzubereiten, sieht sich der Minister des Innern veranlaßt°, den Übergang am Brandenburger Tor ab 14. August 1961, 14 Uhr, vorübergehend° zu schließen.

Von West-Berlin aus haben einige gewissenlose° Elemente°—aufgeputscht° von den durch die Maßnahmen° der Regierung der DDR empfindlich getroffenen° Spionageorganisationen und Menschenhändlern sowie von der Frontstadtpresse—an verschiedenen Stellen versucht, die Sicherungskräfte an der Grenze nach West-Berlin durch feindliche Handlungen zu behindern. Das Ministerium sieht sich daher veranlaßt, mit aller Eindringlichkeit° darauf hinzuweisen°, daß Befehl erteilt worden ist°, solche Angriffe° unmittelbar° mit Gegenmaßnahmen zu beantworten.

Allen Bürgern West-Berlins wird im Interesse ihrer eigenen Sicherheit empfohlen, sich den Sicherungskräften auf nicht mehr als 100 Meter zu nähern und jeden unnötigen Aufenthalt in ihrer Nähe zu vermeiden°.

[*Neues Deutschland*. 16. Jg. (1961), Nr. 224 vom 15. August 1961]

rabble-rousing demonstration
sich veranlaßt sehen, etwas zu tun *to feel obliged to do something* / *temporarily*
unscrupulous
here: people / *stirred up*
measures
severely damaged
urgency / *to point out*
Befehl erteilen *to issue an order* / *attacks* / *immediately*
to avoid

FRAGEN ZU LESETEXT D

Artikel vom 12. August 1961

1. Ist *Neues Deutschland* eine bundesdeutsche oder eine DDR-Zeitung?
2. Was sind die in diesen Artikeln angeführten Gründe zur Errichtung der Mauer?
3. Wer darf nach West-Berlin gehen? Wer nach Ost-Berlin bzw. in die DDR?
4. Gilt diese strenge Grenzkontrolle auch für Bürger fremder Länder?

Artikel vom 15. August 1961

1. Was war diesem Journalisten zufolge der besondere Grund, warum die DDR die neue Grenzkontrolle einrichtete? Wo hat man zuerst die Kontrolle verstärkt?
2. Was haben gewisse Westberliner Gruppen gegen die Grenze zur DDR unternommen? Welche Gruppen waren daran beteiligt?
3. Warum konnte die Grenze für Westberliner eventuell gefährlich sein?

ÜBUNG

Finden Sie im Text der beiden Artikel Stellen, die folgenden Sätzen entsprechen!

1. Ostberliner brauchen eine spezielle Erlaubnis, um die Grenze nach West-Berlin zu passieren.
2. Zwei westliche Radiosender haben Hörer zu Verletzungen der Grenze in Berlin aufgehetzt.
3. Die DDR-Regierung hat in ihrem Kampf gegen westliche Organisationen in Berlin schon Erfolg gehabt, aber andere westliche Gruppen versuchen, DRR-Soldaten an der Grenze bei ihrem Dienst zu stören.

Lesetext E: Der Staat heißt Hilde

VORBEREITUNG AUF DAS LESEN

1. *Was bedeutet wohl der Titel dieses Lesetextes? Lesen Sie die folgenden Sätze, die im Lesetext vorkommen! Vielleicht werden Sie dann diesen Titel besser verstehen.*
  a. Man will kein ernstes Eingehen auf „große Politik".
  b. Den Bürgermeister nennt man beim Vornamen, . . .
  c. Die Leute beschäftigen sich ausschließlich mit Personen.
  d. Ein Mensch darf sich nicht hinter einer Institution verstecken.
  e. Es interessieren nicht Parteien, . . . es interessieren die Personen, die auf dem Stimmzettel stehen.

2. *Lesen Sie den ersten Satz!*
  a. Wer war Adenauer?
  b. Welcher führende Deutsche hat den Krieg mit Rußland begonnen?
  c. Wen hat man in Amerika erschossen?
  d. Was ist ein Spitzbart?
  e. Der Satz soll lustig sein. Wieso?
  f. Was hat dieser Witz mit dem Titel zu tun?

Schlüsselwörter

Folgende Komposita kommen im Lesetext E vor. Versuchen Sie, diese Wörter in ihre Komponenten aufzuteilen und mit Hilfe des Kontextes zu verstehen!

Beispiele: **Spitzbart—Spitze** *point* **Bart** *beard*
Spitzbart heißt also *pointed beard, goatee.*
Nährboden—nähren *to feed, nourish* **Boden** *soil*
Nährboden bedeutet also *fertile soil.*

die Landwirtschaft
die Kenntnisnahme
die Flüchtlingsfamilie
der Handwagen
das Gemeindebüro
die Kreisstadt
das Nachbardorf

der Staatsdiener
das Wahlrecht
der Stimmzettel
die Klassenunterdrückung
die Übergangsperiode
die Staatsmacht

DDR-Jugend bekundet in der Hauptstadt:

Unsere Liebe, unsere Treue und unsere Tat gehören unserem sozialistischen Vaterland

Der Staat heißt Hilde

Eine mecklenburgische° Bäuerin soll gesagt haben: „Wenn sie diesen Adenauer, der den Krieg mit Rußland begonnen hat, nicht in Amerika erschossen° hätten, würde ich ihm noch heute seinen Spitzbart ausreißen°." Diese Art von Witzen, in denen unterschiedliche Politiker (Hitler, Adenauer, Kennedy, Ulbricht) zu einer Person verschmolzen werden, sind nicht selten; sie zeigen ironisches Desinteresse. In der DDR gibt es viele solcher Witze, ihr Nährboden° ist die Realität. Man will kein ernstes Eingehen° auf „große Politik".

Mecklenburg *province in GDR*
erschießen *to shoot (to death)*
tear out
breeding ground / attention

In einem beliebigen° mecklenburgischen Dorf, um das die Industrialisierung der Landwirtschaft keinen Bogen gemacht hat°, läßt es sich sehr gut ohne Kenntnisnahme° des Staates leben°. Den Bürgermeister nennt man beim Vornamen, denn er ist der Sohn von Erna, mit der man in eine Klasse ging, oder der Sohn einer Flüchtlingsfamilie, die vor 35 Jahren mit dem Handwagen ankam. In der Post sitzt Trude, im Gemeindebüro° Elli, in der Sparkasse der Kreisstadt Ilona, die Tochter von Bekannten aus dem Nachbardorf. Den Dorfpolizisten nennt jeder beim Vornamen Hugo. Den kennen alle von Kindheit an. Nach seiner Armeezeit ist er zur

any, randomly chosen
einen Bogen (um etwas) machen *to go around, avoid / notice, recognition /* läßt es sich sehr gut leben *one can live well*
local administrator's office

Polizei gegangen und dann ins Dorf zurückgekehrt. Die Leute beschäftigen sich ausschließlich mit Personen. Die Institution interessiert nicht. Entscheidet beispielsweise der Dorfpolizist ungerecht, so wird ihm das persönlich angelastet°. Er hat versagt°, nicht die Polizei. Gleiches gilt für Bürgermeister, Lehrer, Kindergärtnerin und Postbeamte. Sie haben ihren Beruf gelernt, um ihn im Sinne des Bürgers auszuüben. Der Rückgriff des Staatsdieners auf die Allmacht des Staates findet kein Gehör°. Ein Mensch darf sich nicht hinter einer Institution verstecken. Nach gleichen Prinzipien wird das Wahlrecht wahrgenommen. Es interessieren nicht Parteien, Nationale Front oder sozialistische Demokratie, es interessieren die Personen, die auf dem Stimmzettel° stehen. Man sträubt sich gegen° Anonymität, weigert sich°, einen abstrakten Staat anzuerkennen, nennt stattdessen einen Vornamen, Hilde beispielsweise.

jemand etwas anlasten *to blame someone for something / failed*

Gehör finden *to gain an audience*

ballot / sich gegen etwas sträuben *to struggle against* / sich weigern *to refuse*

Der Staat bin ich . . . sind wir . . . unser Staat . . . meine DDR. Das steht auf Plakaten zu Parteitagen und Wahlen, das ist in Zeitungen zu lesen—es wird der Agitation und Propaganda zugeschrieben°, als habe es nichts mit der Realität zu tun. Weit gefehlt°. Seit seiner Gründung identifizieren sich Menschen mit diesem Staat. Sie kämpfen gegen den Faschismus oder gehören der Generation an, die nach 1945 entsetzt° das Erbe° der Väter erkennt und sich den wenigen anschließt, die aus Konzentrationslagern und Emigration heimkehren, um ein „anderes Deutschland" einzurichten. Die Jungen verachten die Taten ihrer Eltern und ihr Schweigen. Sie wollen alles besser machen:

zuschreiben: *to ascribe / far from it*

appalled / legacy

„Fort° mit den Trümmern°
Und was Neues hingebaut
Um uns selber müssen wir uns selber kümmern
Und heraus gegen uns, wer sich traut°."

away / rubble

sich trauen *to dare*

Das Aufbaulied, von Bertolt Brecht 1947 geschrieben, trifft die Stimmung.

Die erste FDJ°-Generation nach dem Zweiten Weltkrieg ist überzeugt: Der Staat stirbt ab. Das klassische Instrument der Klassenunterdrückung soll nur noch für eine kurze Übergangsperiode benutzt werden. Staatsmacht ist notwendig, um in Zeiten des Mangels die Waren gerecht zu verteilen. Staatsmacht ist notwendig, um den Wiederaufbau und die neue Gesellschaft zu organisieren. Die jungen Menschen ergreifen° Berufe, die im weitesten Sinne Beamten-Berufe sind, denn die Fabriken, die Läden, die Arztpraxen, der Zwischenhandel, die Theater und die Friseurgeschäfte (von Ausnahmen abgesehen) sind verstaatlicht°. Staatsangestellter ist ihr Status, und das hat Folgen. Sie lernen das Fachliche von den wenigen älteren Fachkräften, die dem neuen Staat Loyalität versprechen. Sie lernen die Organisation von den alten Kommunisten und der Besatzungsmacht. Bemerkt wird nicht, daß

Freie Deutsche Jugend *East German youth group*

take up

nationalized

preußische Verwaltungstradition und großrussisches Zentraldenken beim Aufbau des „demokratischen Zentralismus“ eine unheilige Ehe eingehen. Verlangt wird „Einsicht in die Notwendigkeit.“ Mit fortschreitender Entwicklung wandelt sich die Devise° zum jesuitischen „Der Zweck heiligt die Mittel“. Sind nicht ausreichend Güter vorhanden°, wird ungerecht verteilt. Das ist der Klassenkampf. Die Verteiler des wenigen geraten in gottähnliche Positionen. Nach einiger Zeit glaubt der gottähnliche Staatsdiener an seine Unfehlbarkeit°, trifft im guten Glauben schlechte Entscheidungen. Da der Staat nicht abstirbt, sondern der Staatsapparat wuchert°, wächst auch die Zahl der kleinen Götter.

Der junge Mann, der 1949 freiwillig zur kasernierten Volkspolizei ging, um die Schieber° zu greifen, ist heute hoher Offizier der Nationalen Volksarmee. Das Mädchen, das Ärztin wurde, um die Tbc° auszurotten°, ist heute Abteilungsleiterin im Gesundheitsministerium. Der junge Maurer ist Leiter des Wohnungsbaukombinats° geworden. Sie alle haben Illusionen abgebaut°. Sie wissen, daß einige ihrer Ideale auf der Strecke geblieben sind. Sie wissen nachträglich° um eigenes Fehlverhalten°. Niemals jedoch kommt ihnen der grundsätzliche Zweifel. Sie haben ihren Teil des Staates aufgebaut, so gut sie es verstanden. Es ist ihr Staat. Wer die DDR in Frage stellt, stellt ihr Leben in Frage. Die Romantik der Aufbauzeit wurzelt tief, sie ist Ursache des Selbstbewußtseins vieler DDR-Bürger, jünger wie älterer.

slogan
available
infallability
flourishes
black marketeers
tuberculosis / eliminate, eradicate
housing cooperative / got rid of, shed
after the fact / mistakes

(Aus: Irene Böhme. *Die da drüben.* Rotbuch Verlag, Berlin, 1983)

RICHTIG ODER FALSCH?

1. ____ Die DDR ist ein sehr altes Land.
2. ____ In der DDR interessieren sich nur wenige Leute für die Politik.
3. ____ Im Dorf wird der Bürgermeister immer mit Titel und Familiennamen angesprochen.
4. ____ Der typische DDR-Bürger beschäftigt sich nur mit Institutionen.
5. ____ Ein Mensch darf sich nicht hinter einer Institution verstecken.
6. ____ Die Heimkehrer aus KZ-Lagern wollten ein neues, ganz anderes Deutschland bauen.
7. ____ Bertolt Brecht stellte sich gegen den Aufbau eines neuen Deutschlands.
8. ____ Im neuen Staat gibt es wenige verstaatlichte Berufe.
9. ____ Die Verteiler von knappen Produkten wurden langsam mächtiger.
10. ____ Der Klassenkampf wird von der Autorin als Konkurrenz zwischen Schulklassen definiert.
11. ____ Die Autorin dieses Lesestückes glaubt, daß viele der jetzigen DDR-Führer und leitenden Bürger einige ihrer Ideale verloren haben.
12. ____ Der DDR-Bürger identifiziert sich persönlich mit dem Staat.

PERSÖNLICHE FRAGEN

1. Gibt es auch in den USA Kleinstädte und Dörfer, wo die Vertreter der Regierung (Bürgermeister, Polizei, Postbeamte, usw.) beim Vornamen genannt werden?
2. Können Sie an Fälle denken, wo ein Staatsdiener versuchte, sich hinter der Macht der Institution zu verstecken? **Beispiel:** Watergate
3. Wählen Sie bei jeder Gelegenheit? Warum? Warum nicht? Wenn ja, wofür interessieren Sie sich am meisten? Für die Kandidaten als Menschen, oder für die Parteien, die sie vertreten? Warum?
4. Haben Sie schon einmal mitgeholfen, eine Organisation aufzubauen, z. B. einen Klub oder eine Musikgruppe? Beschreiben Sie Ihre Empfindungen dieser Organisation gegenüber: während ihres Aufbaus und nach der Fertigstellung! Sind Sie stolz auf Ihren Beitrag? Warum? Warum nicht?
5. Kennen Sie Bürokraten, die an ihre Unfehlbarkeit zu glauben scheinen? — oder an die Unfehlbarkeit der Bürokratie, die sie vertreten? Wie reagieren Sie auf solche Leute? Erzählen Sie Ihren Klassenkameraden von einer persönlichen Begegnung mit der Bürokratie!

Lesetext F: Der Besuch

VORBEREITUNG AUF DAS LESEN

***Heimat** ist ein wichtiger Begriff in der deutschen Sprache. Für die Menschen in dieser Geschichte, die lange im Ausland waren, ruft die Rückkehr in die Heimat besonders starke Gefühle hervor.*

1. Sie finden im Lesetext F mehrere Komposita mit **Heim.** Machen Sie eine Liste und geben Sie die englische Bedeutung von diesen Wörtern!
2. Lesen Sie den ersten Absatz dieser kurzen Geschichte! Was sagt Ihnen der erste Satz über die Gäste in dem öden Hotelzimmer?
3. Warum waren diese Leute im Ausland?
   a. Sie hatten Urlaub gemacht.
   b. Sie mußten ins Exil gehen.
   c. Sie waren Kriegsgefangene.
4. Zu welcher Zeit findet die Geschichte statt?
   a. nach 1945
   b. vor 1933
   c. zwischen 1933 und 1939

Der Besuch

[ANNA SEGHERS]

*Anna Seghers, im Jahre 1900 in Mainz geboren, veröffentlichte 1928 ihren ersten Roman (novel), **Aufstand der Fischer von St. Barbara,** für den sie im selben Jahr den Kleist-Preis gewann. Sie mußte 1933 Deutschland verlassen und* *emigrierte nach Frankreich, wo sie bis 1940 lebte. Als die Nazis 1940 Frankreich besetzten, floh sie nach Mexiko und kam erst 1947 mit schwedischem Visum nach Europa zurück. Am 22. April traf sie in Berlin ein, wo sie mit anderen Exilschriftstellern von Wilhelm Pieck, dem Vorsitzenden der Sozialistischen Einheitspartei Deutschlands, willkommen geheißen wurde. Kurz nach ihrer Rückkehr sagte sie darüber: „Ich will durch die Bücher, die hier entstehen werden, verhindern, daß die Fehler der Vergangenheit jemals wiederholt werden."*

Am 1. Juni 1983 starb Anna Seghers in Berlin.

Wir saßen auf unseren noch nicht ausgepackten Koffern, an denen die Reisezettel aller möglichen Länder und Erdteile° klebten — das einzige in dem öden° Zimmer, was bunt und verlockend aussah. So hatten wir in den vergangenen Jahren oft auf denselben Koffern gesessen, in dieser und jener fremden Stadt, vier, fünf Genossen in der Emigration. Wir waren gerade in Berlin angekommen. Wir waren zu Hause.

Wir hatten uns unsere Heimkehr seit Jahren ausgemalt°. Wir hatten uns immerfort unser Land vorgestellt, auf der Flucht und in fragwürdigen Asylen, auf Schiffen im Krieg und in bombardierten Städten, in Trümmern und in Büchern, die andere geschrieben hatten oder wir selbst. Unsere Einbildungskraft hatte unentwegt, was uns teuer war, zu neuem Leben erweckt.

Jetzt saßen wir schweigsam beisammen. Einer hatte dem anderen erzählt, wie es ihm schließlich doch noch geglückt war, heimzufahren. Unser Gespräch war verstummt°. Aber kein Engel ging durch das Zimmer—wie man zu sagen pflegt, wenn ein Gespräch verstummt. Es war eher ein banges° Schweigen. Wir sahen klarer als vorher die Sprünge° in den Wänden, die mit Papier verklebten Scheiben. Durch die Reste von Fenstern sahen wir auf die Trümmer. Die Ruinenstadt verschmolz° mit dem Abendhimmel, als ob sie noch immer schwele° und rauche.

Leer, düster und hoffnungslos sahen die Menschen aus, die uns auf den Straßen begegnet waren. Erbittert von ihrem Unglück. Am meisten von dem Gedanken, sie könnten es selbst verschuldet haben.

Wir hatten uns nach unserer Sprache gesehnt° — es war eine harte, kalte Sprache geworden. In der Fremde hatten wir Wort an Wort gesetzt, damit uns ihr Klang nie verlorengehe. Sie hatte unser Heimweh beruhigt — jetzt war es Nahweh. Die Heimat war in unserer Erinnerung aufgeblüht, und jetzt, in der Wirklichkeit, war sie rauh und grau. Das dachten wir damals in dem düsteren Hotelzimmer.

Dann hatte es an unsere Tür geklopft. Bevor wir „Herein!" gerufen hatten, trat er ins Zimmer. Wir starrten ihn überrascht an. Wir waren verlegen und froh und beinah bestürzt, daß Wilhelm

continents
barren
sich etwas ausmalen *to "paint" a mental picture of something*
ceased
worried
cracks
melted
schwelen *to smoulder*
sich nach etwas sehnen *to long for something*

Pieck zu uns kam, gerade er, gerade zu uns. Ich glaube, er hat zu uns gesagt: „Willkommen, ihr Kinder. Ich habe gehört, ihr wohnt hier. Ihr wollt also helfen?"

Wir rückten auseinander°, er setzte sich auf einen Koffer, und er sah lachend die Reisezettel an. Er las die Stationen Paris—Brüssel—San Domingo—Mexiko—New York—London—Göteborg, und jede Station, als ob sie nicht länger gedauert hätte als ihr Klang, verwandelte sich in Vergangenheit. Er fragte uns aus°, und jeder erzählte erleichtert, weil alles zu Ende erlebt und erzählbar geworden war.

moved apart

interrogated

Uns war nicht mehr bang. Wir waren auch nicht mehr verlegen. Wir waren stolz. Unsere Heimat war unser Heim geworden, wir hatten unsere vier Wände, wir hatten den ersten Gast. Und was für einen Gast! An seine Gestalt war alles geheftet°, was unser Leben ausgemacht° hatte und, wie wir fühlten, immer ausmachen würde. Was uns verbannt hatte und uns zurückgerufen. Unsere Lebensfreude und unsere Todesangst. Sein Schicksal und unseres. Die Geschichte unseres Landes. Die Kämpfe in den Straßen Berlins—nicht der letzte sinnlose Widerstand gegen die eigene Befreiung, sondern die stolzen und harten des Spartakusbundes. Der Funke° von Klassenbewußtsein und Klassenvertrauen, der unentwegt° weiterglimmt°, wenn er auch von noch soviel Asche und Trümmern zugedeckt wird.—

attached to

ausmachen *to be of importance*

spark

undiminished / continues to burn

Willkommen, ihr Kinder! Seht, was für Freunde ich euch mitgebracht habe! Tote und Lebende! Wollt ihr uns helfen?

„Schlaft euch zuerst mal richtig aus°", sagte Wilhelm Pieck, „ihr seid ja jetzt daheim."

sich ausschlafen *to get thoroughly rested*

FRAGEN ZU LESETEXT F

Einführung

1. Wie lange blieb Anna Seghers in der Emigration? In wie vielen Ländern hat sie gelebt?
2. Warum kann man sagen, daß sie trotz Krieg und Ruinen noch optimistisch gegenüber der Zukunft war?

„Der Besuch"

1. Haben die meisten Emigranten, von denen Anna Seghers erzählt, geglaubt, daß sie wieder nach Hause kommen würden? Woher wissen Sie das?
2. Warum war nach einer Weile das Gespräch der Emigranten in dem Zimmer verstummt?
3. Was für Wörter benutzt Anna Seghers, um die düstere Situation im damaligen Deutschland zu schildern? Machen Sie eine Liste! **Beispiel:** öde

4. Warum waren die Emigranten so überrascht, daß gerade Herr Pieck zu ihnen kam?
5. Was für ein Gespräch entwickelte sich zwischen dem Gast und den Emigranten?
6. Inwiefern erweckte der Gast (Herr Pieck) den Optimismus und die Lebenskraft der Emigranten?
7. Warum kann man sagen, daß die Emigranten am Ende keine Emigranten mehr waren?

ÜBUNG

Finden Sie die Sätze in diesem Text, die ähnliche Informationen enthalten wie die folgenden Sätze!

1. Der Gast schaute sich die Gepäckstücke an und wußte, wo die Leute gewesen waren.
2. Die Emigranten hatten niemals das Bild der Heimat aufgegeben, auch wenn sie jahrelang im Ausland waren.
3. Besonders die Muttersprache hatte den Emigranten gefehlt.
4. Die Emigranten reagierten sehr positiv auf den Gast, obwohl sie wirklich überrascht waren.
5. Nicht nur das Zimmer, sondern die ganze Stadt war fast so grau und kaputt wie in den letzten Tagen des Krieges.
6. Die Emigranten sahen den Gast fast als eine symbolische Figur für alles, woran sie schon immer geglaubt hatten.

ZUR DISKUSSION

Halten Sie und Ihre Klassenkameraden einen realistischen Stil, wie Anna Seghers ihn benutzt, für einen interessanten literarischen Stil? Was gefällt Ihnen an dem Stil? Was nicht? Kann man eine autobiographische Geschichte als wirklich gute Literatur bezeichnen? Begründen Sie Ihre Meinungen!

9

Populäre Kultur in der BRD: Musik, Fußball, Literatur

VORSCHAU

1. Was verstehen Sie unter dem Begriff **populäre Kultur?** Machen Sie eine Liste von Wörtern, Ausdrücken und Namen, die mit der populären Kultur zu tun haben! (Was sind z. B. andere populäre Sportarten außer Fußball? Welche Formen der populären Musik und Literatur fallen Ihnen ein?)

SUNRISE

Örtliche Durchführung: Sunrise Organisation

electric rendez-vous

Al DiMeola

SAAL links

DM **18.—**	Reihe 27	Platz 5	Hobusch-Druck

Keine Haftung für Sach- und Körperschäden. Das Mitnehmen von Tonbandgeräten, Filmkameras und Flaschen in den Veranstaltungsraum ist grunds. verboten. Die Garderobe ist gegen Gebühr abzugeben. Beim Verlassen der Halle verliert die Karte ihre Gültigkeit.

Sonnabend

22.

Mai

20 Uhr

Musikhalle
Großer Saal

Not responsible for damage to property or physical injury. Tape recorders, movie cameras, and bottles prohibited. Clothing can be checked for a fee. Ticket becomes invalid when you leave the hall.

Das 'Bild' lesen

2. Sehen Sie sich die Textüberschriften in diesem Kapitel an!

a. Welche Musiker oder Musikgruppen kennen Sie schon? (Deutsche? Amerikanische?) Welche Formen der Pop-Musik hören Sie gern? Welche sind Ihre Lieblingsmusiker und Gruppen?

b. Spielen Sie Fußball? Welche Position spielen Sie am liebsten? Welche professionellen Sportarten gibt es in den USA? Kennen Sie Fußballspieler aus der BRD, die in amerikanischen Profi-Mannschaften spielen (oder spielten)?

c. Lesen Sie manchmal populäre oder „triviale" Literatur? Welche Genres lesen Sie gern—z. B. Romane, Kurzgeschichten, Science-fiction, Comic-Hefte? Nennen Sie drei oder vier amerikanische Schriftsteller oder Schriftstellerinnen, die populäre Literatur schreiben! Nennen Sie auch ein paar Titel von diesen Autoren!

Lesetext A: Inhaltsverzeichnis zu „Musik Express/Sounds"

musik express Sounds IM APRIL

inspection

FRAGEN ZU LESETEXT A (S. 188 und 189)

1. Auf welcher Seite kann sich der Leser über kommende Konzerte in der BRD informieren?
   - *a.* auf Seite 22–23
   - *b.* auf Seite 41
   - *c.* auf den Seiten 60 – 65
2. Was für Musik wird wohl auf Seiten 44 – 46 diskutiert?
   - *a.* Volkslieder
   - *b.* Country-Musik
   - *c.* Jazzmusik
3. Was sind wohl **Hintermänner,** von denen auf Seiten 54 – 56 berichtet wird?
   - *a.* *bass and percussion players*
   - *b.* *warm-up bands*
   - *c.* *business managers*
4. Warum ist der Artikel über Eric Clapton wohl von besonderem Interesse für deutsche Leser dieser Zeitschrift?
5. Welcher Artikel berichtet von den Schwierigkeiten, vor denen eine gewisse Form der Rockmusik heute in Deutschland (auch in den USA) steht?
6. Kommt Ihnen der Artikel auf Seite 24 in einer Musikzeitschrift merkwürdig vor? Warum?
7. Von wem wurde der Artikel über Joe Jackson geschrieben?

WIR BITTEN ZUM TANZ!

Das Disco-Fieber ist längst rausgeschwitzt. Aber getanzt wird wie nie. Funk, Soul, Rap und Disco, ursprünglich das Monopol schwarzer Musiker, wird zusehends° auch von Weißen – Musikern wie Publikum – übernommen.

12

STEFAN REMMLER TRIO

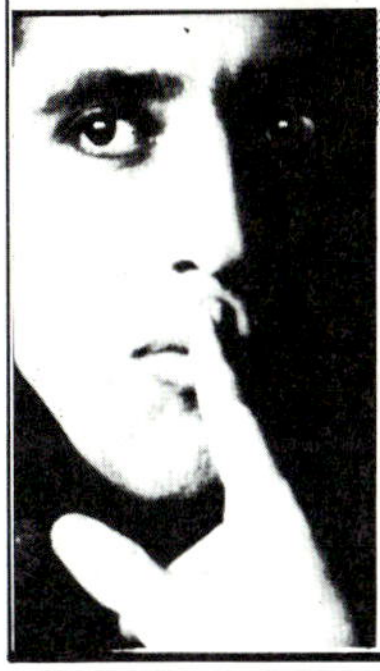

Mit minimalen Mitteln zum maximalen Erfolg. Im ME/Sounds-° Interview bekennt° Stefan Remmler, Casio-Virtuose und Kopf von Trio, daß Humor gar keine so leichte Sache ist. Nachzulesen ab Seite **30**

JOE JACKSON, ANTISTAR

Vor Überraschungen ist man bei Joe Jackson nie sicher. Sein musikalischer Zick-Zack-Kurs ist jedoch groß im Kommen. Kurz vor seinem „Rocknacht"-Auftritt beschäftigte sich Steve Lake mit Joes unorthodoxer Karriere.

18

HARTE ZEITEN FÜR HARTEN ROCK

Vor zwei Jahren noch das ganz große Ding, ist Heavy Metal in Deutschland heute kaum mehr angesagt; Tour-Pleiten° NDW,° Tanzmusik – die Schwermetaller haben's nicht leicht.

42

On the road mit

EXTRABREIT 26

Rock 'n' Roll einmal anders. Jade Kneip, Koch von Extrabreit, zog 42 Tage mit durch Deutschland. Sein Tagebuch gibt Einblick in das Leben hinter den Kulissen° in täglichen Frust, nächtliche Maloche,° endlose Autobahnen, in Euphorie und Katzenjammer.°

ERIC CLAPTON

Älter ohne veraltet zu sein, befreit vom Stigma des Gitarren-Gotts. Clapton anno '83 ist ein reifer, eigenwilliger Künstler. Wenn er demnächst durch Deutschland tourt, können ihn – mit ein bißchen Glück – vier Rock-Generationen erleben.

60

(name of music magazine) / declares

noticeably, increasingly

flops / Neue Deutsche Welle

the scenes
job

the blues

Lesetext B: Die Gruppe „Trio“

„Trio“

Über die musikalischen Qualitäten ihres Minimal-Rocks streiten sich hierzulande die Gelehrten: unbestritten dagegen sind andere wichtige Errungenschaften° der Drei vom „Trio“: Als erste Rockband haben sie Dieter Thomas Hecks ZDF-Langeweiler-Parade mit Leben gefüllt, sie haben ihre Wahlheimat Großenkneten mit einem Schlag° auf die Liste der bundesdeutschen Rock-Metropolen gebracht – und mit „Da Da Da“ einen Hit gelandet, dessen Titel auch des Sprechens unkundige Kleinkinder wiedergeben können.

achievements

mit einem Schlag *overnight*

Zuerst kannte man vom „Trio“ nur Namen, Adresse und Telefonnummer, denn das waren die einzigen Informationen, die das Cover ihrer ersten LP bot. Das änderte sich schnell: aus dem Insider-Tip wurde ein internationaler Erfolg, der selbst in den USA rund 100.000 Maxisingles absetzte.

Als Texter der „Kopf“ der Gruppe ist Sänger Stefan Remmler. Der ehemalige° Lehrer und Gitarrist Gerd „Kralle“ Krawinkel kennen sich schon seit zwei Jahrzehnten, zeitweise als Mitglieder der „Stones“ von der Wesermarsch. Später stieß Stehschlagzeuger Peter Behrens dazu,° das Show-Talent der Band.

former

dazustoßen *to join*

Peter Jebsen traf Stefan Remmler in einem Kölner Hotelzimmer, in dem sich „Kralle“ –

das „Trio“ ist schließlich immer noch ein Kollektiv – gerade für einen Flug nach München zum letzten Soloauftritt im Rahmen der Wahlkampftournee „Grüne Raupe“ fertigmachte. Ebenfalls mit von der Partie beim ME/Sounds-Interview: Klaus Voormann, international gefragter Studio-Bassist und als Produzent „Trio-Vormann“.

(Aus: *Musik Express/Sounds,* Nr. 4, April, 1983, S. 32)

FRAGEN ZU LESETEXT B

1. An welche Art von Musik denken Sie, wenn sie den Ausdruck **Minimal-Rock** lesen?
2. Was war der erste Hit der Gruppe „Trio“?
3. Was ist wohl mit der ironischen Bezeichnung **Dieter Thomas Hecks ZDF-Langeweiler-Parade** gemeint? (ZDF = Zweites Deutsches Fernsehen) Was ist wahrscheinlich der richtige Name dieser Fernsehsendung?
4. Warum kann man sagen, daß die Musiker im „Trio“ keine ganz jungen Männer sind?

Lesetext C: Die Gruppe „Nena“ und ihr Lied „99 Luftballons“

Glasklar

„Nena sind wir alle“, sagt Nena Kerner. Ihr Vorname ist auch der Name der Popgruppe aus Hagen im Ruhrgebiet. Mit ihrem ersten Lied wurde „Nena“ sofort berühmt. Vorher war die Gruppe völlig unbekannt. Was ist ihr Erfolgsgeheimnis? Den meisten gefällt die „kernige“, glasklare Stimme von Nena Kerner. Andere mögen die elektronischen Tricks in der Musik und die ungewöhnlichen Texte. „99 Luftballons“ zum Beispiel ist ein Lied gegen den Krieg. Es erzählt, wie durch einen Irrtum° ein Krieg entsteht. Am Ende liegt die Welt in Trümmern. Die Hörer sollen über diese Warnung nachdenken.

error

(Aus: *Jugend-Scala,* Nr. 5, Okt. 83, S. 10)

99 Luftballons

Hast du etwas Zeit für mich,
dann singe ich ein Lied für dich
von 99 Luftballons
auf ihrem Weg zum Horizont.
Denkst du vielleicht g'rad° an mich,
dann singe ich ein Lied für dich
von 99 Luftballons,
und daß sowas von sowas kommt.

just now

99 Luftballons
auf ihrem Weg zum Horizont
hielt man für Ufos aus dem All°
darum schickte ein General
'ne Fliegerstaffel° hinterher
Alarm zu geben, wenn's so wär,
dabei war'n da am Horizont
nur 99 Luftballons.

space

squadron of planes

99 Düsenflieger
jeder war ein großer Krieger,
hielten sich für° Captain Kirk.
Das gab ein großes Feuerwerk.
Die Nachbarn haben nichts gerafft[1]
und fühlten sich gleich angemacht[2]
Dabei schoß man am Horizont
auf 99 Luftballons.

halten für
consider to be

99 Kriegsminister—
Streichholz und Benzinkanister—
hielten sich für schlaue Leute
witterten schon fette Beute.
Riefen Krieg und wollten Macht.
Mann, wer hätte das gedacht,
daß es einmal soweit kommt
wegen 99 Luftballons.

99 Jahre Krieg
ließen keinen Platz für Sieger.
Kriegsminister gibt's nicht mehr
und auch keine Düsenflieger°.
Heute zieh ich meine Runden,
seh' die Welt in Trümmern° liegen.
Hab' 'nen Luftballon gefunden,
denk' an dich und lass' ihn fliegen.

jet planes

ruins

[1]verstanden, gemerkt
[2]herausgefordert, provoziert

Musik: Jorn-Uwe Fahrenkrog-Petersen; Text: Carlo Karges: Verlag Edition Hate, weltweit.

FRAGEN ZU LESETEXT C

1. Woher hat die Gruppe ihren Namen?
2. Wie viele Lieder hatte „Nena" vor diesem Hit aufgenommen?
3. Warum kann man behaupten, daß „99 Luftballons" ein thematisch ernsteres Lied ist als die meisten populären Lieder?

WÖRTER IM KONTEXT

1. Das Wort **sowas** in der ersten Strophe ist eine Zusammensetzung von **so etwas** und bedeutet hier . . .
   a. *thus something.*
   b. *something like that.*
   c. *such small matters.*
2. Das Partizip **gerafft** in der dritten Strophe entspricht . . .
   a. *grabbed for.*
   b. *understood.*
   c. *expected.*
3. In der gleichen Strophe ist **angemacht,** ein umgangssprachliches Synonym für . . .
   a. angegriffen.
   b. angesprochen.
   c. angezogen.
4. Das Verb **witterten** in der vierten Strophe bedeutet auf englisch . . .
   a. *suspected.*
   b. *sensed.*
   c. *weathered.*

ZUR DISKUSSION

Sollen die Texte von populären Liedern Themen wie Krieg und Umweltverschmutzung behandeln, oder sollen sie, Ihrer Meinung nach, lieber unkritische, z. B. persönliche Themen (Liebe usw.) behandeln? Begründen Sie Ihre Antwort!

Lesetext D: Die Hitparaden (April 1983)

HITPARADEN

LESER-HITPARADE

1. **Nena,** Nena (12)
2. **BAP,** Vun Drinne Noh Drusse (1)
3. **Chris De Burgh,** The Getaway (13)
4. **Dire Straits,** Love Over Gold (9)
5. **Spliff,** Herzlichen Glückwunsch (18)
6. **Phil Collins,** Hello, I Must Be Going (10)
7. **ABC,** Lexicon Of Love (4)
8. **Dexy's Midnight Runners,** Too-Rye-Aye (2)
9. **Led Zeppelin,** Coda (15)
10. **Tom Petty,** Long After Dark (3)
11. **Whitesnake,** Saints And Sinners (8)
12. **Manfred Mann,** Somewhere In Afrika (5)
13. **Udo Lindenberg,** Odyssee (–)
14. **Peter Schilling,** Fehler im System (–)
15. **Bob Seger,** The Distance (17)
16. **The Jam,** Dig The New Breed (19)
17. **Culture Club,** Kissing To Be Clever (6)
18. **Kate Bush,** The Dreaming (11)
19. **M.M.-Westernhagen,** Das Herz Eines Boxers (16)
20. **Men At Work,** Business As Usual (–)

DEUTSCHLAND

LP's

1. **Nena,** Nena (1)
2. **Peter Schilling,** Fehler im System (3)
3. **Chris de Burgh,** Getaway (4)
4. **Udo Lindenberg,** Odyssee (5)
5. **Christopher Cross,** Another Page (2)
6. **J.M. Jarre,** Musik aus Zeit und Raum (14)
7. **Phil Collins,** Hello, I Must Be Going (8)
8. **Sydne Rome,** Aerobic (7)
9. **Chicago,** The Feeling of Chicago (29)
10. **Peter Hofmann,** Rock Classics (9)
11. **Culture Club,** Kissing To Be Clever (10)
12. **Supertramp,** Famous Last Words (6)
13. **BAP,** Vun Drinne Noh Drusse (11)
14. **A. Vollenweider,** Caverna Magica (13)
15. **Spliff,** Herzlichen Glückwunsch (17)
16. **Spider Murphy Gang,** Tutti Frutti (15)
17. **Chris de Burgh,** Best Moves (22)
18. **BAP,** Für Uzzeschnigge (18)
19. **Eddy Grant,** Killer On The Rampage (20)
20. **Earth, Wind & Fire,** Powerlight (–)

SINGLES

1. **Peter Schilling,** Major Tom (1)
2. **Nena,** 99 Luftballons (2)
3. **Kiz,** Die Sennerin vom Königssee (3)
4. **Phil Collins,** You Can't Hurry Love (4)
5. **Captain Sensible,** Wot (5)
6. **Nickerbocker & Biene,** Hallo Klaus (i wü nur zruck!) (6)
7. **Eddy Grant,** I Don't Wanna Dance (8)
8. **Culture Club,** Do You Really Want To Hurt Me (7)
9. **The Flirts,** Passion (9)
10. **Nicole,** Ich hab' dich doch lieb (10)
11. **Udo Lindenberg,** Sonderzug nach Pankow (11)
12. **Renee And Renato,** Save Your Love (12)
13. **Madness,** Our House (13)
14. **Eddy Grant,** Electric Avenue (14)
15. **Nazareth,** Dream On (26)
16. **Ricchi e Poveri,** Mamma Maria (17)
17. **Divine,** Shoot Your Shot (15)
18. **Spider Murphy Gang,** Ich schau Dich an (23)
19. **Culture Club,** Time (18)
20. **Wham?,** Young Guns (Go For It) (21)

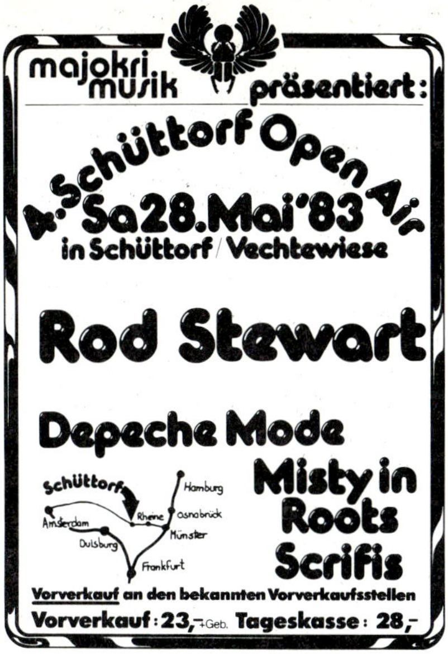

FRAGEN ZU LESETEXT D

1. Wie viele amerikanische Gruppen oder Sänger sind in den zwei Hitlisten vertreten? Welche anderen ausländischen Gruppen kennen Sie?
2. Welcher deutsche Titel hat vielleicht einen Text im Dialekt? (Was bedeutet der Titel wohl auf hochdeutsch?)
3. Finden Sie in der Singles-Liste deutsche Lieder, die man auch im amerikanischen Radio hört (oder früher hörte)? Welche?

Lesetext E: LP Kritiken

VORBEREITUNG AUF DAS LESEN

1. Lesen Sie die letzten paar Sätze von dieser Plattenkritik! Was für eine Bewertung bekommt die LP?
2. Viele englische Wörter und Begriffe aus dem Musikerjargon werden leicht geändert oder gänzlich ungeändert in die deutsche Musikersprache übernommen. Machen Sie eine Liste von ursprünglich englischen Wörtern aus dieser Plattensbesprechung!

Beispiele: Drums, rockig, Riff

musik express Sounds LP KRITIKEN

******		**phänomenal**
*****		**sehr gut**
****		**gut**
***		**nicht übel°**
**		**lau°**
*		**mies°**

not bad
lukewarm
lousy

LEGENDARY HEARTS
Lou Reed
RCA PL 14568

„Wie kannst du über Liebe schreiben, wenn du nicht an sie glaubst?" erzählte Lou Reed beim Erscheinen seines vorletzten Meisterwerks THE BLUE MASK (1982) einem Interviewer. Hinter und vor der Blauen Maske stieg Lou Reed mit all seinen literarischen/musikalischen Fähigkeiten zurück ins volle Leben, um für das Liebesglück *alles* zu riskieren!

BLUE MASK war aber vor allem auch musikalisch ein Einschnitt: Lou hatte seine Band, mit der er viele Jahre lang gearbeitet hatte, gefeuert und ein glanzvolles Trio engagiert: Robert Quine (Gitarre), Fernando Saunders (Baß) und Doane Perry (Drums). Lou Reed und seine Band waren so stark wie nie zuvor.

LEGENDARY HEARTS ist Lou Reeds 15. Solo-Album und klingt nach den Blue-Mask-Musikern (ich habe nur eine Vorabcassette, ohne Angaben zur Bandbesetzung). LEGENDARY HEARTS ist der zwingende Anschluß an die starke, deklamatorische Poesie von BLUE MASK. Im Titelstück des neuen Werks singt Lou: *„Legendary Hearts, tear us all apart/Make all emotions bleed... No legendary love is coming from above/ It's in this room right now."* Dann der Refrain: *„You got to fight to make what's right/You got to fight to keep your legendary love!"* Ein leichtes, melodiöses Liebesgedicht. Geschrieben aus der Abgeschiedenheit heraus, aber über die eigenen vier Wände hinausdenkend. Schließlich hat er genug Erfahrungen gemacht, draußen.

Gleich darauf folgt ein schneller Rocker mit rasendem Funk-Baß: „Don't Talk To Me About Work". Mit schnellem Sprech-Gesang macht uns Lou klar: *„Please don't talk to me about work/I'm up to my eyebrows in dirt with work!"* „Martial Law" hat bestimmendes Charly Watts-Drumming – kein Beat zu viel, und die Riffs der Rhythmusgitarre klingen nach Keith Richards.

Lou Reed erreicht auf LEGENDARY HEARTS den/seinen Höhepunkt mit dem Alkohol-Thema – wie schon beim genialen „Underneath The Bottle" auf BLUE MASK; „Last Shot" schleicht gespenstisch, mit einer visionären Gitarre, die die Melodie hält. Und die Lyrik besticht° durch färbende Klarheit: *„I shot blood at the fly on the wall/My heart almost stopped partly there at all/I broke a mirror with my fall, my fall fall fall."*

captivates

„Turn Out The Light" ist ein funkiger Boogie. Und „Pow Wow" ist Höhepunkt Nummer zwei: da erzählt Lou von der Entdeckung Amerikas/von Columbus/von Indianern – und legt in regelmäßigen Abständen einen *„C'mon and dance with me!"* – Refrain frech° dazwischen. Und man kann in der Tat – tanzen!

brashly

LEGENDARY HEARTS ist wütend – doch die Wut° steckt mehr in einem Versteck.° Vielleicht erinnert dieses Album an das folkige CONEY ISLAND BABY.

rage
hiding place

****** **H. inHülsen**

(Aus: *ME/Sounds*, Apr. '83)

Auch echte Country-Musik gibt es in der BRD. Seit zehn Jahren spielen die „Hillbillies" nicht nur in vielen Ländern Europas, sondern sie machen fast jedes Jahr auch eine Gastspielreise durch Texas.

FRAGEN ZU LESETEXT E

1. Warum nennt der Kritiker die *Blue Mask* Platte von Lou Reed einen musikalischen **Einschnitt?**
2. Wie viele LPs hat Lou Reed schon aufgenommen?
3. Warum weiß der Kritiker nicht, welche Musiker auf Reeds neuer Platte mitspielen?
4. Welche zwei Titel der *Legendary Hearts* Platte findet der Kritiker am besten?

WORTFAMILIEN

Finden Sie in dieser Kritik Nomina, die mit folgenden Adjektiven bzw. Adjektive, die mit folgenden Nomina verwandt sind!

ADJEKTIV	NOMEN
______________	die Literatur
______________	die Musik
fähig	______________
______________	der Glanz
______________	der Zwang
poetisch	______________
______________	die Melodie
______________	die Bestimmung
______________	das Genie
______________	die Vision
tätig	______________

Lesetext F: Wieder auf dem Sofa

[TEXT: MICHAEL BODE UND ULLI MÖHRING;
MUSIK: ULLI MÖHRING]

Meine Cowboystiefel machten zuviel Krach°, *noise*
Als ich früh nach Hause kam.
Ich stolperte°, ließ die Schlüssel fallen und bums!— *stumbled*
Da lag ich flach.
Ich stand auf und schlich auf Zehenspitzen° *tiptoes*
Durch die Küchentür, doch als ich dachte, ich hätte es
geschafft°, schaffen *to succeed*
Da stand sie hinter mir.

REFRAIN

Jetzt schlafe ich auf dem Sofa
Und mir ist so furchtbar kalt,
Ich schlafe auf dem Sofa ganz allein,
Keinen Gute-Nacht-Kuß, ihr wißt schon, was das
heißt,
Schon wieder ganz allein, auf dem Sofa zu sein.

Mein Schatz°, du wirst es nicht glauben, *treasure, darling*
Doch mein Auto ging kaputt.
Ich ging den ganzen langen Weg zurück zu dir zu Fuß,
Doch der Lippenstift° verriet mich wohl und die Flasche in *lipstick*
der Hand,
Also hat sie mich erneut auf das Sofa verbannt°. *banished*

ÜBUNG

Stellen Sie sich vor, Sie wären hier die Frau, deren Mann „früh nach Hause" kommt! Schreiben Sie einen Brief an „Ihre" Mutter oder „Ihren" Vater und erzählen Sie, was an dem Abend geschehen ist!

Lesetext G: Samstags um halb vier

VORBEREITUNG AUF DAS LESEN

Schlüsselwörter

der **Profi** kurze Form für „professioneller Sportler"
harren warten
komprimiert zusammengefaßt
das **Exemplar** einzelne Kopie

Samstags um halb vier

Deutlicher als bei anderen Sportprofis hängt in der Elitegruppe des deutschen Fußballs sportlicher Erfolg vom Geld ab. Samstags um halb vier schicken die achtzehn Klubs in zumeist° modernen, architektonisch eindrucksvoll° gestalteten° Stadien insgesamt 198 Spieler in den sogenannten° Kampf um den Ball. Weitere 72 Profis harren als Austauschspieler auf den Reservebänken ihres Einsatzes. Zwischen 200 000 und 300 000 Zuschauer sitzen auf den Tribünen°.

Eine Stunde nach dem Spiel schalten rund acht Millionen Sportfreunde auf den ersten Fernseh-Kanal. Sie erleben°, auf jeweils zehn Minuten komprimiert, die vier oder fünf wichtigsten Spiele. Abends um zehn bringt der zweite Kanal eine mit Zusatz°informationen und Interviews angereicherte° Zusammenfassung°. Diese Sendung sehen nochmal sechs Millionen Menschen. Schon am Nachmittag haben sämtliche° Radiostationen in speziellen Programmen ununterbrochen aus allen Stadien berichtet.

Alle Zeitungen des Landes widmen° der Berichterstattung° über die Bundesliga° montags mindestens zwei Seiten. Die fünf Sonntagszeitungen können allein durch ihr umfangreiches Angebot an Reportagen aus der Bundesliga eine Auflage° halten, die ihre Existenz sichert. Im Laufe der Woche nehmen Informationen und Hintergrundgeschichte über den Profi-Fußball bis zu achtzig Prozent der Sportseiten in den Tageszeitungen ein°. Das zweimal wöchentlich erscheinende Fußball-Magazin *Kicker* verkauft pro Woche 400 000 Exemplare, die laut° Marktanalyse von mehr als vier Millionen Menschen gelesen werden.

mostly · *impressively / designed* · *so-called* · *grandstand* · *experience* · *additional-* · *enriched* · *summary* · *all* · *devote / coverage* · *national league* · *circulation* · *take up* · *according to*

(Aus: *Jugend-Scala,* Nr. 5, Okt. 1983, S. 39)

FRAGEN ZU LESETEXT G

1. Wie viele Mannschaften gibt es in der Spitzenliga (d. h. in der ersten Liga)?
2. Wie viele Profi-Fußballer hat im Durchschnitt jeder Klub?
3. Wie viele tausend Fans sitzen am Samstag in einem typischen Profi-Stadion?
4. Was für Fernsehreportagen gibt es an jedem Spieltag?
5. Welche Rolle spielen die Radiostationen?
6. Warum kann man sagen, daß die Fußballreportagen für die Zeitungen von großer Bedeutung sind?
7. Wie viele Fußballfans lesen jede Woche durchschnittlich die Fußball-Zeitschrift *Kicker?*

Die 10 mitgliederstärksten Sportverbände (1979)

Deutscher Fußball-Bund	4 236 000
Deutscher Turner-Bund	2 999 000
Deutscher Tennis-Bund	1 144 000
Deutscher Schützenbund	1 029 000
Deutscher Leichtathletik-Verband	722 000
Deutscher Handball-Bund	639 000
Deutscher Schwimm-Verband	598 000
Deutscher Tisch-Tennis-Bund	587 000
Deutsche Reiterliche Vereinigung	437 000
Deutscher Skiverband	432 000

Die Mitgliederzahlen zeigen deutlich, daß Fußball bei weitem die populärste deutsche Sportart ist!

ZUR DISKUSSION

In den USA bekommen einige Profi-Sportler mehrere hunderttausend Dollar pro Jahr, z. B. beim Baseball, Football und Basketball. Ein Boxkampfmeister kann die gleiche Summe oder noch mehr für einen einzigen Kampf verdienen. Finden Sie es richtig, daß manche Profis so viel bekommen? Kann oder sollte man etwas dagegen tun? (Einen Boykott organisieren, zum Beispiel?) Oder sollten die Jahresgehälter der Profis, Ihrer Meinung nach, lediglich von Angebot und Nachfrage auf dem „Markt" bestimmt werden? Ist der Sport (auch der Schul- und Universitätssport) nur noch ein riesiges Geschäft? Welche Rolle spielen viele amerikanische Universitäten im Sportgeschäft? Wie ist die Situation an Ihrer Uni?

Lesetext H: Der Kampf um die Punkte

[ANDREAS PUNZEL]

Das Ziel der achtzehn Bundesligamannschaften° ist die Deutsche Meisterschaft°. Kondition, Taktik und Erfahrung sind die Faktoren, die den Erfolg oder Mißerfolg einer Mannschaft bestimmen. Wer jedoch den Titel mit nach Hause nehmen kann, wird am Ende der Saison mit den Grundregeln° der Mathematik bestimmt. Die Mannschaft, die die meisten Punkte hat, wird Deutscher Meister.

national-league teams
championship
basic rules

	Punkte + : −	Torverhältnis
1. Bayern München	2:0	3:1
6. Hamburger SV	1:1	0:0
7. 1. FC Köln	1:1	0:0
18. Werder Bremen	0:2	1:3

Das System ist ganz einfach: Sagen wir, am letzten Samstag hat die neue Bundesligasaison begonnen. Bayern München spielte gegen Werder Bremen und gewann mit 3 : 1. Bayern München erhält dadurch zwei Pluspunkte, egal wie hoch die Mannschaft gewinnt. Die Bremer erhalten zwei Minuspunkte, weil sie verloren haben.

Neben den Punkten notiert° man in der Tabelle unter der Rubrik „Torverhältnis", wie viele Tore die Mannschaft geschossen hat und wie viele sie hinnehmen° mußte. Am selben° Spieltag haben der Hamburger SV und der 1. FC Köln torlos° unentschieden° gespielt. Dafür° bekommt jede Mannschaft sowohl einen Pluspunkt als auch einen Minuspunkt. Da keine der beiden Mannschaften ein Tor geschossen hat, lautet° das Torverhältnis 0 : 0.

note down
allow / same
without a goal / tied
for that
is

Das war der erste Spieltag im August. Die Bundesligasaison dauert jedoch bis zum Mai des darauffolgenden Jahres. In diesem Zeitraum° spielt jede der achtzehn Mannschaften zweimal gegen jedes andere Team. Das heißt in unserem Beispiel, daß Bremen zuerst nach München reisen muß, bevor München ein halbes Jahr später nach Bremen fährt. Es gibt also insgesamt vierunddreißig Punktspiele—das ist eine lange, kräftezehrende° Saison, in der man viele Punkte gewinnen, aber auch viele verlieren kann.

time period
energy-draining

	Punkte + : −	*Torverhältnis*	*(Tordifferenz)*
1. HSV	48:18	50:19	31
2. Bay. Mün.	47:19	49:23	26
11. Werder B.	33:33	31:29	2
14. 1. FC K.	16:50	25:48	−23

Deshalb sieht die Tabelle am 33. Spieltag, eine Woche vor Saisonende, auch verändert aus. Hamburg hat in der Zwischenzeit° achtundvierzig Pluspunkte und achtzehn Minuspunkte bekommen. Das heißt natürlich nicht, daß die Mannschaft vierundzwanzig Spiele gewonnen und neun verloren hat. Tatsächlich hat Hamburg zwanzig Spiele gewonnen (= 40 : 0), acht Spiele unentschieden gespielt (= 8 : 8) und fünf Spiele verloren (= 0 : 10); das ergibt 48 : 18. Bayern München liegt nur einen Punkt zurück° und hat noch eine Chance, Deutscher Meister zu werden. Das entscheidet der letzte Spieltag. Die Hamburger haben neben dem Punktvorsprung° auch das bessere Torverhältnis. Sie haben 31 Tore mehr geschossen als eingesteckt°, während die Münchner nur 26 Tore mehr geschossen als eingesteckt haben. Das nennt man auch die Tordifferenz. Die Regel ist: Bei Punktgleichheit° wird die Mannschaft mit der besseren Tordifferenz Meister.

meantime
zurückliegen *to be behind*
(point) lead
received, ''taken in''
(point) tie

FRAGEN ZU LESETEXT H

1. Ungefähr wie viele Monate dauert die Bundesligasaison?
2. Wie oft spielen die Mannschaften gegeneinander?
3. Wie viele Punkte bekommen zwei Mannschaften, die unentschieden gegeneinander spielen?
4. Wie viele Punkte hat eine Mannschaft, die sechsmal gewonnen, zweimal verloren und fünfmal unentschieden gespielt hat?
5. Mitten in der Saison hat Mannschaft „A" siebenmal gewonnen, nur einmal verloren, aber sechsmal unentschieden gespielt. Mannschaft „B" hat aber neunmal gewonnen, viermal verloren und nur einmal unentschieden gespielt. Welche Mannschaft hat die bessere Punktzahl?
6. Unter welchen Umständen *(circumstances)* kann Bayern München also noch Deutscher Meister werden?
7. Was passiert, wenn Hamburg im letzten Spiel gewinnt?

Lesetext I: *Es muß nicht immer Kaviar sein*

[JOHANNES MARIO SIMMEL]

VORBEREITUNG AUF DAS LESEN

1. Lesen Sie zunächst die ersten vier Absätze° dieses Textes! Welche Beschreibungen (und welche vom Autor beschriebenen Gegenstände) deuten darauf, daß der Leser es hier mit einem

paragraphs

Übersetzungen

1978 wurden 6 105 Titel aus 51 Sprachen ins Deutsche übersetzt, knapp zwei Drittel davon aus der englischen und über 13% aus der französischen Sprache. Fast° die Hälfte der Übersetzungen entfällt auf den Bereich der Belletristik° (2 687 Titel). Aus der deutschen Sprache wurden 1974 insgesamt 3 566 Titel in fremde Sprachen übersetzt. Als Erscheinungssprachen haben dabei Englisch (17,9%), Spanisch (12,2%), Französisch (10,7%), Niederländisch (10,5%), Japanisch (7,9%) und Italienisch (6,3%) die höchsten Anteile.°

almost

fiction and poetry

proportions

wohlhabenden° Mann zu tun hat? („Bentley-Kabriolett", usw.) Machen Sie eine Liste!

well-to-do

2. Lesen Sie die ersten zwei Absätze vom zweiten Teil des Textes! Wo spielt wohl der zweite Teil? Was ist hier die historisch-politische Situation?

Johannes Mario Simmel, geboren 1924, ist wohl der populärste deutsche Unterhaltungsschriftsteller°. Der ehemalige° Lehrer und Journalist wurde schon 1948 bekannt, als sein erster Roman Mich wundert, daß ich so fröhlich bin *erschien. Seine Figuren bewegen sich meistens in der „großen Welt", in Filmstudios, Luxushotels oder in den Führungssälen° großer Konzerne°. Von dem Roman* Es muß nicht immer Kaviar sein *(1960), der in viele Fremdsprachen übersetzt wurde, sind mehr als zwei Millionen Exemplare° verkauft worden. Der Roman wurde schon 1961 mit O. W. Fischer in der Hauptrolle des „Lebenskünstlers" Thomas Lieven in Deutschland verfilmt.*

writer of popular fiction / former
executive board rooms / companies
copies

1. *Kapitel*

1

Am 24. Mai 1939, zwei Minuten vor 10 Uhr vormittags, hielt ein schwarzes Bentley-Kabriolett vor dem Haus Lombard Street Nr. 122 im Herzen von London.

Ein eleganter junger Herr stieg aus°. Seine sonnengebräunte° Haut, die saloppe° Art, sich zu bewegen, die lustigen Wirbel° seines dunklen Haares standen in merkwürdigem Gegensatz zu seiner pedantischen Kleidung. Schwarzgrau gestreifte Hosen mit messerscharfen Bügelfalten° trug der Herr, eine zweireihige, kurze schwarze Jacke, eine schwarze Weste mit goldener Uhrkette°, ein weißes Hemd mit hohem, steifem Kragen°, eine perlgraue Krawatte.

got out / tanned
casual / crown
creases (trousers)
watch chain
collar

Bevor er die Autotür zuwarf°, griff° der junge Herr noch einmal in den Wagen. Einen schwarzen, steifen Hut holte er hervor°, einen Regenschirm° und zwei Zeitungen, die *Times* und die *Financial Times*.

slammed / reached
hervorholen *to fetch out*
umbrella

So passierte der dreißigjährige Thomas Lieven den Eingang des Gebäudes und eine Tafel aus schwarzem Marmor°, die in Goldbuchstaben diese Inschrift° trug:

marble
inscription

MARLOCK & LIEVEN
DOMINION AGENCY

Thomas Lieven war der jüngste Privatbankier Londons—aber ein erfolgreicher. Solcherlei° Blitzkarriere verdankte° er seiner In-

such a / owed to

telligenz und seiner Begabung, nebeneinander° zwei vollkommen verschiedene Leben zu führen.

Von äußerster° Korrektheit war Thomas Lieven an der Börse°. Abseits° dieser heiligen° Hallen aber war er einer der charmantesten Ladykiller. Niemand, am wenigsten° die jeweils direkt Betroffenen°, ahnten auch nur°, daß er in ausgeruhten Perioden spielend bis zu vier Freundinnen gleichzeitig bewältigte°, denn er war ebenso rüstig wie verschwiegen°.

Thomas Lieven konnte steifer sein als der steifste Gentleman der City—aber einmal die Woche schwang er heimlich im lautesten Club von Soho das Tanzbein°, und zweimal die Woche nahm er heimlich Jiu-Jitsu-Unterricht.

Robert E. Marlock, sein Seniorpartner, stand im Schalterraum° der Bank, als Thomas Lieven hereinkam und würdevoll° die Melone° lüpfte°.

Marlock war fünfzehn Jahre älter, groß und hager°. Auf eine nicht eben sympathische° Weise° wichen seine wasserhellen Augen jedem, der sie betrachten wollte, aus°.

„Hallo", sagte er und sah gewohnheitsmäßig an Thomas vorbei.

„Guten Morgen, Marlock", sagte Thomas ernst. „Guten Morgen, meine Herren!"

Die sechs Angestellten hinter ihren Schreibtischen grüßten ernst wie er.

Nervös fragte Marlock: „Wann fliegen Sie nach Brüssel?"

„Heute abend."

Höchste Zeit. Sehen Sie mal, wie die Werte° rutschen°! Folge° von dem verfluchten° Nazi-Stahlpakt°! Schon Zeitungen gelesen, Lieven?"

„Gewiß", sagte Thomas. Er sagte gerne „gewiß"; es klang würdiger als „ja".

Die Zeitungen hatten am Morgen dieses 24. Mai 1939 den Bündnisvertrag zwischen Deutschland und Italien gemeldet. Selbiges Bündnis wurde „Stahlpakt" genannt.

Durch den dunklen, altmodischen Schalterraum schritt° Thomas in sein dunkles, altmodisches Privatbüro. Der hagere Marlock folgte ihm und ließ sich in einen der Lederfauteuils° sinken, die vor dem hohen Schreibtisch standen.

Zunächst besprachen die beiden Herren, welche Papiere Thomas auf dem Kontinent aufkaufen° und welche er abstoßen° sollte. „Marlock & Lieven" besaßen eine Zweigstelle° in Brüssel. Thomas Lieven war zudem° noch an einer Privatbank in Paris beteiligt°.

Nachdem die Herren das Geschäftliche erledigt hatten, brach Robert E. Marlock mit jahrelangen Gewohnheiten: Er sah seinem Juniorpartner offen in die Augen. „Hm, Lieven, ich habe da noch eine ganz private Bitte. Sie erinnern sich gewiß an Lucie . . ."

at the same time

utmost / stock exchange

aside from / holy

least of all

persons affected / even imagined

dealt with

ebenso rüstig wie verschwiegen *as vigorous as he was discreet*

das Tanzbein schwingen *to dance*

hall

dignified

derby / tipped

gaunt

pleasant / way

ausweichen *to avoid*

stock values / slip / consequence

damned / Nazi steel pact

strode

leather armchairs

buy / unload

branch

in addition / beteiligt sein *to have a share (in something)*

Thomas erinnerte sich gut an Lucie. Das schöne, blonde Mädchen aus Köln hatte jahrelang als Marlocks Freundin in London gelebt. Dann von einem Tag zum andern war Lucie Brenner nach Deutschland zurückgekehrt°.

returned

„Scheußlich° von mir, Sie damit zu belästigen°, Lieven", klagte Marlock jetzt dem Jüngeren. „Ich dachte bloß, wenn Sie schon in Brüssel sind, könnten Sie vielleicht schnell den Sprung nach Köln hinüber machen° und mit Lucie reden."

dreadful / bother

einen Sprung machen *to make a "jump"*

„Nach Köln? Warum fahren Sie nicht selber? Sie sind doch auch Deutscher . . ."

Marlock sprach: „Ich würde sehr gern nach Deutschland fahren, aber die internationale Lage . . . Zudem, ich habe Lucie damals sehr verletzt, ich bin ganz ehrlich . . ."—Marlock sagte gern und oft, daß er ganz ehrlich sei— „ . . . ganz ehrlich, ja. Da war eine andere Frau. Lucie hatte jedes Recht, mich zu verlassen. Sagen Sie ihr, ich bitte sie um Verzeihung. Ich will alles gutmachen.° Sie soll zurückkommen . . . "

make up for

In seiner Stimme schwang° nun jene Rührung°, die in den Stimmen der Politiker schwingt, wenn sie von ihrer Sehnsucht nach Frieden sprechen.

was audible / emotion

2

Am Morgen des 26. Mai 1939 traf Thomas Lieven in Köln ein°. Vom Dom-Hotel wehten° große Hakenkreuzfahnen°. Überall in der Stadt wehten Hakenkreuzfahnen. Der „Stahlpakt" wurde gefeiert. Thomas sah viele Uniformen. Auf den Teppichen der Hotelhalle knallten° Stiefel aneinander wie Schüsse.

eintreffen *arrive*

waved / swastika flags

clicked

Im Zimmer stand ein Bild des „Führers" auf dem Schreibtisch. Thomas lehnte° seinen Rückflugschein° daran. Er nahm ein heißes Bad. Dann kleidete er sich um° und rief Lucie Brenner an.

leaned / return ticket

sich umkleiden *to change clothes*

Als der Hörer° am andern Ende der Leitung abgehoben° wurde, ertönte° ein verdächtiges° Knacken°, das Thomas Lieven jedoch entging°. Dem Superagenten von 1940 war 1939 die Existenz von Abhörgeräten° noch völlig unbekannt.

receiver / picked up

sounded / suspicious / crackling sound

escaped

bugging devices

„Brenner!"

Da war sie wieder, die verrauchte, aufregend heisere° Stimme, an die er sich noch so gut erinnerte.

hoarse

„Fräulein Brenner, hier spricht Lieven. Thomas Lieven. Ich bin gerade in Köln angekommen und . . . " Er unterbrach sich. Er hatte zwar nicht das neuerliche Knacken in der Leitung, wohl aber ihren unterdrückten Aufschrei° wahrgenommen°.

shriek / noticed

Charmant lächelnd fragte er: „War das ein Freudenschrei?"

„O Gott", hörte er sie sagen.

Knack, machte es wieder.

„Fräulein Brenner, Marlock bat mich, Sie zu besuchen . . . “

„Der Schuft°!“

scoundrel

„Aber nicht doch . . . “

„Der elende Schuft!“

„Fräulein Brenner, so hören Sie doch! Marlock will Sie durch mich um Verzeihung bitten. Darf ich zu Ihnen kommen?“

„Nein!“

„Aber ich habe ihm versprochen . . . “

„Verschwinden Sie, Herr Lieven! Mit dem nächsten Zug! Sie wissen ja nicht, was hier los ist°!“

los sein *to go on, happen*

Knack, machte es in der Leitung, ohne daß Thomas Lieven darauf achtete.

„Nein, nein, Fräulein Brenner, *Sie* sind es, die nicht weiß, was los ist . . . “

„Herr Lieven . . . “

„Bleiben Sie daheim, ich bin in zehn Minuten bei Ihnen!“ Er legte auf° und zog am Knoten seiner Krawatte. Sportlicher Ehrgeiz° hatte ihn gepackt.

hung up
ambition

Ein Taxi brachte Thomas—selbstverständlich mit steifem Hut und peinlich° gerolltem Regenschirm—hinaus nach Lindenthal. Hier wohnte Lucie Brenner im zweiten Stock einer Villa am Beethoven-Park.

meticulously

Er klingelte an der Wohnungstür. Von jenseits° erklang dumpfes Geflüster°. Mädchenstimme, Männerstimme. Thomas wunderte sich, aber nur ganz wenig. Denn Mißtrauen° wohnte vorerst nicht in seiner heiteren° Seele.

the other side
muffled whispering
distrust
cheerful

Die Tür ging auf. Lucie Brenner wurde sichtbar. Sie trug einen Morgenrock° und anscheinend wenig darunter. Sie war außerordentlich erregt. Als sie Thomas erkannte, ächzte sie: „Wahnsinniger°!“

housecoat
madman

Danach ging alles sehr schnell.

Zwei Männer wurden hinter Lucie sichtbar. Sie trugen Ledermäntel und sahen aus wie Schlächter°. Der eine Schlächter stieß Lucie grob beiseite, der andere Schlächter packte Thomas am Revers°.

butchers
lapel

Vergessen waren Selbstbeherrschung°, Ruhe und Zurückhaltung°! Mit beiden Händen packte Thomas die Schlächterfaust und drehte sich in einer tänzerisch anmutigen Bewegung. Plötzlich hing der Schlächter höchst verblüfft° über Thomas Lievens rechter Hüfte°.

self-control
restraint
baffled
hip

Eine kleine ruckartige° Verbeugung° vollführte° unser Freund. Ein Gelenk° knackte. Der Schlächter schrie gellend° auf°, flog sausend durch die Luft und landete krachend auf dem Dielenboden°. Hier blieb er schmerzverkrümmt° liegen. Mein Jiu-Jitsu-Unterricht macht sich bezahlt°, dachte Thomas.

jerky / bow / executed
joint / shrill / aufschreien *to cry out*
hall floor
bent with pain
sich bezahlt machen *to pay off*

„Und nun zu Ihnen“, sprach er, auf den zweiten Schlächter zutretend.

Die blonde Lucie begann zu kreischen°. Der zweite Schlächter wich zurück° und stotterte°: „N-nicht d-doch, Herr. Machen Sie nicht solche Sachen . . . “ Er holte einen Revolver aus seinem Schulterhalfter° hervor. „Ich warne Sie. Seien Sie vernünftig.“

scream
stepped back / stuttered
shoulder holster

Thomas blieb stehen. Nur ein Idiot kämpft unbewaffnet° gegen einen Schlächter mit Revolver.

unarmed

„Im Namen des Gesetzes“, sagte der ängstliche Schlächter. „Sie sind verhaftet!“

„Verhaftet von wem?“

„Von der Geheimen Staatspolizei.“

„Junge, Junge“, sagte Thomas Lieven, „wenn ich das im Club erzähle!“

Er war durchaus° noch frohen Mutes, als er an diesem Maitag 1939 in einem Büro des „Sonderdezernat D“ im Gestapo-Hauptquartier° zu Köln saß.“ Das Ganze ist ja nur ein Mißverständnis, dachte er; in einer halben Stunde bin ich hier 'raus . . .

definitely
headquarters

Haffner hieß der Kommissar°, der Thomas in Empfang nahm: ein dicker Mann mit schlauen° Schweinsaugen.

inspector
clever

„Ich höre, Sie haben einen Kameraden zusammengeschlagen°“, sagte Haffner böse. „Das wird Ihnen noch verflucht leid tun, Lieven!“

beaten up

„Immer noch *Herr* Lieven für Sie! Was wollen Sie von mir? Warum wurde ich verhaftet?“

„Devisenverbrechen°“, sagte Haffner. „Habe lange genug auf Sie gewartet.“

currency smuggling

„Auf mich?“

„Oder auf Ihren Partner Marlock. Seit diese Lucie Brenner aus London zurückkam, ließ ich sie überwachen°. Dachte mir: einmal taucht einer von euch frechen° Hunden wieder auf°. Na, und dann hopps°!“ Haffner schob einen Aktenordner über den Schreibtisch. „Am besten, ich zeige Ihnen, was gegen Sie an Material vorliegt°. Dann werden Sie die vorlaute° Schnauze° halten.“

keep under surveillance
impudent / auftauchen *to appear*
''gotcha''
was . . . vorliegt *what we have on you / big / mouth*

Nun bin ich aber wirklich neugierig, dachte Thomas. Er begann in dem umfangreichen Ordner° zu blättern.

thick folder

Während Thomas Lieven die Dokumente studierte, dachte er: *Ich* habe dieses tolle° Ding nicht gedreht.° Also kann es nur Marlock gewesen sein. Er muß gewußt haben, daß die Deutschen ihn suchen, daß Lucie Brenner überwacht wird, daß man mich verhaften, daß man mir kein Wort glauben wird. Daß er mich damit los ist°. Daß er die Bank damit für sich allein hat. O Gott. O lieber Gott im Himmel . . .

clever / ein Ding drehen *to cook up something*
los sein *to be rid of*

„So“, sagte Kommissar Haffner zufrieden, „jetzt steht die alte Schlabberschnauze° endlich still, was?“ Er nahm einen Zahnstocher° und beschäftigte sich mit seinen Zähnen.

blabbermouth
toothpick

Verflucht, was mache ich bloß, überlegte Thomas. Ein Gedanke kam ihm. Kein sehr guter. Aber es kam kein besserer. „Darf ich mal telefonieren?“

Haffner kniff° die Schweinsaugen schmal°: „Wen wollen Sie denn sprechen?“

squinted / tightly

Jetzt nichts wie 'ran°, dachte Thomas, es bleibt nur noch die Flucht nach vorn°.

nichts wie 'ran *all or nothing*
Flucht nach vorn *offensive maneuver*

„Den Baron von Wiedel.“

„Nie gehört.“

Thomas brüllte° plötzlich los: „Seine Exzellenz Bodo Baron von Wiedel, Gesandter zur besonderen Verwendung im Auswärtigen Amt°! Noch nie gehört von dem Herrn, was?“

roared
foreign office

„Ich—ich . . . “

„Nehmen Sie gefälligst den Zahnstocher aus dem Mund, wenn Sie mit mir reden!“

„Was—was wollen Sie denn von dem Herrn Baron?“ stotterte Haffner.

Thomas tobte° weiter: „Der Baron ist mein bester Freund!“

raged

Thomas war dem viel älteren Wiedel 1929 in einer nicht schlagenden° Studentenverbindung begegnet. Wiedel hatte Thomas in aristokratische Zirkel eingeführt. Thomas hatte die Wechsel° gedeckt°, die der Baron zuweilen platzen° ließ. So waren sie einander menschlich nähergekommen bis zu dem Tag, an dem Wiedel in die Partei eintrat. Da hatte sich Thomas nach einem gewaltigen Krach° von ihm gelöst.

non-dueling
checks
covered / bounce
fight (argument)

Ob Wiedel ein gutes Gedächtnis° hat? überlegte unser Freund nun, während er weiterschrie: „Wenn Sie mir nicht *augenblicklich*° eine Verbindung herstellen, können Sie sich morgen einen anderen Posten suchen!“

memory
immediately

Kommissar Haffner riß° plötzlich den Hörer ans Ohr und brüllte seinerseits: „AA Berlin! Aber ein bißchen dalli, Sie Trampel!“

seized

Phantastisch, absolut phantastisch, dachte Thomas, als er gleich darauf die Stimme seines ehemaligen Bundesbruders° vernahm: „Hier von Wiedel . . . “

fraternity brother

„Bodo, hier spricht Lieven! Thomas Lieven, erinnerst du dich noch an mich?“

Brüllendes Gelächter klang an sein Ohr: „Thomas! Mensch! Das ist ja eine Überraschung! Damals hast du mir eine weltanschauliche Standpauke° gehalten, und heute bist du selber bei der Gestapo!“

weltanschauliche Standpauke *moral lecture*

Vor der Größe dieses Mißverständnisses mußte Thomas die Augen schließen. Die Stimme des Barons lärmte lustig weiter: „Komisch, Ribbentrop oder Schacht sagte mir neulich erst, du hättest eine Bank in England!“

„Habe ich auch. Bodo, hör mal . . . “

„Ah, Außendienst, verstehe! Tarnung°, wie? Ich lache mir ja 'n Ast°! Haste° also eingesehen, wie recht ich hatte, damals?"

disguise

sich einen Ast lachen *to laugh oneself to death* / haste = hast du

„Bodo—"

„Wie weit haste es denn schon gebracht? Muß ich Kommissar sagen?"

„Bodo . . . "

„Kriminalrat?"

„Himmel, hör doch mal zu! Ich arbeite nicht bei der Gestapo! Ich bin von ihr *verhaftet* worden!"

Danach blieb es eine Weile still in Berlin.

„Bodo! Hast du mich nicht verstanden?"

„Doch, doch, leider. Was—was wirft man dir denn vor°?"

jemandem etwas vorwerfen *to accuse someone of something*

Thomas sagte, was man ihm vorwarf.

„Tja, mein Alter, das ist aber bös. Ich kann mich da unmöglich einmischen. Wir leben in einem Rechtsstaat. Wenn du wirklich unschuldig° bist, wird sich das herausstellen°. Alles Gute. Heil Hitler!"

innocent / to come to light

„Ihr bester Freund, was?" grunzte Herr Haffner.

FRAGEN ZU LESETEXT I

1. Was erfahren wir am Anfang dieser Geschichte über Thomas Lieven?
2. Was sind die „zwei vollkommen verschiedenen Leben", die Lieven führt?
3. Warum nimmt Thomas Lieven wohl heimlich Jiu-Jitsu-Unterricht?
4. Was erfahren wir über Marlocks Aussehen?
5. Weshalb fliegt Thomas Lieven nach Brüssel?
6. Welche private Bitte hat Marlock an Lieven?
7. Sind Marlock und Lieven Engländer?
8. Wie reagiert Lucie Brenner auf Lievens Anruf?
9. Woher stammt wohl das Knacken in der Leitung, als er mit Lucie telefoniert?
10. Wohnt Lucie direkt in der Stadtmitte?
11. Wen findet Lieven bei Lucie, als er ankommt?
12. Warum greift Lieven den zweiten „Schlächter" nicht an?
13. Warum ist Lieven im Gestapo-Hauptquartier noch frohen Mutes?
14. Was für ein Verbrechen soll Lieven begangen haben?
15. Wen verdächtigt Lieven, als er die Dokumente studiert?
16. Wie versucht Lieven, sich zu helfen?
17. Welches Mißverständnis entsteht am Anfang des Telefongesprächs?
18. Warum kann der Baron Thomas Lieven nicht zu Hilfe kommen?

ZUR DISKUSSION

Man hat Simmels Schreibstil als **realistisch** bezeichnet. Was verstehen Sie unter Realismus? Finden Sie Simmels Stil realistisch? Warum? Warum nicht?

10

David Bennent als Hauptdarsteller Oskar in dem Film „Die Blechtrommel".

Kennen Sie den deutschen Film?

VORSCHAU

1. An welche deutschen Wörter denken Sie, wenn Sie den Begriff **Film** hören? Machen Sie eine Liste von Wörtern, Begriffen und Ausdrücken, die mit Film zu tun haben!

   Beispiele: Kamera, Drehbuch

2. Was für Filme sehen Sie gern? Amerikanische? Ausländische? Krimis? Wildwestfilme? Dokumentarfilme? Liebesfilme? Kriegsfilme? Abenteuerfilme? Reisefilme?
3. Haben Sie schon ein paar deutsche Filme gesehen? Welche(n)?
4. Was erwarten Sie von einem Film? Soll er nur unterhalten, oder möchten Sie auch informiert und aufgeklärt werden?

Vok

5. Beschreiben Sie kurz die Handlung Ihres Lieblingsfilms! Was hat Ihnen an diesem Film am besten gefallen?
6. Lesen Sie die Titel aller Lesetexte in diesem Kapitel! Woher stammen Ihrer Meinung nach die Texte?
   a. aus Filmbüchern
   b. aus Zeitschriften und Zeitungen
   c. aus Geschichtsbüchern
   d. aus Wörterbüchern
   e. aus Reklameblättern
   f. ______________________?

Lesetext A: Die allseitig reduzierte Persönlichkeit—Redupers

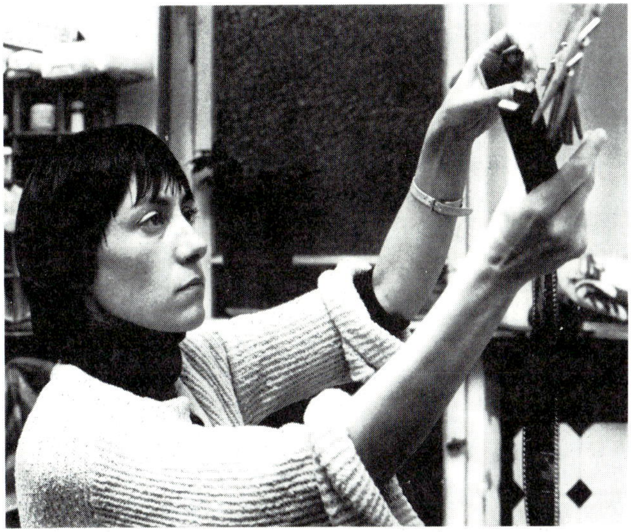

Helke Sander, Regisseurin und Hauptdarstellerin des Films „Die allseitig reduzierte Persönlichkeit—Redupers"

DIE ALLSEITIG REDUZIERTE PERSÖNLICHKEIT – REDUPERS
35 mm, s/w, Normalformat, 98 min, 2694 m
Prädikat: besonders wertvoll – ab 6 Jahren, ffr

Stab:

Buch und Regie	Helke Sander
Kamera	Katia Forbert
Schnitt	Ursula Höf
Fotos	Abisag Tüllmann
Ton	Gunther Kortwich
Mischung	Gerhard Jensen
Skript	Heide Woicke
Beleuchtung	Uli Lotze
Standfotos	Hildegard Sagel Heide Woicke
Regieassistenz	Renate Sami
1. Kameraassistenz	Hildegard Sagel
2. Kameraassistenz	Hans-Peter Schmidt
Tonassistenz	Harry Rausch
Schnittassistenz	Katharina Kaschewsky
Redaktion	Maya Faber-Jansen
Aufnahmeleitung	Angela Petrik
Produktionsassistenz	Marianne Gassner Gudrun Ruzickova
Gesamtleitung	Clara Burckner
Produktion	Basis-Film Verleih GmbH/Berlin in Koproduktion mit dem ZDF

Besetzung:
Helke Sander als Edda Chiemnyjewski
in weiteren Rollen:

Joachim Baumann – Frank Burckner – Eva Gagel – Ulrich Gressieker – Beate Kopp – Andrea Malkowsky – Gislind Nabakowski – Helga Storck – Gesine Strempel – Ronny Tanner – Abisag Tüllmann – Ulla Ziemann – Gisela Zies – u.v.a.

Diese Programm-Notiz gibt Stab- und Rollenbesetzung des Films „Die allseitig reduzierte Persönlichkeit—Redupers".
(Aus einem Programmheft des Kinos Arsenal, Tübingen)

FRAGEN ZU LESETEXT A

1. Zählen Sie die Frauen- und Männernamen, die hier angeführt werden! Sind insgesamt mehr Männer oder mehr Frauen am Film beteiligt?
2. Wie lang ist dieser Film? Wie viele Stunden und Minuten?
3. Was bedeutet die Abkürzung **s/w?**
4. Welche Aufgaben hat Helke Sander im Stab dieses Films und in der Rollenbesetzung erfüllt?
5. Welche deutschen Wörter entsprechen folgenden englischen Bezeichnungen?
   a. *lighting*
   b. *sound*
   c. *director*
   d. *film editing*
6. Was bedeutet es, daß der Film eine **Koproduktion mit dem ZDF** ist?
7. Welche Rolle ist in diesem Film wohl die Hauptrolle?

Lesetext B: Der Film in der Bundesrepublik Deutschland

VORBEREITUNG AUF DAS LESEN

1. Lesen Sie die Überschriften und die ersten zwei bis drei Sätze in jedem Teil von Lesetext B! Warum kann man sagen, daß es sich hier um einen geschichtlichen Text handelt?
2. Was ist wohl das Thema des letzten Teils („Was tut der Staat?")?
3. Was für Information erwarten Sie im vorletzten Teil („Der junge deutsche Film . . .")?

Schlüsselwörter

Die folgenden Wörter aus Lesetext B sind englischen Wörtern ähnlich. Was bedeuten sie?

der Höhepunkt
der Impuls
die Diktatur
emigrieren
klischeehaft
die Krise
die Zentren (Pl.)

der Marktanteil
die Tätowierung
kommerziell
die Filmemacher (Pl.)
abendfüllend
die Stipendien (Pl.)

Der Film in der Bundesrepublik Deutschland

Der Film in der Bundesrepublik Deutschland

Der deutsche Film hat einmal Weltgeltung° besessen. In den zwanziger und frühen dreißiger Jahren, der Zeit der Weimarer Republik, erreichte er einen Höhepunkt. Namen wie Fritz Lang, Ernst Lubitsch, F. W. Murnau und G. W. Pabst zeugen davon, welche Impulse die Welt des Films damals aus Deutschland empfing.

world prestige

Von diesem Glanz° ist nicht viel geblieben. Die nationalsozialistische Diktatur machte der freien künstlerischen Entwicklung ein Ende. Die meisten großen Regisseure° und viele bedeutende Schauspieler° mußten emigrieren. Nach dem Zweiten Weltkrieg blieb der Film in der Bundesrepublik provinziell. Zwar gab es einige respektable Leistungen, aber insgesamt dominierte der problemlose, klischeehafte Unterhaltungsfilm. In den frühen sechziger Jahren machte sich zunehmend die Konkurrenz des Fernsehens bemerkbar°, das dem Kino große Teile seines Publikums entzog.°

glory
directors
actors
sich bemerkbar machen *to draw attention* / *took away*

Die Krise des Films

Hatten die Filmtheater 1956 noch eine Besucherzahl von über 820 Millionen aufzuweisen°, so waren es 1976 nur noch 115 Millionen. In der Zwischenzeit hatte die Hälfte aller Kinos schließen müssen: gegenüber 6 438 Kinos im Jahre 1956 gab es 1976 nur noch 3 100. Am härtesten traf° es die Kinos in ländlichen Gegenden, Kleinstädten und am Stadtrand. Die etwa 300 Erstaufführungstheater in den Zentren der Großstädte, die immer die neuesten Filme zeigen können, kamen verhältnismäßig ungeschoren davon°.

show
hart treffen *to affect greatly*
ungeschoren davonkommen *to get away unscathed*

Der deutsche Film hatte 1976 nur noch 11,4% Marktanteil (gegenüber 46,8% im Jahre 1955), während gleichzeitig der amerikanische Film seinen Anteil von 32,3% (1955) auf 43,1% (1976) steigern° konnte.

increase

Tendenzwende

1978 ist aber die Zahl der Besucher wieder auf 135 Millionen gestiegen—das sind 17% mehr als zwei Jahre zuvor—, und diese erfreuliche Tendenz hat sich 1979 fortgesetzt°. Bei dieser Entwicklung hat sich der Umsatz° der Filmtheater erhöht. Der deutsche Film konnte dabei seinen Marktanteil auf 12,6% steigern. Nach 1980 aber ging der Anteil der deutschen Filme wieder zurück.

continued / turnover (profit)

Der junge deutsche Film und der neue deutsche Film

Mitte der sechziger Jahre hatte eine neue Entwicklung begonnen, die mit dem Schlagwort° „Junger deutscher Film" umschrieben wurde. Unterstützt durch Förderungsmaßnahmen° und mit Hilfe von Fernsehaufträgen konnten sich einige jüngere Regisseure mit formal beachtlichen, zum Teil zeitkritischen Spielfilmen einen Namen machen. Genannt seien hier Alexander Kluge („Abschied von gestern"), Volker Schlöndorff („Der junge Törless"), Johannes Schaaf („Tätowierung") und Rainer Werner Fassbinder („Katzelmacher"). Später traten hinzu° Werner Herzog („Stroszek"), Hans Jürgen Syberberg („Ludwig II."), Bernhard Sinkel/Alf Brustellin („Lina Braake"), Wim Wenders („Der amerikanische Freund") und Helma Sanders-Brahms („Deutschland, bleiche Mutter"). Seit 1975 spricht man nicht mehr vom „jungen", sondern vom „neuen" deutschen Film.

slogan

promotion, subsidy measures

hinzutreten *to join*

Volker Schlöndorff erzielte mit dem Film „Die verlorene Ehre der Katharina Blum" einen großen kommerziellen Erfolg. Für „Die Blechtrommel" (nach einem Roman von Günter Grass) erhielt er 1979 die „Goldene Palme" in Cannes und 1980 den Hollywood-Oscar für den besten ausländischen Spielfilm. Zu den bekannten jüngeren Filmemachern gehört Margarethe von Trotta („Schwestern, oder die Balance des Glücks", „Die bleierne Zeit"), die mit Volker Schlöndorff verheiratet ist.

KINO 3 Louis Malles Portrait einer Prostituierten
PRETTY BABY mit Brooke Shields, Keith Carradine

Was tut der Staat?

Seit 1951 verleiht° der Bundesminister° des Innern jährlich Preise und Prämien für hervorragende Leistungen auf dem Gebiet des Films: für den besten abendfüllenden Spielfilm° den Wanderpreis „Goldene Schale" (mit Prämie von 500 000 DM); außerdem „Filmbänder" in Gold und Silber

verleihen *to award / Federal Minister of Domestic Affairs*

feature film

(mit Prämien bis zu 400 000 DM). Der Bundesminister des Innern vergibt ferner zur Förderung des deutschen Films Prämien als Produktions- und Abspielhilfen sowie Stipendien für Nachwuchskräfte.

1968 wurde ein Filmförderungsgesetz° erlassen, das vorerst bis 1986 gilt. Aus einer Abgabe, die die Filmtheater zu erbringen haben, werden die Filmproduktion, der Filmverleih und die Filmtheater durch die Filmförderungsanstalt gefördert. Der Hauptteil dieser Mittel (70%) fließt in die Spielfilm-Förderung. Einen hohen Betrag stellt auch das Fernsehen für die Zusammenarbeit mit Kinofilmherstellern bereit. Neue Impulse erhielt die Filmproduktion der Bundesrepublik durch die Gründung der beiden Filmschulen in Berlin (1966) und München (1967), die einer begrenzten Anzahl von Studierenden die Möglichkeit der theoretischen und praktischen Ausbildung zum Filmschaffenden bieten.

film-promotion law

to promote

(Aus: *Tatsachen über Deutschland,* Lexikothek Verlag, Gütersloh, 1980, S. 364–67)

FRAGEN ZU LESETEXT B

1. Wann war das „goldene Zeitalter" des deutschen Films?
2. Welcher historische Vorgang hat wohl am meisten dazu beigetragen, daß die Glanzzeit des deutschen Films endete?
3. Was für Filme gab es in der BRD in den zwei Jahrzehnten nach dem Zweiten Weltkrieg?
4. Welches Phänomen führte zur Krise des Films in der BRD (und auch in den meisten anderen Ländern)?
5. Welche Kinos waren in der BRD durch den schrumpfenden Markt am wenigsten getroffen? Warum wohl?
6. Um wieviel Prozent konnten die amerikanischen Filmemacher ihren Anteil des deutschen Markts zwischen 1955 und 1976 erhöhen?
7. Warum konnte man in den späten siebziger Jahren von einer (leichten) Tendenzwende sprechen?
8. Aus welchen zwei Quellen hat sich der „junge deutsche Film" anfangs finanziert?
9. Nennen Sie vier bekannte Filmregisseure der letzten zehn bis fünfzehn Jahre in der BRD!
10. Welcher deutsche Regisseur hat den wohl bedeutendsten Filmpreis gewonnen? Für welchen Film?
11. Welche Rolle spielt der Bundesminister des Innern bei der Förderung des Films in der BRD?
12. Woher stammen die Gelder, die die Filmförderungsanstalt für die Förderung der Filmproduktion verleiht?
13. Welche Rolle spielt heute das Fernsehen bei der Filmförderung? Warum wohl?
14. Kann man sich in der BRD zum Filmregisseur ausbilden lassen?

WÖRTER IM KONTEXT

1. Welche grammatische Funktion hat das Wort **zunehmend** in diesem Kontext? (Zeile 15)
   a. Verb
   b. Adverb
   c. Adjektiv
2. **In der Zwischenzeit** entspricht . . .
   a. *in the meantime.*
   b. *between times.*
   c. *between the times.*
3. **Hatte . . . schließen müssen** bedeutet . . .
   a. *would have closed.*
   b. *had had to close.*
   c. *must have closed.*
4. In einem **Erstaufführungstheater** . . .
   a. werden nur deutsche Filme vorgeführt.
   b. werden viele klassische Filme gezeigt.
   c. werden meistens neue Filme gezeigt.
5. **Steigern** ist synonym mit . . .
   a. erheben.
   b. erhöhen.
   c. erholen.
6. **Formal beachtlich** bedeutet . . .
   a. *aesthetically highly regarded.*
   b. *noticeably contrived.*
   c. *with great attention to formality.*
7. **Hervorragend** ist synonym mit . . .
   a. überwältigend.
   b. akzeptiert.
   c. ausgezeichnet.
8. Was ist das Subjekt der Verbkonstruktion **stellt . . . bereit?** (Zeile 77)
   a. Kinofilmhersteller
   b. Betrag
   c. Fernsehen

ZUR DISKUSSION

Was halten Sie vom Filmförderungssystem in der BRD? Meinen Sie, so ein System könnte auch in den Vereinigten Staaten funktionieren? Begründen Sie Ihre Meinung!

Lesetext C: Jeder für sich und Gott gegen alle

VORBEREITUNG AUF DAS LESEN

(siehe Schlüsselwörter auf Seite 218)

1. Die Informationen zum Film *Jeder für sich und Gott gegen alle* stammen wohl aus . . .
- *a.* einem Filmbuch.
- *b.* einem Reklameblatt.
- *c.* einem Zeitungsartikel.

2. Das Adjektiv **rätselhaft** entspricht dem englischen Wort . . .
- *a.* *puzzling.*
- *b.* *advisable.*
- *c.* *rodentlike.*

3. **Darsteller** ist synonym mit . . .
- *a.* Musiker.
- *b.* Schauspieler.
- *c.* Direktor.

4. **Wenn es passieren sollte** bedeutet auf englisch . . .
- *a.* *if it were supposed to happen.*
- *b.* *if one should miss it.*
- *c.* *if it should happen.*

5. Das Wort **ungezügelt** ist . . .
- *a.* ein Adverb.
- *b.* ein Partizip als Adjektiv.
- *c.* ein Partizip des Präsens.

Jeder für sich und Gott gegen alle

Die rätselhafte Geschichte des Findlings Kaspar Hauser

Buch und Regie . . . . WERNER HERZOG
Kamera . . . . Jörg Schmidt-Reitwein
Schnitt . . . . Beate Mainka-Jellinghaus
Musik . . . . Pachebel, Orlando di Lasso, Albinoni
sowie: Haymo Henry Heyder, Henning v. Gierke, Gisela Storch, Ann Poppel, Susanne Schröder, Dietmar Zander, Walter Saxer, Christian Weisenborn

DARSTELLER:

Kaspar . . . . Bruno S
Daumer . . . . Walter Ladengast
Käthe . . . . Brigitte Mira
Unbekannter . . . . Hans Musäus
Zirkusdirektor . . . . Willy Semmelrogge
sowie: Michael Kroecher, Henry van Lyck, Enno Patalas, Elis Pilgrim, Volker Prechtel, Gloria Doer, Helmut Döring, Kidlat Tahimik, Andi Gottwald, Herbert Achternbusch, Wolfgang Bauer, Walter Steiner, Florian Fricke, Clemens Scheitz, Johannes Buzalski, Dr. Willy Meyer-Fürst

Die Geschichte des rätselhaften Findlings Kaspar Hauser.

Der sein Lebtag lang in einem Kellerloch eingesperrt war, ohne jeden Begriff von der Welt.

Der nicht weiß, daß es außer ihm noch Menschen gibt.

Der nicht weiß, was ein Baum, ein Haus, was Sprache ist.

Der eines Tages mitten in Nürnberg ausgesetzt wird.

Der auf mysteriöse Weise ermordet wird.

War er ein badischer Prinz, oder gar ein Sohn Napoleons?

Sein Rätsel, das ganz Europa beschäftigt hat, ist bis heute nicht gelöst.

(Aus einem Programmheft des Thalia Kinos in Hamburg.)

Internationale Pressestimmen:

"Hauser ist ein Film voller Kraft und hat so viel Wahrheit, daß es schon beunruhigend ist." *Figaro*

"Wenn es passieren sollte, daß man diesen Film mit anderen Filmen zu vergleichen versuchte, dann wäre das ein großer Fehler. Denn der Film Kaspar Hauser ist in seiner Inspiration und seiner Machart und Dank des Spieles seines Hauptdarstellers einfach einmalig!" *france soir*

Man stellt fest, daß Werner Herzog einer der größten Cineasten dieser Zeit ist . . . . sein ungezügeltes Temperament bringt ihn ganz natürlich in die Übertreibung. Man gebe ihm die nötigen Mittel und wir haben mit Sicherheit einen neuen Stanley Kubrick. Die Arbeit von W. Herzog unterscheidet sich von Truffauts "Wolfsjungen" durch den kritischen und ironischen Blick auf die Gesellschaft. *l'amore*

Sehr klar und direkt, eine romantische, traurige, phantastische Kinogeschichte. *Die Zeit*

Preise und Auszeichnungen

Cannes 1975
- Der große Sonderpreis der Jury
- Der Preis der internationalen Filmkritik
- Der Preis der ökumenischen Jury

Bundesfilmpreis in Silber 1975
für die Gestaltung des besten programmfüllenden Spielfilms für Werner Herzog und seinen Film "Jeder für sich und Gott gegen alle".

Bundesfilmpreis 1975
für Henning Gierke und die Ausstattung von "Jeder für sich und Gott gegen alle".

Bundesfilmpreis 1975
für Beate Mainka-Jellinghaus und den Schnitt von "Jeder für sich und Gott gegen alle".

Bruno S. als Kaspar Hauser in „Jeder für sich und Gott gegen alle"

Schlüsselwörter

der **Findling** man hat ihn gefunden (gewöhnlich als Kind)
eingesperrt eingeschlossen (z. B. im Gefängnis)
auf mysteriöse Weise wie das passierte, ist ein Rätsel
badisch aus Baden
programmfüllend abendfüllend; lang genug für ein Abendprogramm
die **Ausstattung** Kostüme und Bühnenausstattung
beunruhigen man wird dadurch unruhig
sich unterscheiden von anders sein als

FRAGEN ZU LESETEXT C

1. Wo spielt Ihrer Meinung nach dieser Film?
2. Ungefähr wann lebte Kaspar Hauser?
3. Meinen Sie, daß dieser Film tragisch endet? Warum?
4. Haben viele Menschen in Europa sich für die Geschichte Kaspar Hausers interessiert?
5. Wie viele Preise hat dieser Film gewonnen? In welchen Ländern?
6. Kann man den Pressestimmen entsprechend sagen, daß *Jeder für sich und Gott gegen alle* in der ganzen Welt positive Kritiken bekommen hat? Warum? Warum nicht?
7. Kennen Sie die Zeitungen, aus denen die Pressestimmen stammen? Welche Länder sind hier repräsentiert?
8. Mit welchen anderen Filmregisseuren wird Werner Herzog verglichen?
9. Kennen Sie Filme von diesen Filmemachern? Welche(n)?

ZUR DISKUSSION

1. Fassen Sie das Schicksal Kaspar Hausers kurz zusammen! Mit welchen besonderen Schwierigkeiten hatte Kaspar Hauser zu kämpfen, nachdem er gefunden wurde?
2. Kennen Sie vielleicht andere Filme von Werner Herzog *(Aguirre- der Zorn Gottes, Nosferatu, Fitzcarraldo, Wo die grünen Ameisen träumen)*? Wissen Sie, wovon diese Filme handeln?

Lesetext D: Rainer Werner Fassbinder

VORBEREITUNG AUF DAS LESEN

Schlüsselwörter

nach eigenen Angaben nach Informationen, die von Fassbinder selbst stammen

das **Immobiliengeschäft** man verkauft Grundstücke, Häuser, Gebäude

begegnen (Dat.) kennenlernen

in Berührung kommen mit in Kontakt, Verbindung kommen

die **Inszenierung** Gestaltung und Leitung einer Theaterproduktion

geprägt beeinflußt, gestaltet

der **PEN-Club** internationale Schriftstellervereinigung gegen Unterdrückung der Meinungsfreiheit; vom Englischen: *Poets, Playwrights, Editors, Essayists, Novelists*

Rainer Werner Fassbinder

Rainer Werner Fassbinder (geboren am 31. Mai 1945 in Bad Wörishofen) ist Sohn eines Mediziners und einer Dolmetscherin°. Die Ehe der Eltern wird 1951 geschieden. RWF wächst—nach eigenen Angaben—„ohne Erziehung" auf. Nach der Schulzeit in München und Augsburg ist er vorübergehend im Immobiliengeschäft seines Vaters in Köln tätig. Die Filmakademie in Berlin lehnt ihn ab. Er besucht die private Schauspielschule Leonhard in München, wo er seinem späteren Star Hanna Schygulla begegnet. Ende 1966 kommt er mit dem Münchner „Action-Theater" in Berührung°. Seine erste eigene Inszenierung ist Büchners „Leonce und Lena" (1967). Ein Jahr später ist er Mitbegründer° des „antiteaters", das von ihm entscheidend geprägt wird. 1969 produziert das „antiteater" Fassbinders ersten Spielfilm „Liebe ist kälter als der Tod". Im gleichen Jahr entsteht die Verfilmung° von Fassbinders Bühnenstück „Katzelmacher", für die er fünf Bundesfilmpreise erhält. Neben seiner Filmtätigkeit (41 Filme in 13 Jahren) arbeitet er auch fürs Theater und fürs Fernsehen und ist immer wieder als Schauspieler zu sehen. 1974/75 ist er Leiter des „Theaters am Turm" in Frankfurt/Main. 1974 wird er auch Mitglied des PEN-Clubs. Er hat viele Auszeichnungen° im Laufe der Jahre erhalten, unter anderen° den Internationalen Filmkritikerpreis (FIPRESCI), den Luchino-Visconti-Preis und den Goldenen Bären der Berlinale 1982 für „Die Sehnsucht der Veronika Voss". Sein letzter Film als

interpreter

contact, touch

cofounder

film version

honors, awards

among others

Schauspieler („Kamikaze") und sein letzter Film als Regisseur („Querelle") sind noch nicht aufgeführt°, als er am 10. Juni 1982 in München stirbt. Rainer Werner Fassbinder sagte einmal: „Ich möchte ein Haus mit meinen Filmen bauen. Einige sind der Keller, andere sind die Wände und wieder andere sind die Fenster. Aber ich hoffe, daß es am Ende ein Haus sein wird".

shown

(Aus: Kurt Raab & Karsten Peters, *Die Sehnsucht des R. W. Fassbinder*, C. Bertelsmann, München, 1982)

FRAGEN ZU LESETEXT D

1. Mit wie vielen Jahren starb Rainer Werner Fassbinder?
2. Wo ging er zur Schule?
3. Warum wohnte Fassbinder während der Schulzeit nicht bei seinem Vater?
4. Wo studierte Fassbinder, bevor er zum Film kam?
5. In welchem Jahr entstand der Film *Katzelmacher*?
6. Warum kann man möglicherweise sagen, daß Fassbinder sich zu Tode arbeitete?
7. Welchen wichtigen Preis hat er kurz vor seinem Tod gewonnen? Für welchen Film?
8. Welche Metapher benutzte Fassbinder einmal, um sein Filmschaffen zu beschreiben?

Lesetext E: Die Ehe der Maria Braun

VORBEREITUNG AUF DAS LESEN

1. Am Anfang des Textes steht ein Datum. Finden Sie gegen Ende des Textes ein zweites Datum! Ungefähr wie viele Jahre verstreichen im Laufe dieses Films?
2. Warum waren das besonders schwierige Jahre in Deutschland?

Die Ehe der Maria Braun

Ein Kriegstag im Jahre 1943. Während draußen Bomben fallen, heiraten in einem provisorisch eingerichteten° Standesamt° der Frontsoldat Hermann Braun und das Mädchen Maria. Einen halben Tag und eine Nacht sind sie zusammen, dann muß Hermann zurück an die Ostfront. Zusammen mit ihrer verwitweten Mutter und dem alten Opa Berger bleibt Maria im Deutschland des Bombenkriegs, der bevorstehenden Invasion und der baldigen Besetzung° durch die Alliierten zurück. Sie ist fest davon überzeugt, daß

furnished / registry office

occupation

KINO 2 18.00 u. 20.30 (12 J.)

5. WOCHE – Der Hit

Ausgezeichnet mit 2 Silbernen Bären bei den 29. Filmfestspielen Berlin '79

Hanna Schygulla in einem Film von

Rainer Werner Fassbinder

Die Ehe der Maria Braun

Presse: Das zugänglichste und reifste Werk Fassbinders. Die Zeit
Ein Geniestreich. NRZ, Essen
Intelligent und witzig . . . eine brillante Spiegelung der deutschen Wirtschaftswunderjahre. AZ
Prädikat: Besonders wertvoll

Luggi Waldleitner (Produzent von Lili Marleen) mit Hanna Schygulla und Rainer Werner Fassbinder

Hermann zurückkehrt. Wenn Züge mit Heimkehrern° aus dem Osten kommen, steht sie am Bahnhof und fragt Soldaten, ob sie etwas über Hermanns Schicksal° wüßten. Auf dem Schwarzmarkt tätigt sie Tauschgeschäfte für den täglichen Bedarf. Als Bedienung° in einem Club für amerikanische Soldaten, sieht sie eine Möglichkeit zu einem regelmäßigen Einkommen. Sie paßt auf sich auf°. Als sie eines Tages nach Hause kommt, findet sie die Mutter, ihre Freundin Betti und Bettis heimgekehrten Mann Willi stumm in der Wohnung: Willi hat gehört, daß Hermann gefallen ist. In der Ami-Bar hat Maria den Neger Bill kennengelernt. Sie fühlt sich zu ihm hingezogen. Später wird sie einmal sagen: „Meinen Mann liebe ich. Bill habe ich lieb gehabt." Sie lernt Englisch, er lernt

returning soldiers

fate

waitress

looks out for herself

Deutsch. Man unternimmt gemeinsame Ausflüge. Die Mutter kommt mit: amerikanische Zigaretten und Nylonstrümpfe stehen hoch im Kurs°. Maria wird schwanger°. Eines Abends, als sie und Bill zu Bett gehen wollen, steht Hermann vor der Tür. Er ist zurückgekommen—so, wie Maria es immer geglaubt hat. Nun ohrfeigt er sie. Bill fällt ihm in den Arm. Maria schlägt Bill eine Flasche über den Kopf. Vor Gericht° nimmt Hermann die Schuld am Tod des US-Soldaten auf sich und wird zu mehreren Jahren Gefängnis verurteilt°. Maria will für Hermann und für sich selbst eine Zukunft aufbauen. Als sie das Kind von Bill verliert und nach Hause reist, lernt sie im Zug den Industriellen Oswald kennen. Er ist aus der Emigration als kranker Mann zurückgekehrt, um die während der Nazi-Zeit enteignete Fabrik wieder zu übernehmen. Maria wird seine Assistentin. Und weil sie manchmal auch jemanden braucht, macht sie Oswald für die Dauer° von Hermanns Haft° zu ihrem Geliebten°. So erfährt Oswald beiläufig von Hermanns Existenz und stattet ihm mehrere Besuche ab°, die er vor Maria geheimhält. Maria hat Erfolg. Sie schafft es, daß amerikanische Unternehmer in Oswalds Betrieb investieren. Sie kauft sich ein kleines Haus. Mit Hilfe eines Rechtsanwalts° betreibt sie Hermanns vorzeitige Entlassung. Sie kommt knapp° zu spät, um ihn abzuholen. Er hat einen Brief hinterlassen: „Weil ich dich liebe, brauche ich ein eigenes Leben. Wenn ich es habe, werde ich wiederkommen und dich fragen, ob du meine Frau sein willst." Oswald stirbt 1954. Hermann kommt zurück. Eine Notarin verliest Maria und Hermann das Testament von Oswald und enthüllt° damit einen merkwürdigen Pakt zwischen den zwei Männern. Hermann will Maria. Sie zögert. Mit Hermann in ihrem eigenen Haus will sie Kaffee kochen. Sie zündet eine Zigarette an, das ausströmende Gas explodiert, das Haus fliegt in die Luft.

hoch im Kurs stehen *to be in demand* / *pregnant*

in court

verurteilt werden *to be sentenced*

duration / *imprisonment*

lover

Besuche abstatten *to pay visits*

lawyer

barely

reveals

(Aus: Robert Fischer, Joe Hembus, *Der neue deutsche Film*, Goldmann Verlag, München 1981, S. 160-64)

WÖRTER IM KONTEXT

1. Das Wort **provisorisch** (Zeile 2) bedeutet . . .
   a. mit sehr soliden Möbelstücken eingerichtet.
   b. temporär.
   c. nur für Soldaten.
2. Das Wort **verwitwet** (Zeile 5) entspricht . . .
   a. *widowed.*
   b. *committed.*
   c. *gray-haired.*

3. Das Verb **tätigen** (Zeile 12) ist synonym mit . . .
   a. machen.
   b. aktivieren.
   c. verkaufen.
4. Das Adjektiv **stumm** (Zeile 16) bedeutet . . .
   a. betrunken.
   b. blöd.
   c. schweigend.
5. Welches der folgenden englischen Wörter entspricht **hingezogen?** (Zeile 19)
   a. *undressed.*
   b. *attracted.*
   c. *pulled over.*
6. Das Verb **ohrfeigen** (Zeile 25) bedeutet . . .
   a. schlagen.
   b. ins Ohr flüstern.
   c. umarmen.
7. **In den Arm fallen** (Zeile 26) bedeutet . . .
   a. *to embrace.*
   b. *to become poor.*
   c. *to restrain.*
8. Eine **enteignete Fabrik** (Zeile 33) ist . . .
   a. eine zerstörte Fabrik.
   b. eine vom Staat übernommene Fabrik.
   c. eine sehr kleine Fabrik.
9. Das Adverb **beiläufig** (Zeile 36) heißt auf englisch . . .
   a. *bypassed.*
   b. *quickly.*
   c. *incidentally.*
10. Das Verb **betreiben** (Zeile 40) ist synonym mit . . .
   a. bewirken.
   b. ignorieren.
   c. verhindern.

RICHTIG ODER FALSCH?

1. ____ Hermann und Maria heiraten am Anfang des Zweiten Weltkriegs.
2. ____ Maria wohnt bei ihrer Familie, während Hermann an der Front ist.
3. ____ Oft sucht Maria ihren Mann am Bahnhof.
4. ____ Maria wird durch ihre Geschäfte auf dem Schwarzmarkt reich.
5. ____ Maria beginnt ein Verhältnis mit einem schwarzen amerikanischen Soldaten, nachdem sie vom Tod ihres Mannes erfährt.

6. ____ Als Hermann zurückkommt und Maria und Bill zusammen findet, versucht Bill zu fliehen.
7. ____ Obwohl er den Amerikaner nicht getötet hat, geht Hermann freiwillig ins Gefängnis.
8. ____ Der Industrielle Oswald hat die Kriegsjahre im Ausland verbracht.
9. ____ Oswald zwingt Maria, seine Geliebte zu werden.
10. ____ Oswald und Maria besuchen Hermann oft im Gefängnis.
11. ____ Hermann kommt erst nach dem Tod Oswalds zu Maria zurück.
12. ____ Am Ende begeht Maria Selbstmord.

ZUM SPASS

1. Schreiben Sie einen Dialog, in dem Sie die Szene rekonstruieren, wo Hermann nach Hause kommt und Maria und Bill vorfindet! Denken Sie auch an die nötigen Bühnenanweisungen!

   Beispiel: (Draußen klopft jemand an die Tür.)

2. Schreiben Sie die letzte Szene so um, daß der Film ein typisches „Hollywood-Happy-End" hat!

Lesetext F: Die bleierne° Zeit

leaden

VORBEREITUNG AUF DAS LESEN

1. Lesen Sie die Überschriften und die Anfangsanweisungen zu den sechs Szenen, die hier abgedruckt sind! Um wie viele verschiedene Schauplätze handelt es sich?
2. Wer sind wohl die zwei Hauptfiguren in diesem Film?

Margarethe von Trotta

Die bleierne Zeit

Die bleierne Zeit ist der dritte Film der Regisseurin Margarethe von Trotta. Er erzählt die Geschichte zweier Schwestern, die im Krieg geboren und in der „bleiernen Zeit“ der 50er Jahre aufgewachsen sind. Beide engagieren sich in der Studentenbewegung der 60er Jahre für gesellschaftliche Veränderungen. Sie tun das auf sehr unterschiedliche Weise, Juliane als Journalistin, Marianne als Mitglied einer Terroristengruppe.

MARIANNE Terroristin, wird bald nach Anfang des Films verhaftet und zu Gefängnis verurteilt *(Barbara Sukowa)*

JULIANE deren Schwester, Journalistin *(Jutta Lampe)*

WERNER geschiedener Mann von Marianne *(Luc Bondy)*

WOLFGANG Freund Julianes *(Rüdiger Vogler)*

JAN Sohn von Marianne und Werner

Szenen aus dem Drehbuch

Szene 4 Wohnung Julianes I — Tag/Innen

Es ist noch Tag. Spätnachmittag. Der Mann, Werner, trägt das schlafende Kind zu einem großen Doppelbett und legt es behutsam° darauf. Juliane nimmt eine Decke aus dem Schrank und deckt Jan damit zu°. Juliane und Werner gehen leise in die Küche, erst dort reden sie.

Die Küche ist geräumig° und gemütlich. Auf dem Küchentisch liegen Bücher und Zeitschriften.

Daß es Werner nicht gut geht, sieht man ihm an. Er wirkt° unglücklich, versucht aber nicht, es zu betonen°. Schwankt° während des folgenden Gesprächs zwischen Aggression und Verzweiflung°.

carefully
zudecken *to cover*
big, roomy
seems
emphasize / sways
despair

WERNER: Du mußt Jan zu dir nehmen.

JULIANE *(abwehrend):* Für wie lange?

WERNER: Ich hab' einen Auftrag, nach Bali und auf die Philippinen zu gehen . . . , um über animistische Religionen zu schreiben . . . Für ein Jahr.

JULIANE *(entsetzt):* Ein Jahr . . . das ist unmöglich, Werner. Bei mir kann Jan höchstens ein paar Tage bleiben.

WERNER: Ich hab' keinen Pfennig Geld mehr, mir bleibt keine Wahl. Außerdem kann ich nicht die nächsten zehn Jahre Kindermädchen° spielen.

nanny

JULIANE: Das hättest du dir überlegen sollen, bevor Jan auf die Welt kam.

WERNER: Wir wollten beide das Kind.

(Juliane schweigt. Sie nimmt das Essen vom Herd, das sie warm gemacht hat, und füllt es auf einen Teller, den sie ihm zusammen mit dem Besteck zum Tisch bringt. Sie schiebt die Bücher und Zeitschriften beiseite. Aber Werner setzt sich immer noch nicht. Er scheint von einer seltsamen inneren Unruhe getrieben.)

WERNER: Bring ihn bei deinen Eltern unter°, oder besorg' ihm Pflegeeltern. Ich kann nicht mehr, ich hab' es zwei Jahre versucht . . . ich schaff' es nicht . . .

JULIANE: Wird er dich denn nicht vermissen? Er hängt doch an° dir . . .

WERNER *(bitter):* Er ist sowieso der einzige Mensch, der an mir hängt, aber mitnehmen kann ich ihn nicht, das wirst du vielleicht einsehen°.

JULIANE: Die Eltern sind zu alt. Sie schaffen das jetzt auch nicht mehr. Und ich habe meine Arbeit, die kann ich unmöglich unterbrechen . . .

WERNER *(leise):* Scheiße. Scheiße. Verdammt noch mal.

(Plötzlich schreit er Juliane an.)

WERNER: Du bist schließlich ihre Schwester.

(Juliane bleibt ruhig.)

JULIANE: Und?

WERNER: Du hast uns zusammengebracht.

JULIANE: Aber nicht getrennt . . .

WERNER *(einlenkend):* Natürlich nicht. Ich weiß, du warst sogar gegen die Trennung. Aber gerade deswegen könntest du dich um Jan kümmern.

JULIANE *(ernst):* Was meinst du, weswegen ich keine Kinder habe!

WERNER: Marianne wollte drei . . . mindestens drei Kinder . . .

(Sie deutet auf das Essen.)

JULIANE: Wenn du jetzt nicht ißt, muß ich es gleich noch mal warm machen.

WERNER *(hat nicht zugehört):* Du glaubst also im Ernst, daß Marianne anders ist! Daß sie nicht ganz genauso eine Hure° ist wie alle anderen Fotzen°.

JULIANE: Ich glaube, du machst es dir zu einfach.

WERNER *(wütend):* Ich mache es mir einfach! Wer hat denn das Kind aufgezogen°, seine Arbeit vernachlässigt, die Aufträge abgesagt, bis wir nichts mehr zu fressen hatten . . .

JULIANE: *(will wieder sachlich werden):* Bei mir kann Jan jedenfalls nur ein paar Tage bleiben. Tut mir leid, Werner.

(Werner beruhigt sich° scheinbar° wieder.)

---

bei jemandem unterbringen *to leave at someone's house*

an jemandem hängen *to be attached to someone*

understand

prostitute

vulgar term for a female

aufziehen *to raise, bring up*

sich beruhigen *to calm down / apparently*

WERNER: Gut, bis dahin finde ich was für ihn.

JULIANE: Kann ich mich darauf verlassen°? — sich verlassen *to rely*

WERNER: Ja.

(Er lehnt seinen Kopf an ihre Schulter.)

WERNER: Ich muß versuchen, wieder zu schreiben. Ich muß versuchen, da rauszukommen . . .

(Juliane streicht ihm über den Rücken.)

JULIANE: Du hast Glück, daß ich zu Hause bin. Normalerweise arbeite ich in der Redaktion.

WERNER *(startet einen neuen Versuch):* Und Wolf? Kann der nicht . . . ich meine, wegen Jan . . .

JULIANE: Bitte, wir haben gerade ausgemacht, nur für ein paar Tage!

WERNER: Könnte ja sein, dein Freund denkt anders darüber als du.

JULIANE: Anders über Kinder schon . . . aber nicht anders über Marianne.

WERNER: Das Schlimme ist, wenn jemand gegen sie ist, fange ich sofort an, sie zu verteidigen°. — *defend*

JULIANE: Ist Bali . . . eigentlich Flucht°, oder ist es wirklich die einzige Arbeitsmöglichkeit für dich? — *escape*

WERNER: Mariannes Verhalten ist Flucht . . . Flucht vor mir . . .

(Juliane muß über diese Annahme° ein bißchen lächeln. Jan ist wach geworden und ruft nach seinem Vater. Werner geht sofort ins Nebenzimmer. Juliane bleibt in der Küche zurück und hört, wie er leise das Kind tröstet°.) — *assumption*; *comforts, consoles*

Szene 50 Besuchszimmer, altes Gefängnis Tag/Innen

(Juliane und Marianne sitzen sich am Tisch gegenüber. Neben ihnen die Beamtinnen.)

JULIANE: Deine Augen sind ganz entzündet°. — *inflamed*

MARIANNE: Vom Neonlicht°. — *fluorescent light*

JULIANE: Seit dem letzten Mal hast du mindestens zehn Pfund abgenommen.

MARIANNE: Paß auf, ich werd noch richtig schön hier drin.

(Juliane wehrt sich gegen Mariannes Bemerkungen.)

JULIANE: Marianne! Wir haben nur eine halbe Stunde! Warum schwächst du dich mutwillig°? — *intentionally*

MARIANNE: Hast du einen Vorschlag, wie wir uns wehren sollen?

JULIANE: Wieviel Tage sind es jetzt?

MARIANNE: Fünfundzwanzig. Und wir werden weitermachen, bis sie uns zusammenlegen.

JULIANE: Ich versteh' eins nicht. Ihr wollt die „Auserwählten" sein, gleichzeitig aber behandelt werden wie normale Gefangene. Findest du das konsequent!

MARIANNE *(wütend°):* Schreibst du neuerdings für die Springerpresse? Außer den Scheißwachteln° *(sie sagt es sehr laut an die Adresse der Schließerinnen)* sehe ich nur den Anwalt und dich. Einmal im Monat. Ich bekomme keine Briefe, nur deine und die von Mutter lassen sie durch. Ich rede am Tag . . . dreimal nein oder ja und noch zwei, drei Worte. Ich höre nichts. Meine Zelle ist schallisoliert°, die Zellen neben mir sind leer. Keine Geräusche, tags nicht und nachts nicht. Nur meine eigenen. Keine Schritte auf dem Gang, keine Klospülung° in einer anderen Zelle . . . sogar der Flur wird geputzt, solange ich Freistunde habe . . . Vor lauter Stille . . . kann ich nicht mehr schlafen. Du lauschst° . . . angestrengt, irgendeinen Laut muß es doch geben. Aber nicht einmal die Dielen knarren, wie bei uns, wenn wir alleine waren. Der Boden in der Zelle ist aus Stein. Ich höre meinen Atem, und wie er sich verändert . . . durch den Mund, oder die Nase, und dann halte ich ihn ganz an. Du bekommst Herzschmerzen von der toten Stille, verlierst jedes Zeitgefühl, auch vom Neonlicht, das Tag und Nacht brennt. Und zum Schluß verlierst du das Gefühl für dich selbst. Genau das wollen sie, daß du durchdrehst, und dann schieben sie dich ab in die Klapsmühle°.

- *raging*
- *derogatory name for the female guards*
- *soundproof*
- *toilet flushing*
- *listen*
- *''nut house''*

(Juliane beobachtet sie.)

MARIANNE: Ich spreche mit mir selbst . . . nicht von Anfang an, am Anfang hab' ich mich dagegen gewehrt, aber jetzt spreche ich alles vor mich hin . . . was mir durch den Kopf geht, alles, was mir durch den Kopf geht. Und dann gehe ich dabei . . . bewegen, du mußt dich bewegen . . . von Wand zur Wand, zur Wand, aber nach einer Zeit übersiehst du sie, du siehst sie nicht mehr kommen. Gleichgewichtsstörungen. Dann spreche ich im Liegen weiter . . .

BEAMTIN: Sprechzeit zu Ende.

MARIANNE: Versuch, ob du mein Cello herbringen kannst.

BEAMTIN: Ende der Besuchszeit.

(Die Beamtinnen bewegen sich auf die Schwestern zu. Plötzlich umarmt Marianne Juliane, spontan und schwesterlich. Im Loslassen sagt sie, so als habe sie die Berührung mit Julianes Pullover darauf gebracht:)

MARIANNE: Dein Pulli ist schön. Gib ihn mir.

(Juliane zieht, ohne zu zögern, ihren Pullover aus° und steht mit nack-

- ausziehen *to take off*

tem Oberkörper da, ebenso Marianne. Sie tauschen die Pullis, bevor die Beamtinnen eingreifen können.)

(Juliane wird zum Ausgang gebracht, Marianne zur entgegengesetzten° Tür. Beide drehen sich noch einmal um und sehen sich an. Marianne lächelt.)

opposite

Szene 75 Ätna, Italien **Tag/Außen**

(Juliane und Wolfgang machen Ferien. Sie besteigen den Ätna. Es ist windig, fast stürmisch. Eine kahle, schweflige° Lavalandschaft. Der Führer muß sie festhalten, damit sie nicht in den Krater geweht werden.)

sulphurous

Italien TV-Nachrichten

Szene 77 Kneipe° am Fischmarkt von Catania **Tag/Innen**

tavern

(Sie essen in einer einfachen Kneipe. Der sizilianische Wirt redet mit ihnen, ohne daß sie ihn verstehen können. Ein Fernseher läuft, sie sehen kaum hin. Von draußen dringen die lauten Rufe der Fischer herein. Plötzlich erscheint auf dem Bildschirm° ein Bild von Marianne. Ein Bild vom Gefängnis. Wieder ein Bild von ihr. Der italienische Sprecher nennt Mariannes Namen. Sie versuchen, mit dem Wirt, mit den Fischern zu reden, sie auf Englisch zu fragen, was diese Bilder bedeuten. Der Wirt

screen

Juliane (Jutta Lampe) und
Marianne (Barbara Sukowa)

versteht sie nicht, sie verstehen die Sizilianer nicht. Juliane fragt, ob sie anrufen kann. Germania. No. Non è possibile. Vom Apparat der Kneipe kann man nicht ins Ausland telefonieren. Aber von einem nahegelegenen Hotel aus. Albergo. Juliane läuft auf die Straße. Wolfgang zahlt.)

Szene 78 Fischmarkt **Tag/Außen**

(Wolfgang drängt sich durch die dichte Masse der Fischer und Käufer.)

Szene 79 Hotel **Tag/Innen**

(In dem Hotel wird gerade eine Hochzeit gefeiert. Alles wirkt ein bißchen altmodisch. Aber man kann telefonieren. Juliane verschwindet in einer Kabine, Wolfgang bleibt davor stehen. Sie spricht, legt auf°, kommt nicht mehr aus der Kabine heraus. Wolfgang macht die Tür auf. Juliane sagt ihm, Marianne sei tot. Erhängt . . . Der Vater glaube nicht an Selbstmord . . .)

°puts down (the receiver)

Woher der Strick / Pistole

(Aus: *Die bleierne Zeit.* H. J. Weber Hrsg., Fischer Taschenbuch-Verlag, 1981)

WORTFAMILIEN

Versuchen Sie, mindestens eine verwandte Form der folgenden Wörter aus Lesetext F zu finden!

VERB	NOMEN	ADVERB/ADJEKTIV
___	___	bleiern
___	die Hut	behutsam
___	die Wahl	___
betonen	___	___
___	___	geräumig
einsehen	___	___
___	___	sachlich
___	die Trennung	___
___	die Flucht	___
___	___	vernünftig
trösten	___	___
sich schwächen	___	___
___	___	gefangen
sich verändern	___	___
sich bewegen	___	___
___	___	laut

FRAGEN ZU LESETEXT F

1. Was will Werner in der ersten Szene? Wie reagiert Juliane auf seine Bitte?
2. Warum können nach Julianes Meinung ihre Eltern das Kind nicht bei sich unterbringen?
3. Was für eine Ehe hatten Werner und Marianne? Wieso kann man sagen, Marianne hatte die Ehe am Anfang ganz positiv gesehen?
4. Was ist jetzt Werners Einstellung Frauen gegenüber?
5. Was verspricht Werner am Ende der ersten Szene?
6. Wie lange darf Juliane die Schwester im Gefängnis besuchen?
7. Beschreiben Sie die Isolierzelle, in der Marianne im Gefängnis steckt! Was stört Marianne am meisten dort?
8. Warum will Marianne ihr Cello haben, Ihrer Meinung nach?
9. Was geschieht am Schluß der Szene im alten Gefängnis?
10. Wo machen Juliane und Wolfgang Ferien?
11. Wie erfahren die beiden vom Schicksal Mariannes?
12. Mit wem telefoniert Juliane und was erfährt sie?

ZUR DISKUSSION

Dieser Film basiert zum Teil auf dem Leben Gudrun Ensslins, die als Mitglied der Baader-Meinhof-Gruppe der 70er Jahre in der Bundesrepublik Deutschland ins Gefängnis gekommen war. Sie starb am 18. September 1977 in dem modernen Gefängnis Stuttgart-Stammheim. Kennen Sie amerikanische Filme, die auch auf wirklichen, historischen Ereignissen beruhen? Welche? Was passiert in diesen Filmen? Sehen Sie gern Filme mit einem wahren, geschichtlichen Vorbild? Warum? Warum nicht?

German-English Vocabulary

The German-English vocabulary contains all words used in the book except articles (**der-** and **ein**-words), pronouns, **da-** and **wo-** compounds, possessive adjectives, numbers, proper names, diminutive noun forms, obvious cognates, and compounds that can be deduced easily from their component parts. The translations given are context-specific for the texts in this book and this list is not intended to replace a dictionary.

For verb forms only the infinitive is provided, with the principal parts of strong and irregular verbs (third-person singular present tense, when appropriate; third person singular simple past/and past participle) in parentheses. Separable prefix verbs are preceded by **sich**. If **sich** is in parentheses, the verb may also be used non-reflexively.

Nouns are listed with the appropriate definite article and the plural ending, if any (e.g., **der Tag, -e**). Unusual plural forms are written out. The feminine form of agent nouns is given in parentheses without article, e.g., **der Lehrer(in), -(nen)**.

The following abbreviations are used:

acc.	accusative	*pl.*	plural
adj.	adjective	*refl.*	reflexive
comp.	comparative	*sg.*	singular
conj.	conjunction	*sl.*	slang
dat.	dative	*s.o.*	someone
gen.	genitive	*s.t.*	something
o.s.	oneself		

A

ab • bauen to tear down
ab • bestellen to cancel
ab • bilden to depict, illustrate
ab • drängen to force away, push away
ab • drucken to print
der **Abend, -e** evening
das **Abendland** occident
abendlich evening *adj.*
das **Abenteuer, -** adventure
abenteuerlich adventurous
aber but, however
ab • fahren (fährt ab), fuhr ab, ist abgefahren to depart
ab • feuern to fire (weapon)
die **Abgabe, -n** fee
das **Abgas, -e** exhaust (motor)
ab • geben (gibt ab), gab ab, abgegeben to turn in, over

abhängig dependent
ab • heben, hob ab, abgehoben to lift up
ab • holen to pick up
das **Abhörgerät, -e** listening device, "bug"
das **Abitur** final examination in *Gymnasium*
das **Abkommen, -** agreement
die **Abkürzung, -en** abbreviation
ab • legen remove, to take off
ab • lehnen reject, to refuse
die **Ablehnung, -en** rejection, refusal
ab • lenken to distract
ab • lösen to separate, remove
ab • nehmen (nimmt ab), nahm ab, abgenommen to take off weight; take on a task
abonnieren to subscribe to
die **Abrechnung, -en** reckoning
ab • rüsten to disarm
ab • sagen to turn down
der **Absatz, ¨e** paragraph; sole (shoe)
der **Abschied** departure, farewell
abschließend final(ly)
der **Abschluß, ¨sse** final (examination); closing (deal)
die **Abschreckungspolitik** nuclear arms policy (mutual assured destruction)
die **Abschußrampe, -n** launching ramp
ab • schwächen to weaken
ab • sehen (von) (sieht ab), sah ab, abgesehen to disregard
abseits outside of; offside (sports)
die **Absicht, -en** intention
die **Abspielhilfe, -n** financial assistance (movie theater)
die **Abstammung** origin, genealogy
ab • statten to grant, pay (visit)
ab • sterben (stirbt ab), starb ab, ist abgestorben to die out
ab • stoßen (stößt ab), stieß ab, abgestoßen to "unload" (goods)
der **Abteilungsleiter(in), -(nen)** department head
die **Abtreibung, -en** abortion
abwechselnd alternating(ly)
die **Abwehr** defensive weapons system
ab • wehren to fend off
ab • würgen to choke off
ab • ziehen, zog ab, abgezogen to pull off, peel
die **Achsel, -n** shoulder
acht (sich in acht nehmen to take care)
achten auf + *acc.* to heed
ächzen to groan
der **Adelstitel, -** nobility title
der **Affe, -n** monkey
ahnen to have an idea of
die **Ahnentafel, -n** family lineage
ähnlich similar
die **Akte, -n** file
der **Aktenordner, -** file folder
die **Aktion, -en** campaign, raid (military, police)
der **Alarm** alert
die **Alimente** *pl.* alimony
der **Alkoholgehalt** alcoholic content
allein alone, solely
allerdings though, "to be sure"
alles everything
allgemein general, common
alliiert allied
die **Allmacht** all-encompassing power
allseitig on all sides
der **Alltag** everyday life
alltäglich daily
allwissend omniscient
als as; when *conj.*; than *comp.*
also thus, therefore
alt old
das **Alter, -** age
altmodisch old-fashioned
die **Ameise, -n** ant
amerikanisch American
die **Ami-Bar, -s** American bar
das **Amt, ¨er** office, ministry
an to, towards, at
die **Anbauwand, ¨e** wall-size shelf unit
an • bellen to bark at
an • bieten, bot an, angeboten to offer
an • binden, band an, angebunden to tie "down"
andauernd continually
ander- other, different
ändern to change, alter
anders different(ly)
an • deuten to indicate, hint at
die **Anerkennung, -en** recognition
der **Anfang, ¨e** beginning
an • fangen (fängt an), fing an, angefangen to begin
die **Anfangsanweisung, -en** starting instruction
der **Anfangsbuchstabe, -n** beginning letter
die **Anforderung, -en** demand, requirement
die **Anfrage, -n** inquiry
an • führen to list
das **Anführungszeichen, -** quotation mark
an • geben (gibt an), gab an, angegeben to indicate
angeblich allegedly
das **Angebot, -e** offer
an • gehen, ging an, ist angegangen to begin
der/die **Angehörige, -n** member (family)
angenehm pleasant
angesichts + *gen.* in the face of
der/die **Angestellte, -n** employee
angewandt applied
angewiesen sein auf + *acc.* to depend on
an • greifen, griff an, angegriffen to attack
der **Angriff, -e** attack
die **Angst, ¨e** fear, anxiety
ängstlich anxious, fearful
der **Anhänger, -** adherent
an • hören to listen to
an • kaufen to buy (up)
die **Anklage, -n** accusation, charge
an • klagen to charge, sue
der **Ankläger(in), -(nen)** plaintiff
an • kommen, kam an, ist angekommen to arrive
an • kündigen to announce

die **Ankunft, ¨e** arrival
die **Anlage, -n** system
an • lasten to blame
an • legen to put on
an • machen to antagonize *sl.*
anmutig graceful
die **Annahme, -n** assumption
an • nehmen (nimmt an), nahm an, angenommen to assume
die **Anordnung, -en** orders, regulations
anpassungsfähig adaptive
an • preisen, pries an, angepriesen to praise, brag
die **Anregung, -en** stimulation
an • reichern to enrich
der **Anruf, -e** telephone call
an • rufen, rief an, angerufen to telephone
an • schaffen, schaffte an, angeschafft acquire
die **Anschauung, -en** view, opinion
anscheinend seemingly
sich **an • schließen, schloß an, angeschlossen** to follow
anschmiegsam snuggly
an • sehen (sieht an), sah an, angesehen to look at, watch
an • setzen to set on
die **Ansicht, -en** view, opinion
die **Anspielung, -en** allusion
an • sprechen (spricht an), sprach an, angesprochen to speak to s. o.
der **Anspruch, ¨e** claim, right
anständig decent, upright
an • steigen, stieg an, ist angestiegen to increase
an • stellen to hire
der **Anstreicher, -** house painter
sich **an • strengen** to exert
der **Anteil, -e** share
die **Anteilnahme** sympathy
an • treffen (trifft an), traf an, angetroffen to encounter
die **Antwort, -en** answer, response
der **Anwalt, ¨e** attorney
die **Anzahl** number, group
die **Anzeige, -n** advertisement
an • zeigen to turn in, inform on s. o.
an • ziehen, zog an, angezogen to dress
der **Anzug, ¨e** suit
die **Arbeit, -en** work
arbeiten to work
der **Arbeiter(in), -(nen)** worker
der **Arbeitnehmer(in), -(nen)** paid employee
der **Arbeitsgang, ¨e** work routine
der/die **Arbeitslose, -n** unemployed person
die **Arbeitslosenversicherung, -en** unemployment compensation
die **Arbeitslosigkeit** unemployment
die **Arbeitsruhe** quiet necessary for working
der **Ärger** annoyance
(sich) **ärgern** to annoy
argwöhnen to suspect
der **Arier(in), -(nen)** Aryan
arm poor
die **Armut** poverty
die **Art, -en** type, kind
artverwandt related by type
der **Arzt, ¨e**, die **Ärztin, -nen** physician
die **Asche** ashes
(das) **Asien** Asia
der **Assoziationskreis, -e** associative sphere
der **Ast, ¨e** limb (tree)
das **Asyl, -e** asylum
der **Atem** breath
der **Ätna** Mt. Etna in Italy
atomar atomic
das **Attentat, -e** assassination (attempt)
auch also
auf upon, on
der **Aufbau, -ten** (re)construction
auf • bauen to build up
aufblasbar inflatable
auf • blühen to blossom
auf • bringen, brachte auf, aufgebracht to bring up
der **Aufenthalt, -e** sojourn, stay
auf • fordern to require, enjoin
auf • führen to perform
die **Aufgabe, -n** task, duty
auf • geben (gibt auf), gab auf, aufgegeben to give up; to turn in
auf • greifen, griff auf, aufgegriffen to take up
(sich) **auf • halten (hält auf), hielt auf, aufgehalten** to pause, slow down
auf • hetzen to incite, stir up
auf • hören to cease
auf • kaufen to buy up
auf • klären to clear up
der **Aufkleber, -** sticker
die **Auflage, -n** circulation, edition
(sich) **auf • lösen** to dissolve, break down
auf • machen to open
aufmerksam attentive
auf • mucken to complain
die **Aufnahme, -n** acceptance
auf • nehmen (nimmt auf), nahm auf, aufgenommen to accept, take in
auf • passen to take care (of)
(sich) **auf • putschen** to stimulate
die **Aufräumungsarbeit, -en** clean-up operation
auf • regen to upset
sich **aufregen** to be annoyed
auf • rufen, rief auf, aufgerufen to call for
der **Aufrüstungsplan, ¨e** arms buildup plan
der **Aufsatz, ¨e** essay
der **Aufschrei, -e** scream, cry
der **Aufschwung, -ë** upturn
aufsehenerregend sensational
auf • spüren to track down
der **Aufstand, ¨e** rebellion
auf • stehen, stand auf, ist aufgestanden to stand up, get up
auf • stellen to set up
auf • tauchen to show up, appear
auf • teilen to divide up
der **Auftrag, ¨e** job order
der **Auftrieb, -e** increase
auf • wachsen (wächst auf), wuchs auf, ist aufgewachsen to grow up

aufwärts upwards
auf • wecken to awaken s. o.
auf • weisen, wies auf, aufgewiesen to display, register
auf • werten to raise in value
auf • ziehen, zog auf, aufgezogen to raise (children)
die **Aufzucht** raising (of children)
(sich) **auf • zwingen, zwang auf, aufgezwungen** force upon
das **Auge, -n** eye
der **Augenblick, -e** moment
augenblicklich momentarily
aus out, out of, from
aus • bilden to train, educate
die **Ausbildung** training
aus • bomben to bomb out
(sich) **aus • dehnen** to extend, expand
sich (etwas) **aus • denken, dachte aus, ausgedacht** to think up
aus • dienen to finish service
der **Ausdruck, ⸚e** expression
(sich) **aus • drücken** to express
die **Ausdrucksweise, -n** manner of expression
auseinander apart
der/die **Auserwählte, -n** "chosen" one
der **Ausflug, ⸚e** excursion
aus • füllen to fill out
der **Ausgang, ⸚e** exit
aus • geben (gibt aus), gab aus, ausgegeben to spend (money)
aus • gehen, ging aus, ist ausgegangen to go out
ausgerechnet precisely
ausgezeichnet excellent
aus • halten (hält aus), hielt aus, ausgehalten to endure
aus • kommen, kam aus, ist ausgekommen to get by
die **Auskunft, ⸚e** information
das **Ausland** foreign territory
der **Ausländer(in), -(nen)** foreigner
ausländisch foreign
aus • legen to interpret
die **Auslese, -n** selection
die **Auslieferung, -en** extradition
aus • lösen to cause
aus • machen to arrange, to constitute
sich (etwas) **aus • malen** to paint a (mental) picture
die **Ausnahme, -n** exception
aus • nutzen to use, exploit
aus • packen to unpack
aus • radieren to destroy, erase
aus • räumen to clear out
aus • rechnen to calculate
aus • reichen to suffice
aus • reißen, riß aus, ist ausgerissen to run away
aus • rotten to eradicate
die **Ausrottung, -en** eradication
der **Ausrottungsbetrieb, -e** eradication factory
der **Ausruf, -e** exclamation
der **Ausrufesatz, ⸚e** exclamatory statement
das **Ausrufezeichen, -** exclamation mark
sich **aus • ruhen** to rest up
(sich) **aus • rüsten** to equip
die **Aussage, -n** statement, message
der **Ausschank** bar
aus • schließen, schloß aus, ausgeschlossen to exclude
ausschließlich exclusively
die **Ausschreitung, -en** excess
aus • sehen (sieht aus), sah aus, ausgesehen to appear
das **Aussehen** appearance
außen outside
der **Außenbordmotor, -en** outboard motor
der **Außendienst** foreign duty
außenpolitisch foreign policy *adj.*
außer aside from, outside of
außerdem besides
außerehelich extramarital
außerhalb + *gen.* outside of
äußern to utter
außerordentlich extraordinary
äußerst utmost
die **Äußerung, -en** utterance
die **Aussicht, -en** view
die **Ausstattung, -en** equipment, furnishings
aus • steigen, stieg aus, ist ausgestiegen to get out
aus • sterben (stirbt aus), starb aus, ist ausgestorben to become extinct
sich **aus • strecken** to stretch out
die **Ausstreuung, -en** remark
aus • strömen to pour, stream out
der **Austauschspieler(in), -(nen)** substitute player
aus • üben to exert
die **Auswahl, -en** selection, choice
aus • wählen to select, choose
auswärtig foreign (ministry)
der **Ausweis, -e** identification
(sich) **aus • zeichnen** to distinguish
die **Auszeichnung, -en** distinction, award
sich **aus • ziehen, zog aus, ausgezogen** to undress
aus • ziehen, zog aus, ist ausgezogen to move out
der **Auszug, ⸚e** excerpt
der **Autolack** car paint
der **Autor(in), -(nen)** author

B

das **Bäckerfachgeschäft, -e** specialty bakery
der **Backfisch, -e** teenage girl *sl.*
das **Bad, ⸚er** bath
der **Bahnhof, ⸚e** train station
bald soon
das **Band, ⸚er** ribbon, band
bang afraid
bankrott bankrupt
der **Bann** spell
der **Bär, -en** bear
basieren to be based
der **Bau, -ten** construction
bauen to build
der **Bauer,** die **Bäuerin** farmer
der **Bauernhof, ⸚e** farm
der **Bauherr, -en** person having a home built
der **Baum, ⸚e** tree
der **Bayer, -n** Bavarian
bayerisch Bavarian *adj.*

das **Bayern** Bavaria
beachtlich noteworthy
der **Beamte, -n,** die **Beamtin, -nen** official
beängstigen to alarm
beanspruchen to claim (as a right)
beantworten to answer
der **Bedarf** need
bedecken to cover
bedenken, bedachte, bedacht to bear in mind
bedeuten to mean
die **Bedeutung, -en** meaning, significance
die **Bedeutungsverschlechterung, -en** deterioration of meaning
bedienen to serve, operate (machine)
die **Bedienung** service
die **Bedingung, -en** condition
bedingungslos unconditional
bedrohen to threaten
die **Bedrohung, -en** threat
bedürfen + *gen.*, **bedurfte, bedurft** to need
das **Bedürfnis, -se** need
beeinflussen to influence
beenden to conclude
beengen to close in
der **Befehl, -e** order
sich **befinden, befand, befunden** to be located
befördern to promote (rank)
befragen to question, interview
die **Befragung, -en** survey
befreien to liberate
die **Befreiung, -en** liberation
befreunden to make friends
befürchten to fear s. t.
die **Befürchtung, -en** fear
die **Begabung, -en** talent
begegnen + *dat.* to meet
die **Begegnung, -en** meeting
begehen, beging, begangen commit
die **Begeisterung** enthusiasm
der **Beginn** start, beginning
begleiten to accompany
sich **begnügen** to be satisfied with s. t.
begreifen, begriff, begriffen to understand, realize
begrenzen to limit
der **Begriff, -e** concept
begründen to substantiate
die **Behaglichkeit** comfort
behalten (behält), behielt, behalten to keep
behandeln to treat
die **Behandlung, -en** treatment
behaupten to assert, claim
sich **beheben, behob, behoben** to resolve
sich **behelfen (behilft), behalf, beholfen** to make do with s. t.
beherrschen to dominate
behindern to hinder
die **Behörde, -n** office, official
behördlich official
behutsam careful
bei • behalten (behält bei), behielt bei, beibehalten to retain
bei • bringen + *dat. of pers.*, **brachte bei, beigebracht** to teach
beide both *with def. art.:* two
der **Beifall** applause
beiläufig incidental(ly)
bei • legen to enclose; to settle, resolve
das **Bein, -e** leg
beinah almost
beisammen together
beiseite aside, out of the way
das **Beispiel, -e** example
der **Beitrag, ¨-e** contribution
bei • tragen (trägt bei), trug bei, beigetragen to contribute
bekämpfen to combat
bekannt (well-)known
der **Bekanntenkreis, -e** circle of friends
die **Bekanntgabe, -n** announcement
bekanntlich as is well-known
beklagen to complain
bekommen, bekam, bekommen to receive
balästigen to annoy, bother
die **Belastung, -en** burden
der **Beleg, -e** proof, evidence
die **Beleidigung, -en** insult
die **Beleuchtung** illumination
der **Beleuchtungspfahl, ¨-e** light pole
der **Beleuchtungsturm, ¨-e** light tower
beliebig randomly chosen
beliebt highly regarded
bemerkbar noticeable
bemerken to notice
die **Bemerkung, -en** remark
sich **bemühen** to endeavor
benachteiligen to put at a disadvantage
sich **benehmen (benimmt), benahm, benommen** to behave
benennen, benannte, benannt to name
die **Benennung, -en** naming
benötigen to need
benutzen to use
das **Benzin** gasoline
der **Benzinmotor, -en** gasoline motor
beobachten to observe
der **Beobachtungsturm, ¨-e** observation tower
berechenbar predictable
berechnen to predict
der **Berechtigungsschein, -e** permit
der **Bereich, -e** realm, area
bereit ready
bereits already
die **Bereitschaft** readiness
bergab downhill
der **Bericht, -e** report
berichten to report
die **Berichterstattung, -en** news coverage
die **Berlinale** Berlin Film Festival (annually in February)
berücksichtigen to take into consideration
der **Beruf, -e** profession, job
beruflich vocational(ly)
berufstätig employed
der/die **Berufstätige, -n** employed person
beruhen auf + *acc.* to be based on
(sich) **beruhigen** to calm down
berühmt famous
berühren to touch, affect
die **Berührung, -en** contact
besagen to say, maintain
die **Besatzung, -en** occupation troops
beschädigen to damage
die **Beschädigung** damage
beschaffen to acquire

beschäftigen to occupy
die **Bescheinigung, -en** permit
beschließen, beschloß, beschlossen to decide, resolve
der **Beschluß, ¨-sse** resolution
beschreiben, beschrieb, beschrieben to describe
der **Beschützer(in), -(nen)** protector
die **Beschwerdeabteilung, -en** complaint department
beseelt inspired
beseitigen to remove
besetzen to occupy (territory)
die **Besetzung** occupation (of territory)
besiegen to conquer
besinnen auf + *acc.*, **besann, besonnen** to remember, bear in mind
der **Besitz, -e** possession
besitzen, besaß, besessen to possess
besonder- particular, special
besonders particularly
besorgen to provide
besorgt sein to be worried, concerned
besprechen (bespricht), besprach, besprochen to discuss
die **Besprechung, -en** discussion, review
besser better
beständig constant
bestärken to strengthen
die **Bestätigung, -en** confirmation
bestechen (besticht), bestach, bestochen to bribe
die **Bestechung, -en** bribery
das **Besteck, -e** eating utensils
bestehen, bestand, bestanden to exist
besteigen, bestieg, bestiegen to climb
bestellen to order
bestenfalls at best
bestens Great!
bestimmen to determine
bestimmt certainly
die **Bestimmung, -en** determination
bestrafen to punish
bestürzt bewildered
der **Besuch, -e** visit
besuchen to visit
der **Besucher(in), -(nen)** visitor
beteiligt sein an + *dat.* to have a share in s. t.
der **Beton** concrete
betonen to emphasize
betrachten to consider
beträchtlich considerable
der **Betrag, ¨-e** sum
betragen (beträgt), betrug, betragen to amount to
betreffs + *gen.* regarding
betreiben, betrieb, betrieben to practice
betreten (betritt), betrat, betreten to enter
die **Betreuung** supervision
der **Betrieb, -e** shop, factory
sich **betrinken, betrank, betrunken** to get drunk
die **Bettwäsche** bed linens
beunruhigen to alarm
beurteilen to judge
die **Beurteilung, -en** judgement
die **Bevölkerung** population
die **Bevölkerungsabnahme** decrease in population
bevor•stehen, stand bevor, bevorgestanden to be imminent
die **Bewachung** custody
bewaffnen to arm
bewahren to preserve
bewältigen to master, handle
bewegen to move
die **Bewegung, -en** movement
beweinen to cry over
der **Beweis, -e** proof
beweisen, bewies, bewiesen to prove
bewerten to evaluate
die **Bewertung, -en** evaluation
bewirken to effect
der **Bewohner(in), -(nen)** inhabitant
bewußt conscious(ly)
das **Bewußtsein** consciousness
die **Bewunderung** admiration
bezahlen to pay
bezeichnen to characterize, designate
die **Bezeichnung, -en** characterization, designation
bezichtigen + *gen.* to accuse of
die **Beziehung, -en** relationship, connection
beziehungsweise respective(ly)
der **Bezug, ¨-e** reference
bezwecken to have as a goal
bezweifeln to doubt
die **Bibliothek, -en** library
bieten, bot, geboten to offer
das **Bild, -er** picture
bildlich figurative
der **Bildschirm, -e** (television) screen
die **Bildung** education
billig inexpensive
bis until
bißchen small amount
bisherig previous
bislang up to that point
bitte please
bitten, bat, gebeten to ask for
die **Bitterkeit** bitterness
blaß pale
das **Blatt, ¨-er** leaf; sheet of paper
blau blue
die **Blechtrommel, -n** tin drum
das **Blei** lead
bleiben, blieb, ist geblieben to remain
bleich pale
bleiern leaden
bleifrei unleaded
der **Blick, -e** glance, sight
der **Blockwart, -e** block leader
blöd stupid
bloß mere(ly)
der **Blumenladen, ¨** flower shop
das **Blut** blood
bluten to bleed
der **Boden, ¨** floor, ground
die **Bodenpflege** floor care
die **Bodenreform, -en** land reform
der **Bogen, ¨** form; detour
das **Bohnerwachs** floor wax
das **Bonbon, -s** candy
die **Börse, -n** stock market
der **Börsenkrach** stock market crash
böse angry; evil
die **Bowle, -n** punch

der **Boxkampfmeister, -** boxing champion
der **Brand, ⸚e** fire
brauchbar useful
brauchen to need
braun brown
brechen (bricht), brach, gebrochen to break
breit broad
das **Bremspedal, -e** brake pedal
brennen, brannte, gebrannt to burn
der **Brief, -e** letter
bringen, brachte, gebracht to bring
das **Brot, -e** bread
der **Brotbelag, ⸚e** sandwich makings
der **Bruder, ⸚** brother
die **Bruderschaft, -en** brotherhood; fraternity
brüllen to roar
der **Brunstschrei, -e** mating call
der **Brutkasten, ⸚** incubator
das **Buch, ⸚er** book
der **Bug, -e** bow (boat)
die **Bügelfalte, -n** crease (pants)
die **Bühnenanweisung, -en** stage direction
die **Bühnenausstattung, -en** stage scenery
der **Bühnenbildner (in), -(nen)** scenery maker
bullig large, bull-like
bummeln stroll
bums Plop!
Bundes- federal
der **Bundesbruder, ⸚** fraternity brother
der **Bundesgerichtshof, ⸚e** Supreme Court
die **Bundesrepublik** Federal Republic of Germany
die **Bundeswehr** Army of the Federal Republic (of Germany)
das **Bündnis, -se** alliance
bunt colorful
der **Bürger, -** (middle-class) citizen
der **Bürgerkrieg, -e** civil war
der **Bürgermeister, -** mayor
das **Büro, -s** office
der **Busen, -** bosom
der **Büstenhalter, -** brassière

C

die **Campingausstellung, -en** camping gear exhibit
der **Chef(in), -s(nen)** boss
die **Chefsekretärin, -nen** executive secretary
die **Chemie** chemistry
chemisch chemical
der **Christ, -en** Christian
Comecon Economic Union of Warsaw Pact countries
das **Comic-Heft, -e** comic book
der **Cowboystiefel, -** cowboy boot
die **Creme** lotion, salve

D

die **D-mark, -** German currency (BRD)
da there; since *conj.*
das **Dach, ⸚er** roof
daheim at home
daher • reden to talk
dalli quickly (sl.)
damalig of that time
damals back then
der **Dank** thanks
danken to thank
dann then
daran • gehen, ging daran, ist darangegangen to set to work
darauf • folgen to follow (in order)
der **Darsteller(in), -(nen)** actor
die **Darstellung, -en** representation
daß that *conj.*
das **Datum,** die **Daten** date
die **Dauer** duration
die **Dauerhaftigkeit** durability
dauern to last, endure
der **Dauerzustand** enduring state, condition
dazu • gehören to belong to, be part of
dazu • gießen, goß dazu, dazugegossen to add to (by pouring)
die **DDR (Deutsche Demokratische Republik)** German Democratic Republic
die **Decke, -n** cover
degradiert reduced in grade (military)
die **Demontage** dismantling
denken, dachte, gedacht to think
denn then
desgleichen, dergleichen of that sort
deshalb for that reason
desodorieren to deodorize
deswegen for that reason
deuten to point; to interpret
deutlich clear(ly)
(das) **Deutsch** German (language)
(das) **Deutschland** Germany
die **Devise, -n** foreign currency
das **Devisenverbrechen, -** currency crime
das **Dia, -s (Diapositiv, -e)** slide
dicht dense, crowded
der **Dichter(in), -(nen)** poet, writer
dichterisch poetic
die **Dichtung, -en** poetry, literature
dick fat, thick
der **Diebstahl, ⸚e** theft
die **Diele, -n** front hall
dienen to serve
der **Dienst, -e** service, duty
der **Dienstag, -e** Tuesday
das **Dienstgespräch, ⸚e** business call
das **Dienstmädchen, -** housemaid
der **Dienstraum, ⸚e** workplace
die **Dienstreise, -n** business trip
diesmal this time
die **Diktatur, -en** dictatorship
das **Ding, -e** thing
doch *emphatic particle*
der **Dolmetscher(in), -(nen)** interpreter
doppel double
der **Doppelbeutel, -** double bag
der **Doppelmesserkopf, ⸚e** double-blade head (razor)

der **Doppelpunkt, -e** colon
die **Doppelstunde, -n** two-hour class
doppelt double
das **Dorf, ¨-er** village
dort there
die **Dose, -n** can
die **Dosenmilch** canned milk
der **Dosenöffner, -** can opener
der **Drache, -n** dragon
der **Draht, ¨-e** wire
der **Drahtgitterzaun, ¨-e** wire fence
der **Dramatiker(in), -(nen)** dramatist
dramatisch dramatic
dran "up," "on" ("Your turn!")
drängen to push
draußen outside
der **Dreck** dirt
das **Drehbuch, ¨-er** film script
drehen to turn; to film
dringen, drang, gedrungen to push, penetrate
dringend urgent
das **Drittel, -** third
drohen to threaten
die **Drohung, -en** threat
drosseln to choke (off)
drücken to press
der **Drucker(in), -(nen)** printer
der **Duft, ¨-e** aroma
duften to be fragrant
das **Dummerchen** little dummy
dumpf hollow (sound)
dunkel dark
durch through
durchaus quite
die **Durchblutung** circulation
durchbohren to run through (with sword, etc.)
der **Durchbruch, ¨-e** breakthrough
durch • drehen to become crazy
durchdringen, drang durch, durchdrungen to be permeated with
durch • führen to carry out
durch • halten (hält durch), hielt durch, durchgehalten to stick to s. t.
durch • lesen (liest durch), las durch, durchgelesen to read through
durch • machen to go through, endure
der **Durchschnitt, -e** average
durchschnittlich average *adj.*
dürfen (darf), durfte, gedurft to be permitted to
düster somber

E

eben just, precisely
ebenfalls likewise
ebenso just as, like
echt genuine
die **Ecke, -n** corner
edel nobel
egal regardless
die **Ehe, -n** marriage
ehemalig former
ehemals former
eher rather
die **Eheschließung, -en** marriage
die **Ehre, -n** honor
die **Ehrensache, -n** matter of honor
der **Ehrgeiz** ambition
ehrgeizig ambitious
ehrlich honest
das **Ei, -er** egg
eigen own *adj.*
eigens on one's own
die **Eigenschaft, -en** characteristic
eigentlich actually
eignen to contain
einander each other
die **Einbildungskraft, ¨-e** power of imagination
die **Eindämmungspolitik** policy of damming up
ein • dicken to thicken (liquid)
die **Eindringlichkeit** emphasis
der **Eindruck, ¨-e** impression
eindrucksvoll impressive
einfach simple, simply
ein • fallen + *dat. of person* **(fällt ein), fiel ein, ist eingefallen** to occur to
der **Einfluß, ¨-sse** influence
der **Einflußbereich, -e** sphere of influence
ein • führen to introduce
die **Einführung, -en** introduction
der **Eingang, ¨-e** entrance
ein • gehen, ging ein, ist eingegangen to enter; **auf** + *acc.* to get into (topic)
die **Eingliederung, -en** integration
ein • greifen, griff ein, eingegriffen to interfere
die **Einheit, -en** unit
ein • holen to catch (up to)
ein • hüllen to envelope
einig- some
die **Einigkeit** unity
die **Einigung, -en** agreement
ein • kaufen to shop
das **Einkommen, -** income
ein • lenken to yield, relent
einmal once, one time
ein • mischen to interfere
die **Einnahme, -n** taking (medication)
ein • nehmen (nimmt ein), nahm ein, eingenommen to occupy (space)
ein • räumen to allow
ein • reihen to put into a line
die **Einreise, -n** entry (into a country)
ein • richten to furnish
ein • rücken to move into, invade
der **Einsatz, ¨-e** use; risk
ein • schicken to send in
ein • schlafen (schläft ein), schlief ein, ist eingeschlafen to fall asleep
ein • schließen, schloß ein, eingeschlossen to enclose
einschließlich including
der **Einschnitt, -e** transition point
ein • schränken to restrict, limit
die **Einschränkung, -en** restriction
die **Einschulung** sending to school
ein • sehen (sieht ein), sah ein, eingesehen to realize
einseitig one-sided
die **Einsicht, -en** insight, realization
ein • spannen to harness, put to work

ein • sperren to lock up
einst one time
ein • stecken to accept, put up with
ein • stellen to adjust
die **Einstellung, -en** attitude
ein • treten (tritt ein), trat ein, ist eingetreten to enter
der **Eintritt, -e** entrance
einverstanden sein to be in agreement
ein • wandern to immigrate
der **Einwohner(in), -(nen)** inhabitant
die **Einzelheit, -en** detail
einzeln individual
ein • ziehen, zog ein, ist eingezogen to move in
einzig only
einzigartig unique
der **Einzug, ¨e** conscription; marching into
die **Eisblume, -n** frost pattern (on windows)
das **Eisen** iron
der **Eisenbahnverkehr** rail traffic
eisern iron *adj.*
der **Elch, -e** moose
der **Elektriker(in), -(nen)** electrician
das **Elend** misery
die **Eltern** *pl.* parents
der **Elternführerschein, -e** "parenting" license
die **Elternliebe** parental love
das **Elternwerden** becoming parents
der **Empfang, ¨e** reception
empfangen (empfängt), empfing, empfangen to receive
die **Empfehlung, -en** recommendation
empfinden, empfand, empfunden to sense, feel
empfindlich sensitive
die **Empfindung, -en** feeling
endlich final(ly)
die **Endung, -en** ending
energiesparend energy-saving
eng narrow, close
der **Engel, -** angel
der **Enkel(in), -(nen)** grandchild
entarten to degenerate
die **Entbindung, -en** delivery (baby)
entblättern to defoliate
entdecken to discover
enteignen to expropriate
die **Enteignung, -en** expropriation
entfallen (entfällt), entfiel, ist entfallen to fall into (category)
sich **entfalten** to unfold, develop
die **Entfaltung** development
entfärben to decolor
entfernt distant
die **Entfernung, -en** distance
entfliehen, entfloh, ist entflohen to escape
entführen to abduct
entgegengesetzt opposite
sich **entgegen • stellen** to oppose
entgehen, entging, ist entgangen to escape (attention)
enthalten (enthält), enthielt, enthalten to contain
(sich) **enthüllen** to unwrap, reveal
entkommen, entkam, ist entkommen to escape
entkräften to weaken
die **Entkräftung** exhaustion
entlassen (entläßt), entließ, entlassen to release
die **Entlassung, -en** release
entlaufen (entläuft), entlief, ist entlaufen to run away
entmilitarisieren to demilitarize
die **Entnahme, -en** removal
die **Entnazifizierung** denazification
entnehmen (entnimmt), entnahm, entnommen to remove
sich **entrüsten** to become angry
entschädigungslos without compensation
sich **entscheiden, entschied, entschieden** decide
die **Entscheidung, -en** decision
entschließen, entschloß, entschlossen to decide
der **Entschluß, ¨sse** decision
entschlummern to fall asleep
entsetzt dismayed
entsprechen (entspricht), entsprach, entsprochen to correspond to
entstehen, entstand, ist entstanden to originate
die **Entstehung, -en** origin
entsteinen to remove pits (fruit)
enttäuschen to disappoint
entwaffnen to disarm
entweder either (**oder** - or)
entwickeln to develop
die **Entwicklung, -en** development
entziehen, entzog, entzogen to duck out of
entziffern to decipher
der **Entzifferungsdurchgang** try at deciphering s. t.
entzünden to become irritated
entzwei in two
erachten to regard
die **Erbarmungslosigkeit** mercilessness
das **Erbe** inheritance
erbringen, erbrachte, erbracht to provide
der **Erdball** earth
das **Erdbeben, -** earthquake
die **Erde** earth
ereignen to take place
das **Ereignis, -se** occurrence
erfahren (erfährt), erfuhr, erfahren to experience, learn
die **Erfahrung, -en** experience
erfinden, erfand, erfunden to invent, make up
der **Erfolg, -e** success
erfolgreich successful
das **Erfolgsgeheimnis, -se** secret of success
erfreulich pleasant, welcome
erfrieren, erfror, erfroren to freeze (to death)
erfüllen to fulfill
ergänzen to enlarge
das **Ergänzungswort, -e** complement
sich **ergeben (ergibt), ergab, ergeben** to yield
das **Ergebnis, -se** result
ergehen, erging, ist ergangen to be issued

ergreifen, ergriff, ergriffen to pick
erhalten (erhält), erhielt, erhalten to receive
erhältlich obtainable
(sich) **erhängen** to hang (to death)
(sich) **erheben, erhob, erhoben** to lift
erheblich considerable
erhöhen to increase
sich **erholen** to recuperate
(sich) **erinnern** to remind, remember
die **Erinnerung, -en** remembrance
erkämpfen to achieve by fighting
erkennbar recognizable
erkennen, erkannte, erkannt to recognize
das **Erkenntis, -se** knowledge
erklären to explain
die **Erklärung, -en** explanation
erklingen, erklang, ist erklungen to be audible
erlassen (erläßt), erließ, erlassen to pass (law)
erlauben to permit, allow
die **Erlaubnis** permission
erleben to experience
das **Erlebnis, -se** experience
erledigen to take care of
erleichtern to lighten, relieve
die **Ermahnung, -en** warning
ermitteln to determine
ermöglichen to make possible
ermorden to murder
die **Ermutigung, -en** encouragement
die **Ernährung** nutrition
erneuern to replace
die **Erneuerung, -en** replacement, renewal
erneut anew
erniedrigen to lower
die **Erniedrigung, -en** lowering, degrading
ernst serious
die **Erpressung, -en** extortion
erproben to test
erraten (errät), erriet, erraten to guess
erregen to excite
die **Erregung, -en** excitement
erreichen to achieve, reach
errichten to build
die **Errichtung, -en** construction
erschaffen, erschuf, erschaffen to create
erscheinen, erschien, ist erschienen to appear
die **Erscheinungssprache, -n** language of publication
erschießen, erschoß, erschossen to shoot (to death)
ersehnen to long for
ersetzen to replace
erst first; not until
erstarren to become rigid
die **Erstaufführung, -en** premiere
erstaunen to be astounded
erstmals for the first time
erstreben to strive for
der **Erstschlag** first strike
erteilen to instruct
ertönen to sound
der/die **Erwachsene, -n** adult
erwarten to expect
die **Erwartung, -en** expectation
erwecken to awaken
erweitern to extend
erwidern to respond
erzählbar recountable
erzählen to tell, recount
erzeugen to produce
der **Erzeuger(in), -(nen)** manufacturer, producer
der **Erzieher(in), -(nen)** teacher
die **Erziehung** education
erzielen to aim for
erzwingen, erzwang, erzwungen to force upon s. o.
das **Essen** food
essen (ißt), aß, gegessen to eat
die **Etage, -n** floor
etwa somewhat, some
etwas something
die **Eule, -n** owl
evangelisch Lutheran
eventuell possible
EWG (Europäische Wirtschaftsgemeinschaft) Common Market
ewig eternal(ly)
das **Exemplar, -e** copy
der **Exilschriftsteller(in), -(nen)** exile writer

F

die **Fabrik, -en** factory
das **Fach, ¨er** subject, speciality
das **Fachgeschäft, -e** speciality shop
die **Fachkraft, ¨e** specialist
fachlich professional
fähig able, capable
fahren (fährt), fuhr, ist gefahren to drive
die **Fahrkarte, -n** ticket
das **Fahrrad, ¨er** bicycle
das **Fahrzeug, -e** vehicle
der **Fahrzeughalter, -** vehicle owner
der **Fall, ¨e** case
fallen (fällt), fiel, ist gefallen to fall
falls in case
falsch false
die **Falschheit, -en** falseness, falsity
das **Familiengericht, -e** family court
familienwillig wanting a family
fanatisch fanatical
der **Fang, ¨e** catch
das **Fangboot, -e** fishing boat
das **Fanggebiet, -e** fishing area
die **Farbe, -n** color, dye
(sich) **färben** to change color
fassen to catch (on)
fassungslos uncomprehending
fast almost
faul lazy
FDJ (Freie Deutsche Jugend) youth organization in the GDR
die **Fee, -n** fairy
fegen to sweep
fehl wrong
fehlen to be lacking, missing
der **Fehler** mistake
das **Fehlverhalten** improper behavior
der **Feierabend, -e** quitting time
feiern to celebrate
feige cowardly
der **Feind, -e** enemy
feindlich hostile

die **Feindschaft, -en** hostility
fein fine
das **Feld, -er** field
das **Fell, -e** pelt, fur
das **Fenster, -** window
die **Ferien** *pl.* vacation
fern far, distant
das **Ferngespräch, -e** phone call (long distance)
das **Fernschreiben, -** telegram
der **Fernsehkanal, ¨-e** television channel
der **Fernsehapparat, -e** television set
der **Fernsehauftrag, ¨-e** contract to produce a TV show
das **Fernsehen** television
der **Fernseher** television set
die **Fernsehsendung, -en** television program
fern • halten (hält fern), hielt fern, ferngehalten to keep apart
fertig ready, finished
fertig • bringen, brachte fertig, fertiggebracht to accomplish
fertig • machen to finish off
die **Fertigstellung, -en** completion
fest firm(ly)
fest • halten (hält fest), hielt fest, festgehalten to hold fast
fest • legen to determine, establish
die **Festnahme, -n** capture
fest • stellen to determine
die **Feststellung, -en** ascertainment
fett fat
die **Fettsucht** obesity
feuern to fire (weapon)
das **Fieber** fever
die **Figur, -en** shape, figure
das **Filmband, ¨-er** film award ribbon
die **Filmförderung, -en** promotion of film
die **Filmförderungsanstalt, -en** Film Promotion Institute
das **Filmförderungsgesetz, -e** law concerning the promotion of cinema
der **Filmregisseur, -e** film director
das **Filmschaffen** creation of films
die **Filmschule, -n** film academy
die **Filmtätigkeit, -en** film activity
der **Filmverleih, -e** film distributor, distribution
finanzieren to finance
die **Finanzwissenschaft** finance, science of finance
finden, fand, gefunden to find
der **Findling, -e** foundling
der **Finnwal, -e** fin-back whale
die **Firma, Firmen** firm, business
das **Firmenmitglied, -er** member of the firm
das **Firmenzeichen, -** trade mark, logo
der **Fischadler, -** ospry, fish hawk
der **Fischer, -** fisherman
flach flat
die **Flagge, -n** flag
die **Flasche, -n** bottle
die **Flechtenart, -en** type of lichen
das **Fleisch** meat, flesh
fleischlos meatless
fleißig industrious
das **Flickwerk, -e** patch work
fliegen, flog, ist geflogen to fly
der **Flieger, -** flyer, pilot
fliehen, floh, ist geflohen to flee
das **Fliesenstudio, -s** tile shop
die **Flitterwochen** *pl.* honeymoon
der **Flohmarkt, ¨-e** flea market
die **Flucht, -en** flight, escape
flüchten to flee
der **Fluchthelfer, -** one who aids escapees
der **Flüchtling, -e** refugee
der **Fluchtpunkt, -e** refuge
der **Flug, ¨-e** flight
das **Flugblatt, ¨-er** flyer, handbill
das **Flugzeug, -e** airplane
der **Flur, -e** front hall, corridor
flüstern to whisper
die **Folge, -n** consequence
folgen to follow
folgenschwer *adj.* resulting in severe consequences
fordern to demand, require
fördern to further, promote
die **Förderung, -en** promotion
die **Förderungsmaßnahme, -n** promotional measure
formen to form
formulieren to formulate
forschen to probe
fort forth, away
fortsetzen to continue
fortschreitend progressive
der **Fortschritt, -e** progress
die **Fotze, -n** broad (obscene)
die **Frage, -n** question
fragen to ask
die **Fragesatzform, -en** question form
das **Fragezeichen, -** question mark
fragwürdig questionnable
der **Franzose, -n,** die **Französin, -nen** French person
französisch French
die **Frau, -en** woman
die **Frauenbewegung, -en** women's movement
das **Fräulein, -** Miss
frech fresh, impudent
frei free
die **Freiheit, -en** freedom
frei • lassen (läßt frei), ließ frei, freigelassen to release, set free
freilich of course
der **Freispruch, ¨-e** aquittal
frei • stellen to get time off from work
die **Freistellung, -en** exemption
die **Freistunde, -n** free time, leisure
der **Freitag, -e** Friday
freiwillig voluntarily
die **Freizeit, -en** leisure
die **Freizeitkleidung** leisure clothes, casual clothing
fremd foreign, strange
die **Fremde** *sg.* foreign territory
die **Fremdsprache, -n** foreign language
fressen (frißt), fraß, gefressen eat (animal)

die **Freude, -n** joy
der **Freudenschrei, -e** cry of joy
(sich) **freuen** to rejoice, please
der **Freund, -e,** die **Freundin, -nen** friend
freundlich friendly
die **Freundlichkeit, -en** friendliness
die **Freundschaft, -en** friendship
freundschaftlich friendly
der **Frieden** peace
der **Friedensvertrag, ⸚e** peace treaty
friedlich peaceful
frisch fresh
das **Friseurgeschäft, -e** barber shop
der **Friseurladen, ⸚** barber shop
froh glad
fröhlich cheerful
fromm pious
der **Fronteinsatz, ⸚e** front unit (military)
die **Frontstadtpresse** press in West Berlin
der **Frosch, ⸚e** frog
fruchtbar fertile
die **Fruchtbarkeit** fertility
die **Frucht, ⸚e** fruit
das **Fruchtgetränk, -e** fruit drink
früh early
die **Frühgeburt, -en** premature birth
das **Frühjahr, -e** spring
frühkindlich *adj.* pertaining to early childhood
der **Frühling** spring
fügen to submit
die **Fühle-Stunde, -n** sensitivity lesson
sich **fühlen** to feel
führen to lead
der **Führer, -** leader
der **Führerschein, -e** driver's license
die **Führerscheinprüfung, -en** driver's license exam
der **Fuhrpark, -s** motor pool
die **Führung, -en** leadership, management
der **Führungsaal, -säle** administrative office
füllen to fill
der **Fünfjahresvertrag, ⸚e** five year contract
der **Funke, -n** spark
funkelnagelneu brand new
funktionieren to function
für for
die **Furcht** fear
furchtbar awful
fürchten to fear
furchterfüllt fear-filled
fürchterlich terrible
der **Fuß, ⸚e** foot
der **Fußball, ⸚e** soccer

G

die **Gabel, -n** fork
der **Gang, ⸚e** hallway
ganz whole, complete(ly)
gänzlich wholly
gar absolutely
der **Garant, -en** guarantor
der **Gast, ⸚e** guest
das **Gasthaus, ⸚er** inn
die **Gattung, -en** genus
gebären, gebar, geboren to bear
die **Gebärmutter, ⸚** womb
das **Gebäude, -** building
geben (gibt), gab, gegeben to give
das **Gebiet, -e** territory, specialty (academic)
gebieten, gebot, geboten to order
gebildet *adj.* educated, cultured
das **Gebiß, -sse** denture
geboren *adj.* born
der **Gebrauch, ⸚e** use
gebrauchen to use
die **Geburt, -en** birth
die **Geburtenrate, -n** birthrate
die **Geburtenverhütung** contraception
die **Geburtenziffer, -n** number of births
das **Gedächtnis, -se** memory
der **Gedanke, -n** thought
die **Gedenkstätte, -n** memorial
das **Gedicht, -e** poem
die **Geduld** patience
geeignet suitable, appropriate
die **Gefahr, -en** danger
gefährden to endanger
gefährlich dangerous
gefallen + *dat.* to be pleasing to s. o.
sich **(etwas) gefallen lassen** to put up with s. t.
gefälligst if you please
der/die **Gefangene, -n** prisoner
die **Gefangenschaft** captivity, imprisonment
das **Gefängnis, -se** prison
die **Gefängnishaft** detention
das **Geflüster** whispering
der **Gefreite, -n** private (military)
das **Gefühl, -e** emotions, feelings
gefühlsmäßig intuitive(ly)
die **Gegebenheit, -en** fact, reality
gegen against, towards
das **Gegenargument, -e** counter argument, rebuttal
die **Gegend, -en** surroundings, area
gegeneinander reciprocal, against one another
der **Gegensatz, ⸚e** contrast
der **Gegenstand, ⸚e** object, item
das **Gegenteil, -e** opposite
gegenüber + *gen.* opposite
die **Gegenwart** present
der **Gegner(in), -(nen)** opponent, enemy
gegnerisch hostile, opposing
geheim secret
geheim • halten (hält geheim), hielt geheim, geheimgehalten to keep secret
gehen, ging, ist gegangen to go
das **Gehör** hearing
gehören to belong to
der **Geistliche, -n** minister
die **Geistreichelei, -en** cleverness
das **Gelächter, -** laughter
gelb yellow
das **Geld, -er** money
die **Geldnot, ⸚e** financial straits
die **Gelegenheit, -en** opportunity
das **Gelenk, -e** joint
gelingen, gelang, ist gelungen to succeed
gellend shrill
gelten (gilt), galt, gegolten to be worth, valid

gelungen successful
die **Gemeinde, -n** community
das **Gemeindebüro, -s** local office, town hall
gemeinsam in common
die **Gemeinschaft** community
das **Gemüse** vegetables
das **Gemüt, ¨er** mind, soul
gemütlich sociable, jovial, comfortable
genau exact
die **Genauigkeit, -en** exactness, precision
genauso just as
die **Genehmigung, -en** permission, permit
der **Generalfeldmarschall, ¨e** Field Marshal
der **Generalsekretär, -e** Secretary General
der **Generalstab, ¨e** general staff
das **Genie, -s** genius
der **Genosse, -n** comrade
die **Genossenschaft, -en** company, cooperative
genug enough
genügen to be enough
genügend sufficient
der **Genuß, ¨sse** pleasure
das **Gepäckstück, -e** bag
gerade just, straight
geradezu directly, positively
das **Gerät, -e** implement, appliance
geraten (gerät), geriet, ist geraten to get into
geräumig roomy, spacious
das **Geräusch, -e** sound, noise
geräuschlos soundless, noisefree
gerecht just, fair
das **Gericht, -e** court
die **Geringschätzung, -en** disdain, contempt
gern gladly, to one's liking
der **Geruch, ¨e** smell, odor
die **Gesamtaktion, -en** action, campaign (military, police)
gesamt total
der **Gesamtstaat** (entire) nation
der **Gesandte, -n** ambassador
der **Gesang, ¨e** song
das **Geschäft, -e** business, shop
geschäftlich pertaining to business
geschäftstüchtig smart about business
geschehen (geschieht), geschah, ist geschehen to happen
die **Geschenksendung, -en** gift package
die **Geschichte, -n** story
geschichtlich historical
das **Geschichtsbuch, ¨er** history book
das **Geschirr** table-ware, dishes
das **Geschlecht, -er** gender
der **Geschmack, ¨e** taste
das **Geschreibsel** scrawl
die **Geschwindigkeitsbegrenzung, -en** speed limit
die **Geschwister** *pl.* siblings
die **Gesellschaft, -en** society
gesellschaftlich social
das **Gesellschaftssystem, -e** social system
das **Gesetz, -e** law
der **Gesetzgeber, -** legislator
das **Gespräch, -e** talk, conversation
die **Gestalt, -en** shape, form
die **Gestaltung, -en** formation, arrangement
die **Gestapo (Geheime Staats-Polizei)** secret state police
gestehen, gestand, gestanden to admit, confess
gestern yesterday
gestreift striped
gesund healthy
die **Gesundheit** health
das **Gesundheitsministerium** ministry of health
der **Gesundheitszustand** physical condition, health
die **Gesundung** recovery, healing
das **Getränk, -e** drink, beverage
gewähren to allow, grant
gewährleisten to guarantee
die **Gewalt, -en** power, violence, force
gewaltig powerful
gewaltsam by force
das **Gewehr, -e** weapon, rifle
das **Gewicht, -e** weight
gewinnen, gewann, gewonnen to win
gewiß certain(ly)
das **Gewissen, -** conscience
gewissenlos unscrupulous
die **Gewißheit, -en** certainty
die **Gewohnheit, -en** custom, habit
gewohnheitsmäßig customary
gewöhnlich usual(ly)
gewöhnlicherweise usually
das **Gift, -e** poison
das **Giftgas, -e** poisonous gas
giftig poisonous
das **Gitter, -** fence, grating
der **Glanz** brightness, brillance
die **Glanzzeit, -en** golden age
die **Glaserei, -en** glazier's shop
glauben to believe
gleich immediately, right away
gleichberechtigt having equal rights
gleichermaßen likewise
das **Gleichgewicht** equilibrium, balance
die **Gleichgewichtsstörung, -en** loss of balance, equilibrium
gleichgültig indifferent
die **Gleichgültigkeit, -en** indifference
das **Gleichnis, -se** image, parable
gleichzeitig simultaneous(ly)
das **Glück** luck, happiness
glücklich happy, lucky
die **Glückseligkeit, -en** blissfulness
die **Glühbirne, -n** light bulb
gnädig gracious
der **Goldbuchstabe, -n** golden letter
gottähnlich god-like
der **Gottesdienst, -e** worship service
graben (gräbt), grub, gegraben to dig
das **Gramm, -e** gram
grau gray
grausig grisly, gruesome
greifen, griff, gegriffen to grasp, grab
greis old
die **Grenze, -n** border
der **Grenzer, -** border guard
die **Grenzsperre, -n** frontier barrier
das **Greuelmärchen, -** horror story
grob coarse, crude

groß large, big
der **Großagrarier, -** large-scale farmer
der **Großangriff, -e** major offensive
großdeutsch pertaining to Greater Germany (Hitler period)
die **Größe, -n** size
die **Großeltern** *pl.* grandparents
großgedruckt in capital letters
die **Großindustrie, -n** big industry
der **Großkonzern, -e** large concern, combine
die **Großmutter, ⸚** grandmother
großrussisch greater Russian
die **Großstadt, ⸚e** metropolis
der **Großvater, ⸚** grandfather
großzügig generous
der **Grund, ⸚e** reason
gründen to found, establish
die **Grundkenntnis, -se** basic knowledge
die **Grundlage, -n** base, foundation
gründlich thorough
die **Grundregel, -n** basic principle
der **Grundsatz, ⸚e** principle
grundsätzlich fundamental
das **Grundstück, -e** lot, plot
die **Gründung, -en** establishment, founding
grünen to be green, turn green
grunzen to grunt
die **Gruppe, -n** group
grüßen to greet
gültig valid
das **Gummiboot, -e** rubber boat
günstig favorable, inexpensive
gut good
die **Güter** *pl.* goods
gutmachen to make good, recompense
das **Gymnasium, -ien** secondary (preparatory) school

H

das **Haar, -e** hair
die **Haar(nähr)pflege** hair care
das **Haarpflegemittel, -** hair care product
die **Haarverpflanzung, -en** hair transplant
die **Haarwäsche, -n** shampoo
das **Haarwaschmittel, -** shampoo
das **Haarwasser** hair tonic
haben (hat), hatte, gehabt to have
der **Hafen, ⸚** harbor, port
die **Haft** arrest, custody
die **Haftstrafe, -n** detention, imprisonment
hager gaunt, haggard
die **Hakenkreuzfahne, -n** swastika flag
halb half
das **Halbdunkel** semi-darkness
der **Halbjude, -n** half-Jew
halbtags half-day
die **Halbtagsbeschäftigung, -en** part-time job
der **Halt** support
halten (hält), hielt, gehalten to hold, last
die **Haltung, -en** attitude
handeln to act
die **Handlung, -en** bearing, attitude, position
die **Handtasche, -n** handbag
der **Handwagen, -** hand cart
der **Handwerksbetrieb, -e** craft business, trade
hängen to hang
harren to wait
hart hard
hartnäckig stubborn, persistent
der **Hase, -n** hare
häufig frequent
das **Hauptaufnahmeland, ⸚er** main country of immigration
der **Hauptbestandteil, -e** main component
der **Hauptorganisator, -en** main organizer
hauptsächlich chiefly, mainly
das **Haus, ⸚er** house
die **Häuserwand, ⸚e** house wall
der **Hausflur** entry, hallway
die **Haushaltung, -en** budget
häuslich domestic
hausen to reside, be housed
der **Hausrat** *sg.* household effects
das **Haustier, -e** domestic animal, pet
die **Haut, ⸚e** skin
die **Hautoberfläche, -n** skin surface
der **Hautwiderstand** resistance of the skin
heben, hob, gehoben to lift
das **Heftchen, -** booklet
heften to be attached to
heftig vehement, violent
heilig holy
heiligen to sanctify, revere
das **Heilmittel, -** medication, curative
das **Heim, -e** home
die **Heimat, -** home (town, -land)
der **Heimatkurs, -e** course in local history, geography, etc.
der **Heimgekehrte, -n** returnee
die **Heimkehr** return home
heimlich secret, private
das **Heimweh** homesickness
heim • fahren (fährt heim), fuhr heim, ist heimgefahren to drive home
die **Heirat, -en** marriage, wedding
heiraten to wed
der **Heiratsantrag, ⸚e** marriage proposal
die **Heiratsanzeige, -n** classified ad seeking spouse
die **Heiratserlaubnis, -se** permission to marry
die **Heiratsvermittlung, -en** marriage brokerage
heiser hoarse
heiß hot
heißen, hieß, geheißen to call, be called
heiter happy, cheerful
das **Hektar, -e** hectare (= 2.471 acres)
der **Held, -en** hero
helfen, (hilft), half, geholfen to help
die **Helligkeit** brightness
das **Hemd, -en** shirt
heranziehen, zog heran, herangezogen to utilize
heraus out, out of
heraus • bringen, brachte her-

aus, herausgebracht to bring out
heraus • finden, fand heraus, herausgefunden to find out
heraus • führen to lead out
heraus • halten (hält heraus), hielt heraus, herausgehalten to keep out
heraus • hören to figure out (by listening)
heraus • kommen, kam heraus, ist herausgekommen to come out of, emerge
heraus • stellen to put out, turn out
her • bringen, brachte her, hergebracht to bring (along)
der **Herbst, -e** autumn
der **Herd, -e** stove
herein in, into
herein • kommen, kam herein, ist hereingekommen to come in
her • hören to listen closely
herinnen in here
her • kommen, kam her, ist hergekommen to come here, to approach
herkömmlich traditional
die **Herkunft,** origin
der **Herr, -en** master, gentleman, Mr.
die **Herrin, -nen** lady, mistress
herrisch imperious, commanding
herrlich magnificent
die **Herrschaft, -en** domination, rule
her • stellen to produce, manufacture
herüber • kommen, kam herüber, ist herübergekommen to come over
herum about, around
sich **herum • drücken** to loiter
herum • erzählen to pass (gossip) around
herum • quatschen to gossip
hervor forth, out
die **Hervorbringung, -en** production
hervor • heben, hob hervor, hervorgehoben to emphasize
die **Hervorhebung, -en** emphasis, process of stressing
hervorragend outstanding
hervorstechend prominent, conspicuous
sich **hervor • tun, tat sich hervor, hat sich hervorgetan** to distinguish oneself
das **Herz, -en** heart
herzleidend suffering from a heart disease
die **Herzschmerzen** *pl.* heart pains
die **Hetzdemonstration, -en** agitation demonstration
hetzen to agitate, chase
heulen to howl, weep, cry
heute today
heutig modern
heutzutage nowadays
die **Hiebwaffe, -n** cutting weapon
die **Hilfe, -n** help
die **Hilfssendung, -en** aid package
der **Himmel** heaven, sky
hin there, thither
hinaus out, out of
hinaus • fahren (fährt hinaus), fuhr hinaus, ist hinausgefahren to drive out
hinaus • schreien, schrie hinaus, hinausgeschrien to cry out
hin • bauen to build(up), develop
das **Hindernis, -se** hindrance, obstacle
hinein • reden to put thoughts into s. o.
hin • gehen, ging hin, ist hingegangen to go there
hin • laufen (läuft hin), lief hin, ist hingelaufen to run over
hin • nehmen (nimmt hin), nahm hin, hingenommen to accept, take for granted
die **Hinsicht, -en** regard, respect
hinsichtlich regarding
hin • stellen to place, put down
hinter behind
die **Hintergrundgeschichte, -n** background story
der **Hinterhof, ¨-e** rear courtyard, backyard
hinterlassen (hinterläßt), hinterließ, hinterlassen to leave behind
der **Hintermann, ¨-er** backer
der **Hintersinn** cleverness
hinüber over, over there
hinweg away, off
hin • weisen, wies hin, hingewiesen to point out, call attention to
hin • ziehen, zog hin, hingezogen to draw toward
hinzu in addition, near
hissen to hoist
die **Hitze** heat
hoch high
hocherhoben exalted
der **Hochsommer** mid-summer
hochwertend appreciating, raising the value (of s.t.)
das **Hochwertwort, ¨-er** a word indicating high quality
die **Hochzeit, -en** wedding
hocken to squat
hoffen to hope
die **Hoffnung, -en** hope
hoffnungslos hopeless
höflich polite
die **Höflichkeitsform, -en** polite form
der **Höhepunkt, -e** high point
holen to fetch, get
das **Holz, ¨-er** wood
hölzern wooden
der **Holzschuh, -e** wooden shoe
hopp Hop to it!
horchen to obey
hören to hear
der **Hörer(in), -(nen)** listener, audience
das **Hörspiel, -e** radio play
die **Hose, -n** trousers
die **Hüfte, -n** hip
die **Hühnerkonserve, -n** canned chicken
der **Hund, -e** dog
die **Hundelaufanlage, -n** dog run
hungern to go hungry, starve

die **Hungersnot, ⸚e** famine
die **Hure, -n** whore
der **Hut, ⸚e** hat

I

die **Idee, -n** idea
identifizieren identify
die **Illustrierte, -n** magazine
immer always
immerfort incessantly
immerzu continuously
das **Immobiliengeschäft, -e** real estate business
indem while
infolge + *gen.* as a result of
das **Informationsbedürfnis, -se** need for information
(sich) **informieren** to inform (o.s.)
der **Inhalt, -e** contents
das **Inhaltsverzeichnis, -se** table of contents
innen within, inside of
inner- inside, internal
innerlich mental, spiritual
das **Innere** interior
innerstädtisch pertaining to the inner city
insbesondere especially
die **Inschrift, -en** inscription
die **Insektenart, -en** species of insect
die **Insel, -n** island
das **Inserat, -e** ad, insertion
insgesamt total, all together
die **Inszenierung, -en** production (stage, film)
sich **interessieren (für)** to be interested in
inwiefern to what extent
inzwischen in the meantime
irgend some
irgendein- some kind of a
irgendwann at some time
irgendwas something, anything (at all)
irgendwelch- anything, whatever
irgendwie somehow
ironisch ironic, tongue-in-cheek
sich **irren** to be wrong, to err
der **Irrtum, ⸚er** error
isoliert isolated
die **Isolierzelle, -n** isolation cell
der **Italiener(in), -(nen)** Italian (person)
italienisch Italian (language)

J

die **Jacke, -n** jacket
die **Jagd, -en** hunt, chase
jagen to hunt, chase
das **Jahr, -e** year
jahrelang for years
das **Jahresgehalt, ⸚er** yearly salary
die **Jahreszeit, -en** season
das **Jahrhundert, -e** century
die **Jahrhundertwende, -n** turn of the century
jährig year old
jährlich yearly
der **Jahrmarkt, ⸚e** fair
das **Jahrzehnt, -e** decade
jedenfalls in any case
jedermann everybody
jedoch however, yet, nevertheless
jemals ever, at anytime
jemand someone
jen- that
jenseits beyond, on the other side
jesuitisch Jesuitic(al)
jetzig of the present
jetzt now
jeweils in each case
der **Jude, -n,** die **Jüdin, -nen** Jew
die **Judenvernichtung, -en** annihilation of Jews
jüdisch Jewish
die **Jugend** youth
jugendlich youthful
die **Jugendstrafanstalt, -en** youth detention center
(das) **Jugoslawien** Yugoslavia
jung young
der **Junggeselle, -n** bachelor
der **Jüngling, -e** lad
der **Junker, -** aristocrat, nobleman
juristisch legal, juridical

K

der **Kabarettist, -en** cabaret performer
der **Käfer, -** beetle, VW bug
das **Kaffeegeschirr** coffee service
kahl bare
der **Kaiser, -** emperor
kaiserlich imperial
das **Kaiserreich, -e** empire
das **Kakaopulver** cocoa powder
kalifornisch pertaining to California
kalt cold
der **Kamerad, -en** comrade, friend
die **Kameradschaft, -en** fellowship
die **Kammer, -n** chamber, room
der **Kampf, ⸚e** struggle, battle
kämpfen to fight
kanadisch Canadian
die **Kanalschiffahrt, -en** canal shipping
die **Kanone, -n** cannon
kapieren to catch on, grasp
das **Kapitel, -** chapter
kaputt broken, out of commission
kaputt • gehen, ging kaputt, ist kaputtgegangen to break
die **Karriere, -n** career
die **Karte, -n** map, card
die **Kartei, -en** file, card index
die **Kartoffel, -n** potato
die **Kartonagenfabrik, -en** carton factory
der **Käse** cheese
kaserniert quartered in barracks
katastrophal catastrophic
kategorisch categorical
katholisch Catholic
die **Katze, -n** cat
der **Kauf, ⸚e** purchase
kaufen to buy
der **Käufer(in), -(nen)** buyer, customer
das **Kaufhaus, ⸚er** department store
der **Kaufzwang, ⸚e** obligation to buy
kaum hardly, barely
die **Kehrseite, -n** obverse, back side
kein no, not a

der **Keller, -** cellar
der **Kellner(in), -(nen)** waiter (waitress)
kennen, kannte, gekannt to know, be acquainted with
kennen • lernen to get acquainted with, meet
die **Kenntnisnahme** notice, cognizance
das **Kennzeichen, -** sign, emblem
der **Kerl, -e** fellow, guy
kernig pithy, robust
das **Kernland, ¨er** heart land
die **Kiefer, -n** pine tree, wood
das **Kind, -er** child
das **Kindererziehen** rearing of children
kinderfreundlich fond of children, parenting
die **Kindergärtnerin, -nen** kindergarten teacher
die **Kindergeldregelung, -en** regulation of money provided for families with children
das **Kinderklosett, -e** potty chair
das **Kinderkriegen** having children
kinderlieb fond of children
die **Kinderlosigkeit** childlessness
das **Kindermädchen, -** nurse maid, nanny
die **Kinderpflege** child care
kinderreich prolific, blessed with a large family
der **Kinderreichtum** having many children
die **Kinderschaukel, -n** swing
der **Kindersegen** being "blessed" with children
die **Kindesmißhandlung, -en** child abuse
kindgemäß child-oriented
kindgerecht suitable for children
die **Kindheit** childhood
das **Kino, -s** movie theatre
die **Kirche, -n** church
die **Kiste, -n** crate, box
die **Klage, -n** complaint
klagen to complain
der **Kläger(in), -(nen)** plaintiff
der **Klang, ¨e** sound
der **Klapperstorch, ¨e** stork
die **Klapsmühle, -n** *sl.* booby hatch, looney bin
klar clear
klären to clear up
die **Klasse, -n** class
das **Klassenbewußtsein** class consciousness
der **Klassenkampf, ¨e** class struggle
die **Klassenunterdrückung** class oppression
das **Klassenvertrauen** class trust, confidence
das **Klassenziel, -e** class objective
klassisch classical
das **Klavier, -e** piano
kleben to be stuck, glued to
das **Kleid, -er** dress
sich **kleiden** to dress, clothe
die **Kleiderfabrik, -en** clothing factory
die **Kleidung** clothing
klein small
die **Kleinanzeige, -n** classified ad
klemmen to wedge, jam
der **Klempner(in), -(nen)** plumber
klettern to climb, clamber
klingeln to ring
klischeehaft stereotypical
klopfen to knock
die **Klospülung, -en** flushing of toilet
der **Klub, -s** club
der **Knabe, -n** boy, lad
knack crack! snap!
knacken to crack, crackle
knallen to crack, pop
knapp scant, scarce(ly), just barely
knarren to creak, grate
die **Kneipe, -n** tavern, saloon
der **Kniff, -e** pinch, crease
der **Knopf, ¨e** button
der **Knoten, -** knot
knuddeln to cuddle
der **Koch, ¨e, die Köchin, -nen** cook
kochen to cook
der **Koffer, -** suitcase
der **Kohlenwagen, -** coal wagon
kombinieren to combine
komisch funny, strange
das **Komma, -s** comma
kommen, kam, ist gekommen to come
der **Kommissar, -e** commissioner (police)
das **Kompositum, die Komposita** compound word
komprimieren to compress
der **Königssohn, ¨e** prince
der **Konkurrent, -en** competitor
die **Konkurrenz** competition
können (kann), konnte, gekonnt to be able
konstituieren to constitute
konstruieren to construct
der **Kontaktzaun, ¨e** contact (electrified) fence
die **Kontrollbestimmung, -en** control regulation
kontrollieren to supervise, check
der **Kontrollrat, ¨e** regulatory commission
das **Konzentrationslager, -** concentration camp
sich **konzentrieren** to concentrate
der **Kopf, ¨e** head
der **Kopfhörer, -** headphones
die **Kopfseite, -n** side of the head
der **Korb, ¨e** basket
die **Körpersprache** body language
die **Körpertemperatur, -en** body temperature
die **Korrektheit** correctness, propriety
korrigieren to correct
kostbar precious, valuable
kosten to cost, taste
kostenlos free of charge
köstlich delicious, tasty
kostspielig expensive
das **Kostüm, -e** costume
der **Krach** noise, din
krachend crashing
die **Kraft, ¨e** strength, force
kräftezehrend energy-draining
das **Kraftfahrzeug, -e** motorized vehicle
der **Kraftfahrzeuggraben, ¨** ditch to keep out vehicles

kräftig strong, energetic, forceful
der **Kraftstoff, -e** fuel
der **Kraftwagen, -** motor vehicle
der **Kragen, ¨** collar
der **Kram** stuff, wares
krank sick, ill
der/die **Kranke, -n** patient, sick person
das **Krankengeld, -er** sick benefit
krankenversichert having health insurance
die **Krankenversicherung, -en** health/accident insurance
die **Krankheit, -en** illness
der **Krater, -** crater
die **Krawatte, -n** necktie
der **Krebs** cancer
kreischen to scream, shriek
der **Kreis, -e** circle, audience
kreisen to circle
kreisförmig circular
die **Kreisstadt, ¨e** district town, county seat
das **Kreuz, -e** cross
kriechen, kroch, gekrochen to creep, crawl
der **Krieg, -e** war
kriegen to receive, catch
der/die **Kriegsgefangene, -n** prisoner of war
der **Kriegstag, -e** day of war
der **Kriegsverbrecher, -** war criminal
die **Kriegsvorbereitung, -en** preparation for war
die **Kriegszerstörung, -en** war destruction
der **Krimi, -s (Kriminalroman)** detective novel, mystery
der **Kriminalrat, ¨e** detective superintendent
die **Krise, -n** crisis
kritisch critical
die **Krone, -n** crown
der **Kubikmeter, -** cubic meter
die **Küche, -n** kitchen
der **Kuchen, -** cake
das **Küchengerät, -e** kitchen utensil
die **Kuh, ¨e** cow
der **Kühlschrank, ¨e** refrigerator
sich **kümmern (um)** to worry, grieve about
der **Kunde, -n, die Kundin, -nen** customer
kündigen to give notice, announce
künftig future
die **Kunst, ¨e** art
der **Künstler(in), -(nen)** artist
künstlich artificial
der **Kunststoff, -e** plastic
der **Kupferdraht, ¨e** copper wire
kurz short, brief
die **Kurzgeschichte, -n** short story
der **Kuß, ¨sse** kiss
sich **kuscheln** to snuggle
das **KZ-Lager (Konzentrationslager, -** concentration camp

L

lächeln to smile
das **Lächeln** smile
lachen to laugh
lächerlich ridiculous
die **Lackfarbe, -n** paint, color
der **Laden, ¨** store, shop
die **Lage, -n** situation
das **Lager, -** camp
lagern to store
der **Lagerschuppen, -** storage shed
der **Lahme, -n** cripple, paralyzed person
lahm • legen to paralyze, cripple
die **Lampe, -n** lamp
der **Landarbeiter, -** farm hand
landarm land poor
die **Länderei, -en** estate
die **Landkarte, -n** map
ländlich rural
die **Landschaft, -en** landscape, countryside
die **Landwirtschaft, -en** agriculture
lang long
die **Länge, -n** length
langsam slow
die **Langstreckenrakete, -n** Intercontinental Ballistic Missile (ICBM)
sich **langweilen** to bore
langweilig boring
der **Lärm** *sl* noise
lärmen to make noise, sound
lassen (läßt), ließ, gelassen to allow, permit, have done
lasten to press upon
der **Lastkraftwagen, -** truck
der **Lastwagen, -** truck
das **Latein** Latin
der **Laubfrosch, ¨** treefrog
laufen (läuft), lief, ist gelaufen to run, go on foot
lauschen to listen, eavesdrop
der **Lausejunge, -n** rascal, lout
laut loud
lauten to sound, run, read
die **Lautsprecherbox, -en** loud speaker
das **Lazarett, -e** infirmary, (military) hospital
leben to live
das **Leben** life
die **Lebenserfahrung, -en** experience
die **Lebensfreude** *sg.* joy of living, zest for life
das **Lebensjahr, -e** year of one's life
die **Lebenskraft, ¨e** vitality
der **Lebenskünstler, -** one who knows how to live
lebenslänglich for a life time, all one's life
die **Lebenslust** love of life, zest for life
die **Lebensmasse** embryonic mass
die **Lebensmittel** *pl.* food
die **Lebensmittelkarte, -n** ration card for food
der **Lebensstandard** standard of living
der **Lebensunterhalt** subsistence, livelihood
das **Lebewesen, -** living being, life-form
die **Lederart, -en** type of leather
der **Lederfauteuil, -s** leather armchair
der **Ledermantel, ¨** leather coat
ledig single, unmarried
lediglich solely, exclusively

leer empty, blank
legen to put, place
das **Lehrbuch, ⸚er** text book
lehren to teach
der **Lehrer(in), -(nen)** teacher
der **Leib, -er** body
leicht easy, light
der **Leichtathletikverband, ⸚e** Track and Field Union
leichtfertig careless, irresponsible
der **Leichtsinn** recklessness, carelessness
das **Leid, -en** injury, hurt, sorrow
leiden, litt, gelitten to suffer
leider unfortunately
leise soft, faint
leisten to perform, carry out
(sich) **leisten** to afford s. t.
die **Leistung, -en** achievement
leiten to lead
der **Leiter, -** leader, director
die **Leitung, -en** direction, management
der **Leitzordner, -** index file
lernen to learn
lesen, las, gelesen to read
letzt- last
leuchten to illuminate
die **Leute** *pl.* people
das **Licht, -er** light, lamp
lieb dear, sweet, beloved
die **Liebe** love
lieben to love
die **Liebesbeziehung, -en** love relationship, romance
das **Lieblingsfach, ⸚er** favorite subject
das **Lied, -er** song
liegen, lag, gelegen to lie
die **Liga,** die **Ligen** league
lindern to soften, soothe
links left
der **Lippenstift, -e** lipstick
die **Liste, -n** list
literarisch literary
die **Literaturgeschichte, -n** literary history
die **Lizenz, -en** license, concession
der **Lkw (Lastkraftwagen)** truck
das **Lob** praise
löffeln to spoon
die **Lohnsteuer, -n** income tax, wage tax
los loose, "happening"
lösen to solve
los • lassen (läßt los), ließ los, losgelassen to get loose
los • sein (ist los), war los, ist losgewesen to be going on
der **Lottoschein, -e** lottery ticket
lückenlos without a gap, unbroken
die **Luft, ⸚e** air
das **Luftkissen, -** air cushion
lügen, log, gelogen to lie, tell a lie
lullen to lull to sleep
lüpfen to tip one's hat
die **Lust, ⸚e** joy, delight, desire
Lust haben to desire to do s. t.
lustig funny, jolly
das **Luxusgeschöpf, -e** luxury creature
das **Luxushotel, -s** luxury hotel
die **Luxusverwahrlosung** spoiled by abundance

M

machen to make do
die **Macht, ⸚e** might, power
mächtig mighty, powerful
das **Mädchen, -** girl
die **Magd, ⸚e** maid
das **Mahl, -e** meal
das **Mal, -e** mark; time; just, once *adv.*
malen to paint
man one (*pronoun*)
manche many, many a
manchmal sometimes
der **Mangel, ⸚** lack, shortage
mangels for the lack of, in the absence of
der **Mann, ⸚er** man
die **Männerstimme, -n** man's voice
männlich masculine, manly
die **Mannschaft, -en** team
der **Mantel, ⸚** coat
die **Mark (D-Mark, deutsche Mark)** currency of FRG
die **Marke, -n** trademark, sign, stamp
der **Markenschuh, -e** brand name shoes
die **Markenware, -n** brand name product
markieren to mark, brand
der **Markt, ⸚e** market
der **Marktanteil, -e** market share
die **Marktwirtschaft, -en** market economy, trade
der **Marmor** marble
der **Marsch, ⸚e** march, demonstration
der **Maschinenbauingenieur, -e** mechanical engineer
das **Maß, -e** measure
die **Maßarbeit, -en** custom work, made to measure
die **Masse, -n** mass, bulk
die **Massenzwangswanderung, -en** forced mass migration
maßgebend decisive, standard
die **Maßnahme, -n** measure, arrangement
der **Maßstab, ⸚e** standard rule
materiell material, intrinsic
die **Mätresse, -n** mistress
die **Mauer, -n** wall
die **Maueranlage, -n** wall system, arrangement
der **Maurer, -** mason
die **Maus, ⸚e** mouse
mecklenburgisch- of or pertaining to Mecklenburg (DDR Province)
die **Medizin** medicine
das **Meer, -e** ocean, sea
das **Mehl** flour, meal
die **Mehlsorte, -n** type of flour
mehr more
mehrfach manifold
die **Mehrheit, -en** majority
die **Mehrlingsgeburt, -en** multiple birth
meinen to mean, have an opinion
die **Meinung, -en** opinion
meist most
meistens mostly
der **Meister(in), -(nen)** master (craftsman), champion
die **Meisterschaft, -en** championship
der **Meldegänger, -** messenger

(sich) **melden** to report, announce, volunteer
die **Melodie, -n** melody
die **Melone, -n** melon
die **Menge, -n** quantity, crowd, bunch
der **Mensch, -en** person, human being
der **Menschenhändler, -** slave-trader
das **Menschenleben, -** human life
der **Menschenverlust, -e** human loss, loss of life
menschlich humane, kind
(sich) **merken** to notice, to make note of
das **Merkmal, -e** characteristic, mark
merkwürdig remarkable
messerscharf razor sharp
der **Metallgitterzaun, ¨-e** chain link fence
der **Metzger, -** butcher
die **Miederwarenfabrik, -en** corset factory
mieten to rent
der **Mieter(in), -(nen)** renter
das **Mietshaus, ¨-er** apartment house
der **Mietvertrag, ¨-e** rental agreement, lease
die **Milch** milk
das **Milchfachgeschäft,-e** dairy store
das **Milchpulver** powdered milk
mild mild, gentle
mildern to lessen, ameliorate
das **Militär, -s** military, soldier
militäruntauglich unfit for military service
die **Minderheit, -en** minority
das **Mindestalter, -** minimum age
mindestens at least
die **Mindestmenge, -n** minimum quantity
der **Ministerrat, ¨-e** die **Ministerrätin, -nen** cabinet, council of ministers
der **Minuspunkt, -e** negative point, point off
die **Misere, -n** misery
mißbilligen to disapprove
der **Mißerfolg, -e** failure
mißglücken to fail
die **Mißhandlung, -en** maltreatment, cruelty
mißmutig ill-humored, cross
mißtrauen to distrust
das **Mißverhältnis, -se** incongruity
das **Mißverständnis, -se** misunderstanding
mißverstehen, mißverstand, mißverstanden to misunderstand
mit with
der **Mitarbeiter(in), -(nen)** coworker, colleague
der **Mitbegründer(in), -(nen)** co-founder
mit • bringen, brachte mit, mitgebracht to bring along
miteinander together, jointly
mit • erleben to experience
das **Mitglied, -er** member
mit • helfen (hilft mit), half mit, mitgeholfen to help out
mit • kommen, kam mit, ist mitgekommen to come along
der **Mitmensch, -en** fellow human
mit • nehmen (nimmt mit), nahm mit, mitgenommen to take along
der **Mitschüler(in), -(nen)** school mate
mit • spielen to play along, play with
der **Mittag, -e** noon
die **Mitte, -n** middle
das **Mittel, -** means
der **Mittelpunkt, -e** midpoint, center
die **Mittelstreckenrakete, -n** mid-range missile
mitten amidst, in the midst of
die **Mitternacht** midnight
mittlerweile meanwhile
mitunter now and then
die **Mitwirkung** cooperation, assistance
mit • wirken to cooperate, assist
das **Möbel, -** furniture
das **Möbelstück, -e** piece of furniture
die **Mobilmachung** mobilization
möbliert furnished
der **Modesalon, -s** fashion salon
mögen (mag), mochte, gemocht may, to like
möglich possible
möglicherweise possibly
die **Möglichkeit, -en** possibility
möglichst as . . . as possible
der **Monat, -e** month
monatelang for months
monatlich monthly
der **Mond, -e** moon
der **Moorsoldat, -en** swamp soldier
morgen tomorrow
der **Morgenrock, ¨-e** morning coat, dressing gown
die **Motivforschung, -en** motivational research
die **Mücke, -n** gnat, mosquito
die **Mühe, -n** effort, trouble
der **Müller(in), -(nen)** miller
der **Müllergeselle, -n** miller's apprentice
der **Mund, ¨-er** mouth
mündlich oral
der **Mundwinkel, -** corner of the mouth
mürrisch surly, ill-tempered
die **Musik** music
musikalisch musical
der **Musiker(in), -(nen)** musician
der **Musikerjargon** musician's slang
die **Musikzeitschrift, -en** musician's magazine
musisch pertaining to the fine arts
müssen (muß), mußte, gemußt must, have to
das **Muster, -** pattern
die **Musterung, -en** muster, inspection
der **Mut** courage
mutig brave
die **Mutter, ¨-** mother
die **Mutterentbehrung** maternal privation, motherlessness
der **Mutterleib** womb
das **Mutterschaftsgeld, -er** maternity fund
der **Mutterschaftsurlaub** maternity leave

das **Mutterschutzgesetz, -e** maternal protection law
die **Muttersprache, -n** mother tongue
mutwillig playful, frolicsome

N

nach after, towards, to
das **Nachbardorf, ¨-er** neighboring village
nachdem after that, afterward
nach • denken, dachte nach, nachgedacht to reflect, ponder
nachdrücklich emphatic
nacheinander one after the other, successively
nachfolgend following
der **Nachfolger(in), -(nen)** successor
die **Nachfrage, -n** inquiry
nach • gegeben (gibt nach), gab nach, nachgegeben to give in
nachher afterward
der **Nachkömmling, -e** descendant
die **Nachkriegsernährung** post war nutrition
der **Nachmittag, -e** afternoon
die **Nachricht, -en** information, news
das **Nachrichtennetz, -e** news network
nächst- next
die **Nacht, ¨-e** night
der **Nachtangriff, -e** night attack
der **Nachteil, -e** disadvantage
der **Nachtrag, ¨-e** supplement, addendum
nachträglich subsequently, additional
nach • weisen, wies nach, nachgewiesen to prove
nachweislich demonstrable, provable
der **Nachwuchs** new blood, rising generation
die **Nachwuchskraft, ¨-e** young talent
der **Nacken, -** neck, nape
nackt naked
die **Nähe** vicinity
nahegelegen near(by)
näher • kommen, kam näher, nähergekommen to approach
sich **nähern** to approach
nahezu nearly
der **Nährboden, ¨-** soil
die **Nährflüssigkeit, -en** culture medium
die **Nahrung** nourishment, food
das **Nahrungsmittel, -** food
das **Nahweh** desiring surroundings to be different
nämlich that is, namely
die **Nationalfahne, -n** national flag
die **Nationalhymne, -n** national anthem
der **Nationalstaat, -en** nation
der **Nazi-Stahlpakt, -e** pact of steel (nonaggression pact between Hitler and Stalin)
neben near, beside
nebenan next door
nebeneinander next to one another
nebenstehend side-by-side, next door
die **Nebenstrafe, -n** minor punishment
das **Nebenzimmer, -** side room
der **Neffe, -n** nephew
der **Neger(in), -(nen)** negro, black
nehmen (nimmt), nahm, genommen to take
die **Neigung, -en** inclination
nennen, nannte, genannt to name
das **Neonlicht, -er** neon light
der **Nerv, -en** nerve
nervös nervous
neu new
die **Neuauflage, -n** new edition
der **Neubeginn** new start
neuerdings recently, newly
neuerlich lately, recently
neugierig curious
das **Neujahrsgeld, -er** New Year's bonus
neulich recently
der **Neutronen-Krieg, -e** neutron war
die **Neuzeit** modern times
neuzeitlich in modern times
der **Neuzugang, ¨-e** new entrant
nicht not
die **Nichte, -n** niece
die **Nichtigkeitsklage, -n** nullifying legal action
der **Nichtjude, -n, die Nichtjüdin, -nen** non-Jew
nichts nothing
nicken to nod
nie never
nieder • gehen, ging nieder, ist niedergegangen to go down, sink, decline
die **Niederlage, -n** defeat
niederländisch Dutch
sich **nieder • lassen (läßt sich nieder), ließ sich nieder, niedergelassen** to settle
niemals never
niemand nobody
nimmermehr never, never again
noch still, yet
nochmal again
norddeutsch North German
der **Norden** north
nordisch nordic
nördlich north, northern
normalerweise normally
die **Not, ¨-e** poverty, need, emergency
der **Notanruf, -e** emergency phone call
der **Notar(in), -e(nen)** notary public
der **Notarzt, ¨-e, die Notärztin, -nen** emergency physician
der **Notausgang, ¨-e** emergency exit
die **Notbremse, -n** emergency brake
notdürftig needy, poor, makeshift
die **Note, -n** note, grade, annotation
das **Notgesetz, -e** emergency law
die **Nothilfe, -n** emergency aid
notieren to make a note, jot down
nötig necessary
die **Notlage, -n** emergency, predicament
die **Notlandung, -en** emergency landing
die **Notlüge, -n** white lie
das **Notstandsgebiet, -e** distress area, emergency area

die **Nottaufe, -n** "emergency" baptism
die **Notunterkunft, ⸚e** emergency shelter
notwendig necessary
die **Notwendigkeit, -en** necessity
das **Nudelprodukt, -e** pasta product
die **Null, -en** zero
nun now
nunmehr now, at this stage
nur only
nutzlos useless, needless
die **Nylonstrümpfe** *pl.* nylon stockings

O

ob if, whether
obdachlos homeless
oben above, overhead
obenerwähnt above-mentioned
der **Oberkörper, -** trunk, upper body
der **Oberst, -en** colonel
oberst- uppermost, topmost
der **Oberstudiendirektor, -en,** die **Oberstudiendirektorin, -nen** headmaster, principal
obig- above
das **Obst** *sg.* fruit
der **Obstsaft, ⸚e** fruit juice
obwohl although
öde desolate
oder or
offen open
offenbar obvious(ly), apparent(ly)
öffentlich public
die **Öffentlichkeit** public
offiziell official
öffnen to open
der **Öffner, -** (can) opener
die **Öffnungszeit, -en** business hours
öfters often
oftmals often
ohne without
das **Ohr, -en** ear
die **Ohrfeige, -n** slap
ohrfeigen to slap
ökonomisch economical
das **Öl, -e** oil
die **Oma, -s** grandma
die **Omi, -s** granny
der **Onkel, -** uncle
der **Opa, -s** grandpa
das **Opfer, -** sacrifice, victim
opfern to sacrifice
der **Orden, -** decoration, medal
ordentlich orderly, neat, solid
ordnen to order
der **Ordner, -** file, organizer
die **Ordnung** order
die **Ordnungspolizei** security police, constabulary
die **Orgel, -n** organ (music)
der **Ort, -e** place
der **Osten** east
der **Osterhase, -n** Easter bunny
der **Ostermontag, -e** Easter Monday
(das) **Ostern** Easter
österreichisch Austrian
die **Ostfront, -en** eastern front
das **Ostgebiet, -e** eastern territory
die **Ostküste, -n** eastern coast
östlich east, eastern
Ostpreußen East Prussia
der **Ostsektor, -en** Eastern Sector (of Berlin)
der/die **Ostvertriebene, -n** expellee (from former eastern territory of Germany)

P

das **Paar, -e** pair, couple
(sich) **paaren** to mate
packen to pack
die **Panne, -n** breakdown, car trouble
der **Panzer, -** tank
das **Papier, -e** paper, document
der **Papierbecher, -** paper cup
die **Parkbank, ⸚e** park bench
der **Parteitag, -e** political convention
die **Partnerschaft, -en** partnership
der **Paß, ⸚sse** passport
passen to fit, to be suitable, convenient
passend fitting, suitable
passieren to happen, to pass (border)
die **Pause, -n** pause, break, recess
das **Pech** bad luck
die **Pein** pain, anguish
peinlich embarrassing, painful
der **Pelzmantel, ⸚** fur coat
der **Pen-Club** International Writer's Club (Poets, Playwrights, Essayists, Editors, and Novelists)
pensionieren to pension off, to retire a person
die **Pensionierung, -en** retirement
perlgrau pearl grey
der **Personalausweis, -e** personal identity card
der **Personenkraftwagen, -** car
persönlich personal
der **Pfahl, ⸚e** stake, post, pole
pfänden to pawn, confiscate
der **Pfarrer(in), -(nen)** minister, priest
die **Pfefferminze** peppermint
der **Pfennig, -e** DM .01
die **Pferdestärke, -n** horse power
der **Pfiffikus, -se** wise guy, sly dog
der **Pfirsich, -e** peach
die **Pfirsichbowle, -n** peach punch
die **Pflanze, -n** plant
die **Pflege** care
die **Pflegeeltern** *pl.* foster parents
pflegen to care for, to take care of; + *inf.* to be in the habit of doing
der **Pfleger(in), -(nen)** nurse, nurse-maid
die **Pflicht, -en** duty
pflichtbewußt responsible, aware of one's duty
der **Pflichtversuch, -e** obligatory attempt
das **Pfund, -e** pound (500 grams)
piekfein tip-top, first class
der **Pistolenschuß, ⸚sse** pistol shot
Pkw (= Personenkraftwagen) car
plagen to torment, plague
das **plakat, -e** placard, sign
die **Plakatsäule, -n** advertising pillar
planen to plan

der **Planet, -en** planet
die **Platte, -n** record
die **Plattenbesprechung, -en** record review
der **Plattenspieler, -** record player
der **Platz, ⸚e** place, square
platzen to bounce (check)
pleite bankrupt
plötzlich sudden
pochen to knock, rap
der **Pofühler, -** butt pincher
die **Polizei** police
polnisch Polish
das **Pop-Lied, -er** pop song
die **Porzellantasse, -n** porcelain cup
die **Post** post office, postal system
der **Posten, -** post, station
das **Postfahrzeug, -e** postal vehicle
postgelb post office yellow
die **Postwurfsendung, -en** circular, "junk" mail
der **Pottwal, -e** sperm whale
prägen to form, influence
die **Prämie, -n** prize, premium
präzisieren to specify, make precise
der **Preis, -e** price, prize
die **Preislage, -n** price range
preiswert inexpensive
die **Pressemeldung, -en** news item
die **Pressestimme, -n** press commentary
Preußen Prussia
Preußisch Prussian
der **Priesterprozess, -e** trial involving priests (Hitler period)
die **Privatangelegenheit, -en** private matter
die **Privatsache, -n** private affair
pro per
die **Probe, -n** test, sample, rehearsal
der **Probiersalon, -s** try-before-you-buy-shop
problemlos without problem
der **Profi, -s** professional
das **Programm, -e** program system
die **Promotion** graduation (with doctorate)
prophezeien to prophesy, predict
der **Prospekt, -e** sales brochure
provisorisch temporary
der **Prozentsatz, ⸚e** percentage
der **Prozeß, die Prozesse** process, trial
prüfen to check, to test
das **Prüfgerät, -e** testing equipment
die **Prüfung, -en** test
die **Prüfungsanforderung, -en** test requirement
der **Puder** powder
der **Pulli, -s** pullover
die **Punkfrisur, -en** punk haircut
der **Punkt, -e** point, period
die **Punktgleichheit, -en** equal in points
das **Punktspiel, -e** regular season games (soccer)
der **Punktvorsprung, ⸚e** point advantage, lead
die **Punktzahl, -en** score
der **Punsch** (alcoholic) punch
putzen to clean, scrub

Q

der **Quadratmeter, -** square meter
quälen to torture, torment
das **Qualitätsbewußtsein** quality consciousness
die **Qualitätsware, -n** quality goods
die **Quelle, -n** source
quellen, quoll, ist gequollen to flow
quer across
der **Querschnitt, -e** cross section

R

die **Rache** revenge
rachsüchtig vengeful
die **Rakete, -n** missile, rocket
die **Rangbezeichnung, -en** rank designation, badge of rank
rasch quick
rasen to rage
der **Rasierapparat, -e** razor
die **Rasse, -n** race, stock
der **Rassismus** racism
raten (rät), riet, geraten to advise
rationieren to ration
ratlos helpless, at a loss
das **Rätsel, -** riddle, puzzle
rätselhaft puzzling
das **Raubtier, -e** predatory animal
der **Rauch** smoke
rauchen to smoke
die **Rauchspur, -en** trace of smoke
rauf (herauf) up
rauh rough, raw
der **Raum, ⸚e** space, room
räumen to make room, move out of the way
raus (= heraus) Get out!
raus • halten = heraus • halten
raus • kommen = heraus • kommen
reagieren to react
die **Realschule, -n** secondary school
recherchieren to investigate, research
rechnen to calculate
die **Rechnung, -en** bill
recht right
das **Recht, -e** right
der **Rechtsanwalt, ⸚e, die Rechtsanwältin, -nen** lawyer
der **Rechtsstaat, -en** constitutional state/nation
rechtzeitig timely, in time
die **Redaktion, -en** editorial staff, editing
redaktionell editorial
die **Rede, -n** speech
reden to talk
der **Redestil, -e** style of speech
der **Redner(in), -(nen)** speaker
reduzieren to reduce
die **Regel, -n** rule
regelmäßig regular
die **Regelung, -en** regulation, adjustment
der **Regen** rain
der **Regenschirm, -e** umbrella
die **Regierung, -en** government
die **Regierungsgewalt** governmental power
der **Regimentsstab, ⸚e** regimental staff, headquarters

der **Regisseur, -e,** die **Regisseurin, -nen** director
die **Reglementierung** regimentation
die **Reglereinheit, -en** regulating unit
regnen to rain
regnerisch rainy
das **Reich, -e** empire
reich rich
reichlich abundant
der **Reichstag** Imperial Parliament
reif mature, ripe
die **Reihe, -n** row, series
die **Reihenfolge** succession
rein pure, clean
die **Reinheit** purity
reinigen to clean
die **Reinigung, -en** cleaner, cleaning
das **Reinigungsmittel, -** cleaning agent
die **Reinlichkeit** purity, cleanliness
der **Reis** rice
die **Reise, -n** journey, trip
reisen to travel
der **Reisezettel, -** tourist sticker
reißen, riß, gerissen to snatch, grab
reiterlich equestrian
die **Reklame, -n** advertising, advertisement
das **Reklameblatt, ⸚er** flyer
der **Reklamezettel, -** handbill, throwaway
rekonstruieren to reconstruct
rennen, rannte, ist gerannt to run, race
die **Rente, -n** pension
die **Rentenversicherung, -en** old-age-pension, insurance
der **Rentner(in), -(nen)** pensioner, retiree
die **Reparationslast, -en** reparations burden
die **Reparatur, -en** repair
reparieren to repair
die **Reportage, -n** commentary, coverage, account
der **Repräsentant, -en,** die **Repräsentantin, -nen** representative
repräsentieren to represent, keep up appearances
Reservebank, ⸚ bench (sports)
resignieren to resign, be resigned to
der **Rest, -e** remnant, remains
das **Resultat, -e** result, outcome
retten to rescue, save
reumütig repentant, remorseful
der **Revanchepolitiker, -** vengeful politician
revanchistisch vengeful
das **Revolverblatt, ⸚er** rag, scandal sheet
das **Rezept, -e** prescription, recipe
richten to direct
richtig correct
die **Richtung, -en** direction
riesen- huge, large, gigantic
die **Riesenauswahl, -en** gigantic selection
die **Riesendose, -n** giant size can
der **Riesenkofferraum, ⸚e** gigantic trunk space
riesig gigantic, huge
ringen, rang, gerungen wrestle, struggle
die **Robbe, -n** seal
die **Rolle, -n** role, reel
die **Rollenbesetzung, -en** casting
der **Roman, -e** novel
der **Römer(in), -(nen)** Roman
der **Rost** rust
rostig rusty
rot red
rücken to move
der **Rückflugschein, -e** return air ticket
der **Rückgriff, -e** recourse
die **Rückkehr** return
das **Ruderboot, -e** rowboat
der **Ruf, -e** call, reputation
rufen, rief, gerufen to call
die **Ruhe** peace, quiet
die **Ruhestandsfamilie, -en** retired family
ruhig peaceful, quiet
das **Ruhrgebiet** Ruhr territory
die **Rührung** emotion
rund round
der **Rundfunk** radio
der **Russe, -n,** die **Russin, -nen** Russian
russisch Russian *adj.*
(das) **Rußland,** Russia
rüsten to arm
rüstig vigorous, robust
die **Rüstung, -en** armament
rutschen to slip, slide

S

die **Sachbezeichnung, -en** generic designation
die **Sache, -n** thing, object, matter
sachlich relevant, realistic
der **Sachschaden, ⸚** material/property damage
(das) **Sachsen** Saxony
der **Sachverhalt, -e** facts, circumstances
der **Saft, ⸚e** juice, sap
sagen to say, tell
die **Saison, -s** season
die **Sakristei, -en** sacristy, vestry
salopp sporty, stylish
die **Sammlung, -en** collection
der **Samstag, -e** Saturday
sämtlich all, complete
die **Sandkiste, -n** sandbox
der **Sandkasten, ⸚** sandbox
sanft gentle, soft
der **Sänger(in), -(nen)** singer
der **Sanitäter(in), -(nen)** orderly, medic
der **Satz, ⸚e** sentence, set
das **Satzzeichen, -** punctuation mark
sauber clean, neat
die **Sauberkeit** cleanliness
säuberlich clean, decent
säubern to clean
der **Sauerstoff** oxygen
der **Saufometer, -** drunkometer, breathanalyzer
der **Säugling, -e** infant
sausen to rush, whiz past
sauteuer very expensive
der **Schacht, ⸚e** shaft, manhole
schade pity, too bad!
schaden to damage, harm
schädigen to damage
schädlich harmful
der **Schäferhund, -e** German shepherd dog
schaffen, schuf, geschaffen to create, produce

schaffen (*weak*) to accomplish, complete
die **Schale, -n** bowl, dish
schallisoliert sound-proof
schalten to switch
der **Schalterraum, ⸚e** lobby (of a bank or railroad station)
sich **schämen** to be ashamed
scharf sharp, keen
der **Schatz, ⸚e** treasure, sweetheart
schätzen to estimate
die **Schätzung, -en** estimate
das **Schaubild, -er** chart, graph
schauen to look, see
das **Schaufenster, -** show window
die **Schaukel, -n** swing
der **Schauplatz, ⸚e** showplace
der **Schauspieler(in), -(nen)** actor
die **Scheibe, -n** slice; pane (glass etc.)
(sich) **scheiden lassen** to separate, divorce
die **Scheidung, -en** divorce
der **Schein, -e** certificate, permit
scheinbar apparent, seeming
scheinen, schien, geschienen to seem, shine
(die) **Scheiße** shit!
die **Scheißwachtel, -n** damned quail (slang for prison guard)
schenken to give (present)
scheußlich horrible, terrible
die **Scheußlichkeit, -en** atrocity, abomination
die **Schicht, -en** layer; shift (work)
schicken to send
das **Schicksal, -e** fate
schieben, schob, geschoben to push, shove
der **Schieber(in), -(nen)** blackmarketeer
schief • gehen, ging schief, ist schiefgegangen to turn out badly
schießen, schoß, geschossen to shoot
das **Schiff, -e** ship
die **Schikane, -n** trick
schildern to describe
schimpfen to scold, curse
die **Schlabberschnauze, -n** loud mouth
schlachten to slaughter, butcher
der **Schlächter(in), -(nen)** butcher
die **Schlächterfaust, ⸚e** a fist like a butcher's
der **Schlaf** sleep
schlafen (schläft), schlief, geschlafen to sleep
die **Schlafhöhle, -n** sleeping "den"
der **Schlag, ⸚e** blow
schlagen (schlägt), schlug, geschlagen to hit, beat
der **Schlager, -** hit song
der **Schläger, -** racket, bat
das **Schlagwort, ⸚er** slogan, catchphrase
die **Schlagzeile, -n** headline
schlau sly
schlecht bad
im Schlepp in tow
(das) **Schlesien** Silesia
schlesisch Silesian
schleichen, schlich, ist geschlichen to sneak, creep
schließen, schloß, geschlossen to lock, close
der **Schließer(in), -(nen)** jailer
schließlich finally, in the end
schlimm bad
das **Schloß, ⸚sser** lock
der **Schluß, ⸚sse** end, close, conclusion
die **Schlußkundgebung, -en** final remarks
der **Schluck, -e** swallow, gulp
der **Schlüssel, -** key
das **Schlüsselwort, ⸚er** key word
schmal narrow
schmecken to taste (good)
schmerzverkrümmt bent with pain
der **Schmied -e,** die **Schmiedin, -nen** smith, blacksmith
schmieden to hammer out (a plan)
die **Schmusestunde, -n** cuddling lesson
der **Schmutz** dirt
schmutzig dirty
schnarren to speak in an unfriendly manner
die **Schnauze, -n** snoot, muzzle
das **Schnauzhaar, -e** moustache
schneiden, schnitt, geschnitten to cut
schnell quick, fast
die **Schnellimbißbude, -n** snack bar
schon already
schön fine, beautiful
die **Schönheit, -en** beauty
der **Schornstein, -e** chimney
der **Schrank, ⸚e** closet, cabinet
die **Schranke, -n** barrier
schrecklich horrible
schreiben, schrieb, geschrieben to write
der **Schreibtisch, -e** desk
schreien, schrie, geschrien to cry, shout
der **Schrein, -e** chest, shrine
die **Schrift, -en** handwriting
schriftlich written, in writing
der **Schriftsteller(in), -(nen)** writer, author
der **Schritt, -e** step, stride
schrumpfen to shrink
der **Schuft, -e** scoundrel
der **Schuh, -e** shoe
die **Schuhbesohlungsanstalt, -en** shoe repair shop
die **Schulaufgabe, -n** school work
die **Schulbildung, -en** education
die **Schuld, -en** debt, guilt
das **Schuldbewußtsein** awareness of guilt
das **Schuldgefühl, -e** guilt feeling
die **Schule, -n** school
der **Schüler(in), -(nen)** pupil
die **Schulleistung, -en** achievement in school
die **Schulter, -n** shoulder
das **Schulterhalfter, -n** shoulder holster
die **Schuppe, -n** dandruff
der **Schuß, ⸚sse** shot
die **Schüssel, -n** bowl, basin
die **Schußwaffe, -n** firearm
schütteln to shake
schütten to pour
die **Schuttmasse, -n** rubble heap
der **Schutz** protection
schützen to protect

die **Schutzfrist, -en** protective period (during pregnancy)
schutzlos defenseless
die **Schutzmaßnahme, -n** defensive measure
die **Schutzstaffel (SS),** "Black Shirts" (Nazi period)
schwach weak
schwächen to weaken
schwanger pregnant
die **Schwangerschaft, -en** pregnancy
schwanken to wave, waver, sway
die **Schwanzflosse, -n** tail fin
schwärmen to rave
schwarz black
der **Schwarzhandel** black market
schwärzlich swarthy
schweben to hover
schweflig sulfurous
schweigen, schwieg, geschwiegen to be silent
schweigend silently
schweigsam quiet
die **Schweinerei, -en** swinishness, mess
der **Schweiß** sweat, perspiration
die **Schweiz** Switzerland
der **Schweizer(in), -(nen)** Swiss
schwelen to smolder
schwenken to swing, brandish
schwer heavy, hard
das **Schwergewicht, -e** heavy weight
der **Schwerpunkt, -e** point of emphasis, center of gravity
die **Schwester, -n** sister
schwesterlich sisterly
die **Schwierigkeit, -en** difficulty
schwierig difficult, complicated, ticklish
schwimmen, schwamm, geschwommen to swim, float
schwingen, schwang, geschwungen to swing, wave
schwören, schwor, geschworen to swear
die **Seele, -n** soul
die **Seeleute** *pl.* seamen, sailors
seelisch spiritual, emotional
sehen (sieht), sah, gesehen to see
sich **sehnen** to yearn, long for
die **Sehnsucht** longing
sehr very
die **Seife, -n** soap
das **Seil, -e** rope, cable
sein (ist), war, ist gewesen to be
seinerseits for his part, as far as he is concerned
seit since
seitdem since, since then
die **Seite, -n** side, page
der **Sekretär, -e,** die **Sekretärin, -nen** secretary
der **Sekt** champagne
sekundär secondary
die **Sekunde, -n** second
selber self, in person
selbig selfsame
selbst self, in person; even
die **Selbstbeherrschung** self control
selbstbewußt self-confident
das **Selbstbewußtsein** self confidence
das **Selbstbild** self-image
die **Selbstherrlichkeit** arbitrariness
der **Selbstmord, -e** suicide
der **Selbstmordversuch, -e** suicide attempt
die **Selbstsicherheit** self confidence
die **Selbsttäuschung, -en** self deception
selbstverständlich to be sure, self-evident
die **Selbstzucht** self-discipline
selten seldom, rare
die **Seltenheit, -en** rarity
seltsam strange
die **Sendung, -en** broadcast
servieren to serve
der **Sessel, -** easy chair
setzen to set
seufzen to sigh
die **Sexualbeute, -n** sex object, sexual prey
sicher sure, secure
die **Sicherheit, -en** security
sicherlich for sure, certainly
sichern to secure
sicher • stellen to guarantee, secure
die **Sicherstellung, -en** securing, guarantee
die **Sicherungskraft, ¨e** security force
die **Sicht, -en** sight, view
sichtbar visible
siebenköpfig seven headed (consisting of seven)
das **Siechenheim, -e** home for incurables, invalids
der **Sieg, -e** victory
siegen to win, be victorious
der **Sieger(in), -(nen)** victor
die **Siegermacht, ¨e** victorious force, power
siegesbewußt confident of victory
siegreich victorious, triumphant
der **Signaldraht, ¨e** signal wire, trip-wire
der **Signalzaun, ¨e** alarm fence
singen, sang, gesungen to sing
der **Sinn, -e** sense
sinnlos senseless, absurd
sinnvoll sensible
die **Sitte, -n** custom, habit
sitzen, saß, gesessen to sit
sizilianisch Sicilian
der **Skiverband, ¨e** Skiing Association
die **Skizze, -n** sketch
der **Sklave, -n,** die **Sklavin, -nen** slave
die **Socke, -n** sock
sofern as far as
sofort immediately
sogar even
sogenannt so-called
die **Sohle, -n** sole
der **Sohn, ¨e** son
solange as long as
solcherlei that kind of, such
der **Soldat, -en** soldier
sollen (soll), sollte, gesollt should, ought to
der **Sommer, -** summer
sommerlich summer *adj.*
sonder- special
die **Sonderanfertigung, -en** special preparation
das **Sonderangebot, -e** special offer, sale

das **Sonderdezernat, -e** special department
der **Sonderlehrgang, ¨-e** special training
sondern however, but
sonnengebräunt sun-tanned
der **Sonntag, -e** Sunday
sonst otherwise
sonstig other
die **Sorge, -n** worry, care
sorgen to worry
soviel as much (as)
sowas (so etwas) such a thing, something like that
soweit as far (as)
sowie as soon as, just as, as well as
sowieso anyway, in any case
sowohl as well as
die **Sozialforschung** social research
die **Sozialschicht, -en** social stratum
der **Soziologe, -n,** die **Soziologin, -nen** sociologist
sozusagen so to speak, as it were
der **Spaß, ¨-sse** fun, joke
spaßhaft funny, facetious
die **Spalte, -n** column
sparen to save
die **Sparkasse,-n** savings bank
spärlich scanty
sparsam thrifty
die **Sparsamkeit** thrift
der **Spartakusbund** leftist political group (Weimar period)
spät late
der **Spatz, -en** sparrow
die **Sperranlage, -n** barrier
der **Spiegel, -** mirror
das **Spiel, -e** game, play
spielen to play, play act
der **Spieler(in), -(nen)** player, actor
die **Spielfilmförderung, -en** promotion of film
der **Spielplatz, ¨-e** playground, ball field
der **Spieltag, -e** day of the game, game-day
das **Spielzeug, -e** toy
die **Spinne, -n** spider
die **Spionageorganisation, -en** spy-ring
der **Spitzbart, ¨-e** pointed beard, goatee
die **Spitze, -n** point, top, tip
der **Spitzel, -** spy, informer
die **Spitzenliga, -ligen** top league, big league
spontan spontaneous
die **Sportart, -en** sport, type of sport
der **Sportler(in), -(nen)** athlete
sportlich sporty, casual
der **Sportprofi, -s** "pro," professional athlete
der **Sportverband, ¨-e** Sport Association
die **Sprache, -n** language
sprachkundig versed in languages
das **Sprachmittel, -** linguistic device
die **Sprachnotiz, -en** language note
der **Sprachschatz, ¨-e** vocabulary
sprechen (spricht), sprach, gesprochen to speak
der **Sprecher(in), -(nen)** speaker
die **Sprechverbindung, -en** phone call
die **Sprechzeit, -en** office hours
die **Sprengharpune, -n** explosive harpoon
das **Sprichwort, ¨-er** proverb
springen, sprang, ist gesprungen to jump
der **Spruch, ¨-e** saying
der **Sprung, ¨-e** leap, jump
SS-Funktionär officer in the SS (*Schutzstaffel*)
der **Staat, -en** state, country
staatlich national, state
die **Staatsangelegenheit, -en** national affair
der/die **Staatsangestellte, -n** federal employee, civil servant
der **Staatsapparat, -e** government bureaucracy
das **Staatsbegräbnis, -se** state funeral
der **Staatsbüger(in), -(nen)** citizen
staatsbürgerlich civil, civic
der **Staatsdiener(in), -(nen)** civil servant
die **Staatsmacht, ¨-e** civil authority
der **Staatsmann, ¨-er** statesman
staatsrechtlich constitutional
der **Stab, ¨-e** staff
der **Stacheldraht, ¨-e** barbed wire
die **Stacheldrahtsperre, -n** barbed wire barrier
das **Stadium, Stadien** stadium
die **Stadt, ¨-e** city
der **Stadtrand, ¨-er** outskirts (city, town)
stagnieren to stagnate
der **Stahl** steel
stählern steel *adj.*
stammen to stem from, come from
das **Stammverb, -en** root verb
die **Standardbehauptung, -en** standard claim
das **Standesamt, ¨-er** license bureau
ständig constant
die **Standpauke, -n** reprimand, sermon
der **Standpunkt, -e** point of view
die **Stange, -n** bar
Stapo = Gestapo (Geheime Staatspolizei) secret police
stark strong
das **Stärkungsmittel, -** restorative, tonic
starren to stare
stationieren to station
die **Stationierung, -en** stationing
statt instead of *gen.*
stattdessen instead of that
statt•finden, fand, stattgefunden to take place
staunen to be astonished
stecken to stick, put
stehen, stand, gestanden to stand
stehlen (stiehlt), stahl, gestohlen to steal
steif stiff, rigid
steigen, stieg, ist gestiegen to climb
steigern to increase

steil steep
der **Stein, -e** stone, rock
die **Stelle, -n** place, office, position, passage
stellen to put, place
die **Stellung, -en** position
der **Stellvertreter(in), -(nen)** assistant, representative
sterben (stirbt), starb, ist gestorben to die
die **Stereoanlage, -n** stereo system
der **Stern, -e** star
stets always
die **Steuer, -n** tax
steuerlich of taxation
steuern to steer
die **Steuervergünstigung, -en** tax advantage
der **Steuerzahler(in), -(nen)** tax payer
die **Stichwaffe, -n** stabbing weapon
der **Stiefel, -** boot
die **Stieftochter, ¨** step-daughter
der **Stil, -e** style
die **Stille** stillness, silence
stillen to nurse (baby)
die **Stimme, -n** voice, vote
stimmen to be right, correct
der **Stimmenanstieg, -e** vote increase
die **Stimmung, -en** mood
der **Stimmzettel, -** ballot
stoßen (stößt), stieß, gestoßen to shove, push
der **Stock, ¨e** stick
der **Stockhieb, -e** blow
stolpern to stumble
stolz proud
der **Storch, ¨e** stork
stören to disturb
stottern to stutter
der **Strafarrest, -e** detention
die **Strafe, -n** punishment
strafen to punish
straffällig punishable
die **Strafkompanie, -n** penal company
die **Strafordnung, -en** penal order
strafrückfällig recidivous
der **Straftäter(in), -(nen)** miscreant, offender
der **Strafverteidiger(in), -(nen)** defense lawyer
strahlend beaming
der **Strand, ¨e** beach, shore
die **Straße, -n** street
die **Straßenbahn, -en** tramway, streetcar
(sich) **sträuben** to stand on end, to balk
streben to strive
die **Strecke, -n** stretch
streicheln to stroke, pet
streichen, strich, gestrichen to strike (out); to paint
der **Streik, -s** strike
(sich) **streiten** to quarrel
die **Streitkräfte** *pl.* military forces
streng strict, severe
der **Strichpunkt, -e** semi-colon
der **Strom, ¨e** stream, current, river
strömen to flow, stream
die **Strophe, -n** stanza
der **Strumpf, ¨e** stockings
das **Stück, -e** piece, play
das **Studentenheim, -e** dormitory
die **Studentenverbindung, -en** fraternity
der **Studienrat, ¨e,** die **Studienrätin, -nen** tenured teacher on secondary level
studieren to study
das **Studium, Studien** study
die **Stufe, -n** step, stage
stumm silent
die **Stunde, -n** hour, class
stürmisch stormy, emotional, rough
stützen to support
das **Substantiv, -e** noun
der **Suchdienst, -e** search and rescue service
suchen to seek, search for
(das) **Südfrankreich** Southern France
(das) **Südostasien** Southeast Asia
(der) **Südosten** Southeast
(der) **Südwest** Southwest
südwestlich southwestern
die **Summe, -n** sum
die **Suppe, -n** soup
sympathisch friendly, likable
die **Szene, -n** scene

T

die **Tabelle, -n** table, chart
die **Tafel, -n** board, sign
der **Tag, -e** day
das **Tagebuch, ¨er** diary
der **Tagesangriff, -e** day attack
die **Tagesrückfahrkarte, -n** return ticket valid for a day
täglich daily
die **Tante, -n** aunt
tanzen to dance
tänzerisch dancer-like
die **Tapferkeit** bravery
die **Tarnung, -en** disguise
das **Taschenbuch, ¨er** paperback
die **Tasse, -n** cup
die **Tat, -en** deed
tätig active
die **Tätigkeit, -en** activity, employment
die **Tätowierung, -en** tattoo
die **Tatsache, -n** fact
tatsächlich in fact
taubstumm deaf and dumb
taufen to baptize
tauschen to exchange
das **Tauschgeschäft, -e** exchange transactions
die **Tbc (Tuberkulose)** tuberculosis
der **Teil, -e** part
teil • nehmen (nimmt teil), nahm teil, teilgenommen (an + *dat.***)** to participate in
die **Teilbiographie, -n** partial biography
teilen to divide
teils partly
die **Teilung, -en** division
teilweise partially
der **Telefonhörer, -** telephone receiver
die **Telefonzentrale, -n** switchboard
der **Teller, -** plate
die **Tendenzwende** change of direction
der **Teppich, -e** carpet
der **Testbogen, ¨** test booklet, form
teuer expensive

der **Teufel(in), -(nen)** devil
die **Textüberschrift, -en** heading
das **Theaterstück, -e** play
das **Thema, Themen** topic, theme
tief deep
der **Tieffliegerangriff, -e** strafing attack
das **Tier, -e** animal
die **Tierart, -en** species
die **Tierbürste, -n** pet brush
die **Tiergattung, -en** genus
der **Tierschutz** animal protection
der **Tisch, -e** table
toben to roughhouse
die **Tochter, ̈** daughter
der **Tod** death
die **Todesangst, ̈e** deathly fear
das **Todesurteil, -e** death sentence
toll great!
tönen to sound
das **Tor, -e** goal (sports)
torlos scoreless
die **Torschlußpanik** fear of losing out
das **Torverhältnis, -se** goal ratio
tot dead
töten to kill
tot • prügeln to beat to death
tot • sagen to pronounce dead
tragbar portable
tragen (trägt), trug, getragen to carry, wear
der **Trampel, -** lout, clod
die **Träne, -n** tear
trauen to dare
der **Traum, die Träume** dream
traurig sad
die **Traurigkeit** sadness
das **Treffen, -** meeting
treffen (trifft), traf, getroffen to meet
treiben, trieb, getrieben to practice
trennen to separate
die **Trennung, -en** separation
die **Treppe, -n** stairway
treten (tritt), trat, ist getreten to step
die **Tribüne, -n** grandstand
trocken dry
trösten to console
trotz in spite of
trotzdem nonetheless
die **Trümmer** *pl.* rubble
die **Trümmerbeseitigung** rubble removal
der **Trümmerschutt** rubble
die **Trunkenheit** drunkenness
die **Truppe, -n** troop
die **Tschechoslowakei** Czechoslovakia
tüchtig competent
tun, tat, getan to do
die **Tür, -en** door
der **Turm, ̈e** tower
die **Tüte, -n** bag, sack

U

die **U-Bahn, -en (Untergrundbahn)** subway
übel bad, nasty, cruel
das **Übel, -** evil, bad(ness)
üben practice, rehearse
über over, above; about
überall everywhere
überaltert antiquated
die **Überraschung, -en** surprise
überaus quite
überdies besides, anyway
überfliegen, überflog, überflogen to scan (reading)
der **Überfluß** abundance
die **Überführung, -en** transfer
überfüllen to overfill
der **Übergang, ̈e** crossing point
die **Übergangsperiode, -n** transition period
übergeben (übergibt), übergab, übergeben to entrust to
übergießen, übergoß, übergossen to pour over
überhaupt in general, at all
überleben to survive
überlegen superior *adj.*
überlegen to consider
übermächtig excessively powerful
der **Übermensch, -en** superior human being
übermorgen day after tomorrow, future
übernehmen (übernimmt), übernahm, übernommen to assume control; to excerpt from
überraschen to surprise
überschreiten, überschritt, überschritten to cross (boundary etc.)
die **Überschrift, -en** heading
überseeisch overseas *adj.*
übersehen (übersieht), übersah, übersehen to overlook, fail to see
übersetzen to translate
die **Übersetzung, -en** translation
übertragen (überträgt), übertrug, übertragen to entrust to
übertreffen (übertrifft), übertraf, übertroffen to surpass, exceed
übertreiben, übertrieb, übertrieben to exaggerate
überwachen to keep under observation, "shadow"
überwältigen to overwhelm
überwinden, überwand, überwunden to overcome
überzeugen to convince
üblich usual, normal
übrig- remaining
übrigens by the way
die **Übung, -en** exercise, practice
die **Uhr, -en** clock, watch
die **Uhrkette, -n** watch chain
Ukw (Ultrakurzwelle) FM (radio)
um around; at (time)
um • ändern to change, alter
umarmen to embrace
umfangreich extensive, large
die **Umfrage, -n** survey, questionnaire
der **Umgang** dealing with
die **Umgangssprache, -n** idiomatic speech
die **Umgebung, -en** surrounding
um • gehen, ging um, ist umgegangen to handle
um • hängen to hang in a different place
um • kehren to turn around

[**umgekehrt:** on the other hand]
umliegend adjoining
umrunden to go around the world
der **Umsatz, ⸚e** profit, "gross"
umschreiben, umschrieb, umschrieben to paraphrase
der **Umsiedler(in), -(nen)** resettler
der **Umstand, ⸚e** circumstance
die **Umstellung, -en** conversion (to)
die **Umwelt** environment
das **Umweltbundesamt** federal environmental agency
umweltfeindlich environmentally damaging
umweltfreundlich good for the environment
umweltschonend easy on the environment
der **Umweltschutz** environmental protection
die **Umweltverschmutzung, -en** environmental pollution
umwerben (umwirbt), umwarb, umworben to "woo," compete for
unabhängig independent
die **Unabhängigkeit** independence
unabsichtlich unintentionally
unbedingt necessarily
unbeherrscht uncontrolled
unbesetzt unoccupied
unbesiegbar invincible
unbetont unemphasized
unbeugsam indomitable
unbewaffnet unarmed
unbewußt unknowing(ly)
unehelich illegitimate (child)
unentschieden tied (sports)
unentschlossen undecided
unentwegt unswerving(ly)
unerwünscht undesired
unfaßbar inconceivable
die **Unfehlbarkeit** infallibility
ungebändigt untamed
die **Ungeduld** impatience
ungefähr approximately
ungeheuer monstrous
ungeheuerlich tremendous(ly)
ungehindert unhindered
ungenügend insufficient
ungerecht unfair(ly)
ungeschoren without damage
die **Ungewißheit** uncertainty
ungewöhnlich unusual
ungezügelt unbridled
das **Unglück** misfortune
unglücklich unhappy
unheilig unholy
unmittelbar direct
unmöglich impossible
unnötig unnecessary
die **Unordnung** disorder
unrein impure
unruhig restless
unschuldig innocent
der **Unsinn** nonsense
unsozial antisocial
unten below *adv.*
unter under, among; **verstehen unter:** to understand by s. t.
unterbinden, unterband, unterbunden to stop, interdict
die **Unterbindung** interdiction
unterbrechen (unterbricht), unterbrach, unterbrochen to interrupt
unter • bringen, brachte unter, untergebracht to house, accomodate
unterdrücken to suppress
die **Unterdrückung** suppression
untereinander among, between each other
die **Unterführung, -en** underpass
(sich) **unterhalten (unterhält), unterhielt, unterhalten** to entertain; to converse
der **Unterhaltungsschriftsteller(in), -(nen)** popular writer
unterkühlen to cool down, subdue
unternehmen (unternimmt), unternahm, unternommen to undertake
der **Unternehmer(in), -(nen)** contractor, entrepreneur
der **Unteroffizier, -e** non-commissioned officer
der **Unterricht** instruction (school)
unterrichten to teach, instruct
untersagen to deny to
unterscheiden, unterschied, unterschieden to differentiate
der **Unterschied, -e** difference
unterschiedlich different, various
unterschiedslos alike
unterstellen to place under supervision of
unterstreichen, unterstrich, unterstrichen to underline, emphasize
unterstützen to support
die **Unterstützung, -en** support
die **Unterstützungsmaßnahme, -n** measure of (financial) support
untersuchen to investigate
die **Untersuchung, -en** investigation
der **Untertitel, -** subtitle
unterwegs en route, "out"
die **Unterweisung, -en** instruction
unterwerfen (unterwirft), unterwarf, unterworfen to subjugate to
unterzeichnen to sign
untragbar unacceptable
die **Untreue** infidelity
unüberwindlich insurmountable
ununterbrochen incessant(ly)
unverantwortlich irresponsible
unverbindlich without obligation
die **Unvollkommenheit, -en** imperfection
unvorhergesehen unforeseen
unvorsichtig careless
unvorstellbar unimaginable
unzählig countless
die **Unzufriedenheit** dissatisfaction
unzumutbar unreasonable
uraufgeführt premiered, performed for the first time
der **Urlaub** vacation, leave
die **Ursache, -n** cause
ursprünglich original(ly)
das **Urteil, -e** judgement
urteilen to judge

usw. (und so weiter) and so forth, et cetera

V

der **Vater, ¨** father
väterlich paternal
verachten to despise
die **Verallgemeinerung, -en** generalization
veralten to age
sich **verändern** to change o. s.
die **Veränderung, -en** change
veranlassen to cause, induce
die **Veranlassung, -en** cause
die **Veranstaltung, -en** event, meeting
die **Verantwortung, -en** responsibility
verantwortungsbewußt responsible
verarbeiten to process
verärgert annoyed
verbannen to ban s. o.
verbessern to improve
die **Verbeugung, -en** bow
verbieten, verbot, verboten to forbid to s. o.
verbinden, verband, verbunden to connect
die **Verbindung, -en** connection
verbleichen, verblich, ist verblichen to bleach out
verblüffen to bewilder
der **Verbrauch** consumption
verbrauchen to consume
der **Verbraucher(in), -(nen)** consumer
das **Verbrechen, -** crime
der **Verbrecher(in), -(nen)** criminal
verbrecherisch criminal *adj.*
verbreiten to spread, disseminate
verbrennen, verbrannte, verbrannt to burn
verbringen, verbrachte, verbracht to spend (time)
der/die **Verbündete, -n** ally
der **Verdacht** suspicion
verdächtig suspicious
verdammen to damn
verdanken to owe to s. t.
verdienen to earn, deserve
der **Verdienst, -e** accomplishment
die **Vereinbarung, -en** agreement
vereinigen to unite
die **Vereinigung, -en** commission
die **Vererbung** heredity
das **Verfahren, -** legal action
verfärben to become discolored
die **Verfassung, -en** constitution
verfilmen to film s. t.
die **Verfilmung, -en** filming
verfluchen to curse
verfolgen to pursue, persecute
der **Verfolger(in), -(nen)** pursuer, hunter
verfügen to order, decree
die **Verfügung** (**zur Verfügung:** available)
der **Verführer(in), -(nen)** seducer
die **Vergangenheit** past
vergasen to gas
vergeben (vergibt), vergab, vergeben to distribute
vergehen, verging, ist vergangen to pass (time)
vergessen (vergißt), vergaß, vergessen to forget
vergewaltigen to rape
die **Vergewaltigung, -en** rape
vergiften to poison
die **Vergiftung, -en** poisoning
der **Vergleich, -e** comparison
vergleichen, verglich, verglichen to compare
das **Vergnügen, -** pleasure
vergrößern to enlarge
verhaften to arrest
die **Verhaftung, -en** arrest
sich **verhalten (verhält), verhielt, verhalten** to behave
das **Verhalten** behavior
das **Verhältnis, -se** relationship
verhältnismäßig relative(ly)
verhandeln to negotiate
die **Verhandlung, -en** negotiation
verhängen to decree
verheiratet married
verhindern to prevent
das **Verhör, -e** interrogation
verhören to interrogate
verhungern to die of hunger
verkaufen to sell
der **Verkäufer(in), -(nen)** salesman
der **Verkehr** traffic, intercourse
das **Verkehrsmittel, -** means of transportation
der **Verkehrstod** traffic death
verklagen to accuse
verkleben to paste over
verklüngeln to waste (time)
verkrampft convulsed
verkünden to announce
der **Verlag, -e** publishing house
verlangen demand
sich **verlassen (verläßt), verließ, verlassen auf** + *acc.* to depend on
verlassen (verläßt), verließ, verlassen to leave
verläßlich dependable
verlegen to block
verlegen embarrassed *adj.*
die **Verlegenheit** embarrassment
verleihen, verlieh, verliehen to award
verletzen to violate, injure
die **Verletzung, -en** violation, injury
sich **verlieben** to fall in love
verlieren, verlor, verloren to lose
verlocken to entice
verloren • gehen, ging verloren, ist verlorengegangen to get lost (thing)
der **Verlust, -e** loss
vermählt married
vermehren to increase
vermeiden, vermied, vermieden to avoid
die **Vermißtenanzeige, -n** announcement for a missing person
vermieten to rent out
der **Vermieter(in), -(nen)** landlord
vermissen to miss s. o.
vermitteln to impart
vermögen to be capable of
vermögend well-to-do *adj.*
vermuten to assume
vermutlich supposedly
die **Vermutung, -en** supposition
vernachlässigen to neglect

die **Vernachlässigung** neglect
vernehmen (vernimmt), vernahm, vernommen to hear
vernichten to annihilate
das **Vernichtungslager, -** extermination camp
vernünftig reasonable
veröffentlichen to publish
verraten (verrät), verriet, verraten to betray, reveal
verraucht smoky
verrosten to rust
verrückt crazy
versagen to fail
die **Versammlungsserie, -n** series of assemblies
das **Versandgeschäft, -e** mail-order house
verschieden different
(sich) **verschlechtern** to worsen
verschleppen to carry off
(sich) **verschlimmern** to worsen
verschmelzen (verschmilzt), verschmolz, verschmolzen to melt away
verschmutzen to dirty, pollute
die Verschmutzung, -en pollution
verschulden to incur debt
verschweigen, verschwieg, verschwiegen to conceal (information)
verschwiegen discreet *adj.*
verschwinden, verschwand, ist verschwunden to disappear
versetzen to transfer s. o.
versichern to insure
das **Versicherungsbüro, -s** insurance agency
versklaven to enslave
versorgen to provide
versprechen (verspricht), versprach, versprochen to promise
verspüren to sense
verstaatlichen to nationalize
der **Verstand** reason, intellect
die **Verständigung** understanding
verständlich understandable
die **Verständnishilfe, -n** comprehension aid
die **Verständnisprobe, -n** comprehension check
verstärken to strengthen
verstecken to hide
verstehen, verstand, verstanden to understand
verstellen to adjust
verstört disturbed
verstreichen, verstrich, ist verstrichen to pass
verstummen to become silent, cease talking
der **Versuch, -e** attempt, experiment
versuchen to attempt
verteidigen to defend
der **Verteidiger(in), -(nen)** defender
die **Verteidigung** defense
der **Verteidigungshaushalt** defense budget
verteilen to distribute
der **Verteiler(in), -(nen)** distributor
vertragen (verträgt), vertrug, vertragen to get along with each other
das **Vertrauen** trust
vertrauen to trust
die **Vertrauenswürdigkeit** trustworthiness
die **Vertreibung, -en** banishment
vertreten (vertritt), vertrat, vertreten to represent
der **Vertreter(in), -(nen)** representative
der/die **Vertriebene, -n** exile (person)
verunreinigen to dirty
die **Verunreinigung** dirtying
verurteilen to condemn, sentence
die **Verurteilung, -en** sentence
die **Verwaltung** administration
verwandeln to transform
verwandt related
die **Verwandtschaft, -en** relationship
verwenden utilize, use
die **Verwendung, -en** use
verwitwet widowed
verwunden to wound
verwunderlich astonishing
verzeichnen to record (statistic)
verzeihen, verzieh, verziehen to pardon, excuse
die **Verzeihung** pardon
verzichten (auf + *acc.*) to renounce
verzögern to delay
verzweifeln to despair
die **Verzweiflung** despair
vielleicht perhaps
vielmehr rather
das **Volk, ¨er** people (ethnic group)
völkisch ethnic
die **Volksaufklärung, -en** public enlightenment
der **Volksentscheid** public vote
das **Volkslied, -er** folk song
der **Volksmund** popular vernacular
volkstümlich ethnic
die **Volksweisheit, -en** folk wisdom
voll full, complete(ly)
die **Vollendung** completion
vollführen to execute (an action)
völlig complete(ly)
vollkommen total(ly)
von of, from
vor in front of; in the face of
voran ahead, in front of
voraus • sagen to predict
voraus • schauen to look ahead
die **Voraussetzung, -en** supposition
vorbei past
vor • bereiten to prepare
die **Vorbereitung, -en** preparation
der/die **Vorbestrafte, -n** ex-convict
das **Vorbild, -er** example, model
vorerst for the time being
vor • finden, fand vor vorgefunden to find
vor • führen to show (film)
der **Vorgang, ¨e** occurrence
der **Vorgarten, ¨** front yard
vor • gehen, ging vor, ist vorgegangen to take place
die **Vorgeschichte** historical background
der/die **Vorgesetzte, -n** supervisor

vorhanden on hand, present *adj.*
der **Vorhang, ¨-e** curtain
vorher previous(ly)
vorhergehend preceding
vorhin a while ago
vorig- previous
vor • kommen, kam vor, ist vorgekommen occur
die **Vorlage, -n** presentation
vor • lassen (läßt vor), ließ vor, vorgelassen to let in, allow
vor • legen to submit
die **Vorliebe** preference
vor • liegen, lag vor, vorgelegen to be present
die **Vorlesung, -en** lecture
vorletzt next to last
vormittags mornings
vorn to, at the front
vornehmlich chiefly
der **Vorort, -e** suburb
vor • programmieren to pre-program
vor • rücken to advance
der **Vorsatz, ¨-e** intention, resolution
die **Vorschau, -en** preview
der **Vorschlag, ¨-e** suggestion
die **Vorschrift, -en** rule, regulation
vor • sehen (sieht vor), sah vor, vorgesehen to provide
die **Vorsilbe, -en** prefix
der/die **Vorsitzende, -n** head (committee, etc.)
die **Vorsorgeuntersuchung, -en** preventive examination
die **Vorstadt, ¨-e** suburb
die **Vorstandschaft, -en** board of directors
(sich) **vor • stellen** *dat.* to imagine
die **Vorstellung, -en** idea, notion
der **Vorteil, -e** advantage
der **Vortrag, ¨-e** lecture
vorübergehend temporarily
vorwärts • kommen, kam vorwärts, ist vorwärtsgekommen to move forward
vor • werfen (wirft vor), warf vor, vorgeworfen to accuse of
vor • zeigen to present, show
vorzeitig premature
vorzüglich excellent
VW-Käfer Volkswagen "beetle"

W

wach awake
wachsam watchful(ly)
wachsen (wächst), wuchs, ist gewachsen to grow
die **Waffe, -n** weapon
der **Wagen, -** car, wagon
die **Wahl, -en** election, choice
wahlberechtigt entitled to vote
wählen to select, vote
der **Wähler(in), -(nen)** voter
das **Wahlrecht** right to vote
wahnsinnig insane
wahr true
während during
die **Wahrheit, -en** truth
wahr • nehmen (nimmt wahr), nahm wahr, wahrgenommen) to perceive
die **Wahrnehmung, -en** perception; assumption (of role, etc.)
wahrscheinlich probable, probably
der **Wal, -e** whale
die **Wal-Verarbeitungsfabrik, -en** whale processing factory
der **Wald, ¨-er** forest, woods
der **Walfang, ¨-e** whale catching
der **Waljäger(in), -(nen)** whale hunter
der **Walverarbeiter(in), -(nen)** whale processor
sich **wälzen** to roll around
die **Wand, ¨-e** wall
wandeln change, become
wandern to hike
der **Wanderpreis, -e** prize passed along annually
die **Wanderung, -en** migration, hike
der **Wandschrank, ¨-e** wall cabinet
die **Ware, -n** product, ware
die **Wärme** warmth
warnen to warn
warten to wait
die **Warterei** waiting around
die **Wäsche** laundry, underwear
die **Wäschestärke** laundry starch
das **Waschmittel, -** detergent
das **Wasser** water
wasserhell clear as water
der **Wechsel, -** transfer (power); money transfer, check
wechseln to change
wecken to awaken
der **Wecker, -** alarm clock **auf den Wecker gehen:** to get on one's nerves
weder neither
der **Weg, -e** path, way
wegen on account of
weg • fallen (fällt weg), fiel weg, ist weggefallen to cease
weg • gehen, ging weg, ist weggegangen to leave
weg • laufen (läuft weg), lief weg, ist weggelaufen to run away
weg • nehmen (nimmt weg), nahm weg, weggenommen to take away from
weg • schmeißen, schmiß weg, weggeschmissen *sl* to throw away
weg • schmieren to discard
weg • werfen (wirft weg), warf weg, weggeworfen to throw away
wehen to blow, flutter
die **Wehr** defense
sich **wehren** to defend o.s.
der **Wehrmachtvermißte, -n** soldier missing in action
die **Wehrpflicht** conscription
wieblich feminine
weich soft
weichen, wich, ist gewichen to yield
weigern to refuse
die **Weigerung, -en** refusal
die **Weihnachten** *pl.* Christmas
weil because
die **Weile** while
der **Wein, -e** wine
der **Weinbrand, ¨-e** brandy
weinen to cry
die **Weise, -n** manner, way
weiß white

weit far
weitaus by far
weiter further
weiter • bezahlen to continue to pay
weiter • fliehen, floh weiter, ist weitergeflohen to flee further
weiter • geben (gibt weiter), gab weiter, weitergegeben to pass along
weiter • gehen, ging weiter, ist weitergegangen to go further
weiter • glimmen, glomm weiter, weitergeglommen to continue to glow
weiter • machen to continue to do
weiter • sagen to pass the word along
weiter • schreien, schrie weiter, weitergeschrien to continue to yell, scream
weiter • zahlen to continue to pay
weitläufig expansive
der **Wellensittich, -e** parrot
die **Welt, -en** world
weltanschaulich philosophical
die **Weltanschauung, -en** philosophy, view of life
die **Weltgeltung** world renown
der **Weltkrieg, -e** world war
das **Weltmeer, -e** world sea, ocean
wenden to turn around
wenig little; **wenig-** few
wenn if, when, whenever
die **Werbefachleute** *pl.* advertising experts
der **Werbefilm, -e** commercial
die **Werbemethode, -n** advertising method
werben (wirbt), warb, geworben to advertise, compete
der **Werbeobmann, ⸚er** head recruiter
der **Werbespruch, ⸚e** advertising slogan
werbewirksam effective as advertisement
die **Werbung, -en** advertising
werden (wird), wurde, ist geworden to become
werfen (wirft), warf, geworfen to throw
der **Wert, -e** value
die **Wertarbeit, -en** quality work
wertvoll valuable
das **Wesen, -** being, essence
der **Wesenszug, ⸚e** characteristic
wesentlich essential
weshalb why
die **Weste, -n** vest
westlich west *adj.*
die **Westmacht, ⸚e** western power
weswegen why
das **Wetter** weather
das **Wettrüsten** to compete in arming
wichtig important
wider against
widerfahren (widerfährt), widerfuhr, ist widerfahren to happen to
widerlegen to refute
widersprechen (widerspricht), widersprach, widersprochen to contradict
der **Widerstand, ⸚e** resistance
die **Widerstandsbewegung, -en** resistance movement
widmen to devote
widrig adverse
wieder again
der **Wiederaufbau** reconstruction
die **Wiederbewaffnung** rearmament
wieder • finden, fand wieder, wiedergefunden to find again
die **Wiederherstellung** reestablishment
wiederholen to repeat
wieder • kommen, kam wieder, ist wiedergekommen to return
wiederum on the other hand
wieder • vereinigen to reunite
die **Wiederverwertung** recycling
die **Wiege, -n** cradle
wiegen, wog, gewogen to weigh
das **Wiegenlied, -er** lullaby
wieso why
das **Wildpferd, -e** wild horse
der **Wille** will
willig willing
das **Willkommen** welcome
die **Windel, -n** diaper
winzig tiny
die **Wippe, -n** seesaw
der **Wirbel, -** crown (hair)
das **Wirbeltier, -e** vertebrate
wirken to have an effect
wirklich real(ly)
die **Wirklichkeit** reality
wirksam effective
die **Wirkung, -en** effect
der **Wirt, -e,** die **Wirtin, -nen** innkeeper
die **Wirtschaft** economy
wirtschaftlich economic
die **Wirtschaftseinheit, -en** economic entity
die **Wirtschaftsgemeinschaft, -en** common market
das **Wirtschaftsleben** economic life
die **Wirtschaftsverwaltung, -en** economic administration
die **Wirtschaftswerbung, -en** commercial advertising
wissen (weiß), wußte, gewußt to know
die **Wissenschaft, -en** science
der **Wissenschaftler(in), -(nen)** scientist
wissenschaftlich scientific
die **Witwe, -n** widow
der **Witwer, -** widower
der **Witz, -e** joke
die **Woche, -n** week
wöchentlich weekly
wohl probably; well
wohlhabend well-to-do
wohlklingend nice-sounding
der **Wohlstand** prosperity
das **Wohlstandsgefälle** difference in prosperity
wohlüberlegt well planned
die **Wohneinheit, -en** living unit
wohnen to live, dwell
das **Wohnfeld, -er** living space
die **Wohnung, -en** apartment, dwelling
der **Wohnungsbaukombinat, -e** housing combine (GDR)
die **Wohnungsbaunorm, -en**

apartment building norm
die **Wohnungsnot** housing shortage
das **Wohnzimmer, -** living room
wollen (will), wollte, gewollt to want
womöglich if, where possible
das **Wort, -e/⸚e** word (context); word (count)
der **Wortinhalt, -e** word content
die **Wortwahl, -en** choice of words
wortwörtlich literally
wuchern to proliferate
wühlen to burrow into
die **Wühltätigkeit, -en** undermining activity
das **Wunder, -** miracle, wonder
wunderbar wonderful
(sich) **wundern** to be amazed
der **Wunsch, ⸚e** wish
(sich) **wünschen** to wish
würdevoll in a dignified manner
würdig dignified
der **Wurfhaken, -** grappling hook
die **Wurst, ⸚e** sausage
wurzeln to be rooted
würzig spicy
wütend enraged

Z

die **Zahl, -en** number
zahlen to pay
zählen to count
der **Zahn, ⸚e** tooth
der **Zahnarzt, ⸚e,** die **Zahnärztin, -nen** dentist
die **Zahnbürste, -n** tooth brush
das **Zähnezieh'n** extraction of teeth
der **Zahnschmerz, -en** toothache
der **Zahnstocher, -** tooth pick
zanken to fight, quarrel
die **Zärtlichkeit, -en** tenderness
der **Zärtlichkeitsvielfraß, -vielfresser** glutton for tenderness
der **Zaun, Zäune** fence
ZDF (Zweites Deutsches Fernsehen) TV channel in West Germany
die **Zehenspitze, -n** tip of toe
das **Zeichen, -** sign, indication
zeichnen to draw
die **Zeichnung, -en** drawing
zeigen to show
die **Zeile, -n** line (of text)
die **Zeit, -en** time
das **Zeitalter, -** age, era
das **Zeitgefühl, -e** feeling for time
der **Zeitgeist** spirit of the time
zeitkritisch critical of the time
die **Zeitlang** a length of time
der **Zeitnebel** the "fog" of time
der **Zeitraum, Zeiträume** period of time
die **Zeitrechnung, -en** calculation of time
die **Zeitschrift, -en** periodical
die **Zeitung, -en** newspaper
der **Zeitungsbericht, -e** newspaper report
zeitweise from time to time
die **Zelle, -n** cell
das **Zelt, -e** tent
der **Zement** cement
das **Zentraldenken** thinking in centralized terms
die **Zentralstelle, -n** center, headquarters
das **Zentrum, Zentren** center
zerbrechen (zerbricht), zerbrach, zerbrochen break; (sich **den Kopf zerbrechen:** to rack one's brain)
zerdrücken to press to pieces
zerfallen (zerfällt), zerfiel, ist zerfallen to fall apart
sich **zermartern** to torment o. s.
zerschlagen (zerschlägt), zerschlug, zerschlagen to beat to pieces; to take apart
zerschneiden, zerschnitt, zerschnitten to cut to pieces
zersetzen to break down (into pieces)
zerspringen, zersprang, ist zersprungen to break, to crack
zerstäuben to crumble
zerstören to destroy
die **Zerstörung, -en** destruction
zerstreuen to scatter
der **Zettel, -** note
das **Zeug** stuff
der **Zeuge, -n,** die **Zeugin, -nen** witness
zeugen to breed; to bear witness
der **Zeugenstand** witness stand
das **Zeugnis, -se** certificate, report card
der **Ziegelstein, -e** brick
die **Ziegenfelljacke, -n** goat skin jacket
ziehen, zog, ist gezogen to move
ziehen, zog, gezogen to pull
das **Ziel, -e** goal, destination
zielen to aim
ziemlich rather
das **Zimmer, -** room
der **Zimmermann, ⸚er** carpenter
der **Zirkel, -** circle
das **Zitat, -e** quote
zittern to tremble
zivil civilian *adj.*
die **Zivilbevölkerung** civilian population
der **Zivilist(in), -en(nen)** civilian
zögern to hesitate
der **Zollbeamte, -n,** die **Zollbeamtin, -nen** customs agent
der **Zorn** rage, wrath
zu to, at
das **Zuchthaus, ⸚er** penitentiary
zucken to twitch, shrug
der **Zucker** sugar
zu • decken to cover
zudem besides
zueinander to each other
zuerst first
zu • fallen (fällt zu), fiel zu, ist zugefallen to close (eyes)
zufolge *dat.* according to
zufrieden satisfied
zu • fügen to administer to
der **Zug, ⸚e** train
zu • geben (gibt zu), gab zu, zugegeben to admit
die **Zugehörigkeit** membership
zugleich at the same time
zugrunde gehen, ging zugrunde, ist zugrunde

gegangen to perish
zu • hören to listen to
der **Zuhörer(in), -(nen)** listener
die **Zukunft** future
zukünftig future *adj.*
zukunftsbewußt conscious of the future
zuletzt last of all
zuliebe *dat.* out of love for
zumeist usually
zumindest at least
zunächst first of all
die **Zunahme, -n** increase
zünden to ignite
zu • nehmen (nimmt zu), nahm zu, zugenommen to increase, gain
die **Zuneigung, -en** inclination, affection
die **Zunge, -n** tongue
sich **zurecht • finden, fand sich zurecht, zurechtgefunden** to find one's own way
zurecht • legen to put in order
zurück back
die **Zurückhaltung** reservation
zurück • kehren to return
zurück • ziehen, zog zurück, zurückgezogen to withdraw
zusammen together
die **Zusammenarbeit** cooperation
zusammen • brechen (bricht zusammen), brach zusammen, ist zusammengebrochen to collapse
zusammen • fassen to synopsize
die **Zusammenfassung, -en** synopsis
der **Zusammenhang, ¨e** relationship
zusammen • legen to put together
zusammen • mischen to mix together
zusammen • schlagen (schlägt zusammen), schlug zusammen, zusammengeschlagen to beat up
zusammen • setzen to compound
die **Zusammensetzung, -en** composition, compound
zusammen • treffen (trifft zusammen), traf zusammen, ist zusammengetroffen to meet
zusammen • tun, tat zusammen, zusammengetan to combine
die **Zusatzinformation, -en** additional information
der **Zuschauer(in), -(nen)** spectator
zu • schlagen (schlägt zu), schlug zu, zugeschlagen to append to; to increase, add to
zu • schreiben, schrieb zu, zugeschrieben to ascribe to
zu • spitzen to come to a head
der **Zustand, ¨e** condition
zustande • kommen, kam zustande, ist zustandegekommen to occur
zu • stimmen to agree
die **Zustimmung, -en** approval
die **Zuteilung, -en** rationing
zu • treffen (trifft zu), traf zu, zugetroffen to be fitting, suitable
zu • treten (tritt zu), trat zu, ist zugetreten to step toward
zuverlässig dependable
die **Zuverlässigkeit** dependability
zuvor previous
zuweilen from time to time
die **Zuwendung** affection
zu • werfen (wirft zu), warf zu, zugeworfen to slam (shut)
zuwider repulsive
der **Zwang** obligation
die **Zwangsarbeit, -en** forced labor
zwar indeed
der **Zweck, -e** purpose, end
zwecks + *gen.* for the purpose of
der **Zweifel, -** doubt
zweifellos doubtless
der **Zweig, -e** branch
die **Zweigstelle, -n** branch office
zweireihig double-breasted (jacket)
der **Zwilling, -e** twin
zwingen, zwang, gezwungen to force
zwischen between
der **Zwischenhandel** commerce
die **Zwischenzeit** meantime

Photo Credits

8, Volkswagen of America, Inc. **15**, Dieter Wiesmüller, Hamburg. **40**, Monkmeyer Press/Hiller. **62**, German Information Center. **80**, adidas, Herzogenaurach. **123**, German Information Center. **137**, UPI/Bettmann Newsphotos. **151**, Bildarchiv/Heinrich Hoffmann. **163**, Eastfoto. **186**, German Information Center. **192**, Jim Rakete, Berlin. **210**, Franz Seitz Filmproduktion, Munich. **211**, The Museum of Modern Art/Film Stills Archive. **221**, German Information Center. **224**, German Information Center. **229**, The Museum of Modern Art/Film Stills Archives.

Other Credits

Cover, Adapted from *Stern*, Reprinted by permission of Black Star. **14**, Reprinted by permission of Horst Haitzinger, Munich. **42**, "Das wohlüberlegte Kind," Reprinted by permission of Bundeszentrale für politische Bildung, Bonn. **49**, "Kindergeld," Reprinted by permission of Presse- und Informationsamt der Bundesregierung, Bonn. **73–76**, Helmlé, Eugen: "Rostige Rüstung" in *Papa, Charly hat gesagt . . .*, vol. 2, Reprinted by permission of Fackelträger-Verlag, Hannover. **85**, Lembke, Robert: "Wirte zum Schlachten" in *Das große Robert Lembke Buch*, Reprinted by permission of Albert Langen Georg Müller Verlag, Munich. **166**, "Das Verhältnis der BRD zur DDR: Eine Darstellung aus westlicher Sicht" in *Die BRD und die USA*, Part III, Reprinted by permission of Richard Straus. **192**, Reprinted by permission of April Music Inc. **198**, "Wieder auf dem Sofa," Reprinted by permission of Gorilla Musik-Verlag, Hamburg. **202**, "Übersetzungen" in *Tatsachen über Deutschland*, Reprinted by permission of Lexikothek Verlag, Gütersloh. **203–209**, Simmel, Johannes Mario: *Es muß nicht immer Kaviar sein*, Reprinted by permission of Schweizer Verlagshaus, Zurich.